글   위

궐위: 쿠데타의 이성 비판
Interregnum: The Critique of Coup d'État's Reason

지은이 윤인로	도서분류 1. 인문학 2. 정치철학 3. 국가이론 4. 근현대 한국정치 5. 계엄·쿠데타 6. 헌정위기 7. 법철학 8. 사회비평 9. 사회운동
펴낸이 조정환 신은주	
편집 김정연	
디자인 조문영	
홍보 김하은	카테고리 카이로스총서 120 Mens
	값 24,000원
프리뷰 전성곤	펴낸곳 도서출판 갈무리 1994. 3. 3. 등록 제17-0161호 서울 마포구 동교로18길 9-13 2층 T. 02-325-1485 F. 070-4275-0674 www.galmuri.co.kr galmuri94@gmail.com
종이 타라유통	
인쇄·제본 영신사	
초판 인쇄 2025년 12월 3일	
초판 발행 2025년 12월 14일	ⓒ 윤인로, 2025
ISBN 978-89-6195-409-9 93300	

일러두기

1. 독자의 시선이 본문 자체에 좀 더 집중될 수 있기를 바라면서,
   책·글·기사·인터뷰 등의 출처는 각주 아닌 본문에
   간략하게만 표기했다. 정확한 출처는 「참고한 것들」에
   따로 제시해 놓았다.

2. 일지 형시이 본문 중에는 해땅 날싸에 마무리 짓지 못하고
   날을 넘겨 쓴 것도 있다. 원칙으로서는 당일에 착안하고
   메모한 것들을 우선시했지만, 기본적으로 그 날짜들은 사건의
   사실과 글쓰기-픽션이 서로 간섭하면서 합성된 것임을 일러둔다.

3. 글·기사·인터뷰·노래는「 」, 책은『 』,
   그림·캡쳐·영화·유튜브는〈 〉,
   인터넷매체·언론사·TV프로그램은《 》로 표시했다.

차례

9 　서론: 계엄 치하의 레종데타──『계엄령』이라는 쿠데타극劇

1장 궐위상태의 추追체험

22 　2024. 12. 3. 「계엄사령부 포고령 제1호」
24 　2024. 12. 4. 필요의 왕국: 여기의 왕정복고 친위쿠데타
26 　2024. 12. 5. 익명의 시민이 계엄군의 차량을
　　　　가로막고 제기한 (궐)위기의 과제
30 　2024. 12. 6. 다시, 궐위闕位 속에서
33 　2024. 12. 9. 궐위상태에서의 더 나은 실패를 위하여

2장 쿠데타와 레종데타의 상보적 치환관계

42 　2024. 12. 12. 국가의 구원 즉 공백의 법:
　　　　셀프-쿠하는 레종데타(1)
48 　2024. 12. 13. 영속적 통치의 보장이라는 국가이유:
　　　　셀프-쿠하는 레종데타(2)
55 　2024. 12. 15. 주권면책의 근거 조달:
　　　　"비상계엄은 고도의 정치적 판단"
61 　2024. 12. 18. 비선권력의 축제술,
　　　　'포어라움'에서의 역逆주술화
66 　2024. 12. 22. '현자들의 협력'으로 발현하는 폭력:
　　　　셀프-쿠하는 레종데타(3)
72 　2024. 12. 25. "이미[already] 되어질[not yet] 길":
　　　　정치적인 것의 고유명으로서,
　　　　혹은 갈채-게발트의 분광기로서 "남태령"
80 　2024. 12. 28. "제-외-례"의 통치: 여기 계엄령의 간략한 역사
85 　2025. 1. 1. 관저 커튼 뒤에서 설정되는 직접-민주-내전의 적:
　　　　셀프-쿠하는 레종데타(4)

89 3장 석열 보나파르트 Suk-Yeol Bonaparte

- 90 2025. 1. 2. "그날 우리는 연결되어 있었습니다"
- 92 2025. 1. 5. 당사자 내각 VS. 국민=개돼지론
- 94 2025. 1. 6. 커먼즈-오병이어: 전적으로 다른 '나눔'
- 97 2025. 1. 9. 반공청년단과 통치의 간지奸智, 혹은 "한번은 비극으로, 다음번은 희극으로": 유령적 셀프-쿠(1)
- 101 2025. 1. 10. 룸펜화된 삶의 가속자·모조구원자: 유령적 셀프-쿠(2)
- 110 2025. 1. 12. "국민의 은총"과 "명령적 위임": 유령적 셀프-쿠(3)
- 120 2025. 1. 15. 반공백골단의 부활, 혹은 "너 사람아, 이 백골들이 살아날 것 같으냐?": 유령적 셀프-쿠(4)
- 125 2025. 1. 18. 계급적 계엄령의 사회이성, 혹은 "사탄만이 가톨릭교회를 구원한다": 유령적 셀프-쿠(5)

133 4장 내전정체內戰政體 너머

- 134 2025. 1. 19. 서부지법 난입: '씨빌 워'의 폭력 비판
- 145 2025. 1. 20. "1·19 혁명" VS. 헌법수호 기관으로서의 5·18: '마치 법의 소멸 과정과도 같은 법의 완성 과정'이라는 시금석
- 152 2025. 1. 21. "우리가 국가야!"의 폭력-이성: 셀프-쿠하는 레종데타(5)
- 155 2025. 1. 23. "헌법 위의 권위" VS. 역사적 저항권의 색인
- 158 2025. 1. 28. 국민저항권의 아나키-크리틱: 신적인 비폭력을 위하여
- 165 2025. 2. 4. 십자가-궐위crux-interregnum: 세이브코리아의 국가비상 기도회와 케노시스의 정치기독학
- 171 2025. 2. 10. "오직 아나키만이 세계 위로 풀려난다"

175 5장 "텅 비울 것", 그리고 "광장을 창출할 것"

- 176 2025. 2. 16. 권위를 만드는 증언:
  의인義人/義認이라는 제헌의 조건
- 182 2025. 2. 17. 진실위조의 체제 VS. 파레시아스트 즉 파루시아스트
- 185 2025. 2. 22. 전광훈과 손현보의 광장, 헌금자본의 일반공식
- 190 2025. 2. 25. '계몽령'의 계몽 비판:
  다시, "과감히 알고자 하라"
- 194 2025. 3. 1. 제7공화국 헌정의 한 가지 조건:
  비-주권과 자가-공동-면역
- 205 2025. 3. 6. '해체적 성격'의 어셈블리:
  광장을 넘는 깃발 혹은 물활력物活力

217 6장 법의 공백에 대한 해석과 결정

- 218 2025. 3. 7. 내란수괴 구속취소라는 예외적 결정의 근거
- 223 2025. 3. 9. 미래의 선지자 검찰:
  법조의 임의재량적 (무)해석과 결정(포기)
- 225 2025. 3. 12. 법복 입은 귀족정의 공안公安주의
- 228 2025. 3. 16. 유물론적+메시아적 헌정의 상황 구축
- 236 2025. 3. 21. 끝날의 날끝: 김건희의 파울 클레
- 238 2025. 3. 26. 헌법재판소 "5:3 데드락"의 수치:
  사법형식적 타협의 '폴리크라티' 비판
- 244 2025. 3. 28. 도래중인 총파업의 네 가지 이념
- 257 2025. 3. 30. "헌법재판소의 주인"이 설정한 적대:
  '악'의 미결정력 VS. '예'냐 '아니오'냐
- 260 2025. 3. 31. 대통령의 헌법수호 선서:
  "맹세하지 말라"라는 그리스도의 말
- 265 2025. 4. 1. "헌법재판소에 콘클라베를 적용하라!":
  헌재 재판관의 법복에 새겨진 법의 정신

268 　2025. 4. 4. 만장일치 파면결정 직후, 어떤 위화감에서 시작하기
270 　2025. 4. 9. 〈내란의 밤〉과 구제의 색인들
274 　2025. 4. 18. "내가 '깃발'인지 깃발이 '나'인지 알 수 없는":
　　　여성-되기의 생성적 아노미
279 　2025. 4. 26. "봄[=법]은 만인에게 평등했는가"라는 근본물음:
　　　유사-이소노미아의 스펙터클을 탈구하는 말
285 　2025. 5. 1. 대법원 파기자판破棄自判,
　　　혹은 친위쿠데타의 법학적 가발관리사 조희대 대법원장
290 　2025. 5. 6. 개헌 초안: "법률가들아, 어째서 너희들의
　　　직무책임에 침묵하고 있는가?"
295 　2025. 5. 12. "압도적 정권교체"라는 함구령,
　　　광장을 닫아거는 다른 계엄령
299 　2025. 5. 13. "페이퍼 공화국" 혹은 천년왕국이라는
　　　민주주의자들의 어음할인권
301 　2025. 5. 20. 12·3의 광장이 5·18의 광장에 보낸 편지
305 　2025. 5. 26. 헌법의 대체보충력과 맑스적 "헌법의 수호자":
　　　유령적 셀프-쿠(6)
309 　2025. 6. 3. (비상)대권의 예정된 머리가 광장의 수뇌가 될 때

317 　후기: "물민物民의 주권"과 광장 이후의 이정표
333 　다른 서론: 연옥-궐위purgatorium-interregnum
343 　표지 이미지에 대해
345 　참고한 것들
351 　추천사

종교가 만든 안개 같은 형상들의 세속적 핵심을 찾아내
분석하는 일은, 삶의 실제적 관계들로부터 그에 상응하는
신성화된 관계형태들을 적출하는 일보다 쉽다.
후자의 길만이 유일하게 유물론적이며,
따라서 유일하게 과학적인 방법이다.

맑스, 『자본』

:: 서론
계엄 치하의 레종데타:
『계엄령』이라는 쿠데타극劇

1. 이른바 '성공한 쿠데타는 처벌할 수 없다'[혹은 '성공한 반역은 감히 누구도 반역이라 부를 수 없다'(존 해링턴)]라고 하는 사후적 정당성의 예외주의적인 조달기술, 그 기술을 바탕에 깔고 여기 12·3 비상계엄이 성공한 쿠데타가 됐다면 어땠을까. 그렇게 당면했을 계엄 치하의 시공時空/施工을 묘사할 수 있게 하는 텍스트, 계엄 결단자들의 성공과 실패라는 위로부터의 사후성으로 환수되지 않을 통치의 본원적 지반으로서의 계엄령에 대해, 말하자면 국가이성(레종데타)의 발현 형식으로서의 쿠데타라는 통치의 근원형질에 대해 말할 수 있게 하는 텍스트가 있다. 카뮈의 희곡『계엄령』이 그것이다. 다음과 같은 짧은 대사 하나를 여기 12·3 비상계엄 360분에 대한 상기 속에서 비평하면서 이 쿠데타 일지를 시작하고자 한다: "**계엄령, 그것이 곧 국가다.**"[카뮈,『계엄령』; 이하 번역 수정 및 원어 노출은 1948년 초판, A. Camus, *L'État de Siège*를 기준으로 함]

2. 공포의 주권자로 의인화擬人化/義人化되어 자연스레 등장하고 있는 배우 '계엄령=페스트'의 대사, 계엄령으로 주권화-인격화된 전염병 페스트라는 페르소나가 극중 스페인 도시 카디스의 시민들을 향해 다음과 같이 명한다: "너희들의 진정한 주권자를 알아보고 그로부터 두려움을 배우라." 달리 표기하자면 "진정한vrai[실제적/사실적]" 주권자의 권력, 진정한 "주권자souverain[최고·최종의 결정권자]"로 의인화된 페스트=계엄령이 이종 교배시키는 입법권과 집행권, 그 창궐하는 독재권[權/圈] 안에서 시민들에게로 전염되고 전이되는 것은 먼저 "두려움peur[섬뜩함]"이다. 계엄령=페스트는 정치체를 이룬 삶들을 특정한 통솔 및 인도가 가능한 관계로 생산하는 권력형태이며 그것과 상호 작용하는 두려움은 예속화 상태의 슬픔이다. 주권적 페스트의 그 정치, 페스트적 계엄령의 그 공포를 정초하는 힘은 무엇인가. 달리 묻자면 계엄령=페스트가 말하는 "통치", 그 "완벽한 기계"의 속도·방향·세기를 설정하고 장치하는 힘이란 무엇인가. '생살여탈生殺與奪'의 폭력, 살림과 죽임에 관한 자유재량적 심판의 폭(권/위)력Gewalt이 그것이다.

2-1. 그것은 "비상시"에 관한 "자의적인 결정"으로, 그 결정에 뿌리박은 "유익한 조치"로, "말살 작업"으로 집행된다. 침습하는 페스트의 부대-상처, 만연된 그 공포terror의 전염권역·보호령territory 안에서 생명을 임의로 침탈하는, 테러terror화된 생살여탈. 이는 페스트의 주권(페스트=주

권)을 받드는 '여비서'가 수첩 속의 이름을 줄그어 지울 때 무대 위의 한 사람이 쓰러져 죽는 방식으로 연출된다. 여비서의 수첩은 그러므로 모종의 살생殺生부이며, 페스트를 온전히 매개하고 전이시키는 여비서의 사형집행은 페스트의 "참된 지배"를 도래시키는 제1방법이자 진정한 주권의 근원형상이다. 여비서의 그 수첩=살생부簿는 삶·생명을 둘러싼 "완벽한 상부"에 기초한 것인바, 이는 "생활 전체를 목록화"하기 위한 "조사와 등록"의 축적 및 합성으로서, "통계"적 앎·지식이 아카이브화되는 과정으로서, 함부로 공개되거나 아무나 접근할 수 없는 비밀스런 통치력으로, 비밀의 통치이자 통치의 비밀arcana imperii로 집행된다.

2-2. 페스트가 스스로를 정의하는 '진정한 주권자'란, '유사시'의 확정을 통해 기존의 법 혹은 법제를 효력 정지시키고 탈구축할 수 있는 힘, 비상시와 정상시 간의 관계를 자유재량적으로 조절하고 합성할 수 있는 최종심적인 게발트[폭(권/위)력를 가리킨다. 역병의 정세 아래에서 생명의 안전과 생활 전반의 관리를 동력이자 산물로 설정하는 조치적 통치의 벡터 속에서, 페스트는 "국가를 보호해야 한다"라는, 그런 보호를 위해시는 단일통치Monarchia가 필요하다는, 즉 유일 위격의 모나르키아로 정립되지 않으면 안 된다는 말, 그러므로 "페스트가 곧 국가"라는 말을 시민들로부터 자연스레 도출해낸다. 보호와 복종의 교환이라는

페스트와 시민 간의 그런 "서약"과 "동의"와 "합의"의 로고스/노모스 위에서 전쟁상태의 무질서를 억지하는 공안적 질서의 힘이 온존될 것이었다. 말하자면 페스트-리바이어던으로서, 페스트-유사시로 구축되는 계약연관은 다른 게 아니라 페스트의 명령, 곧 "최고권자의 뜻에 따라 공포된 훈령의 효력"에 달려있다. "병균에 감염된 시민들의 통제와 구호 활동을 규정하고, 주어진 명령을 엄격히 실행할 것을 서약하는 모든 요원들을 지정"하는 과정, 그 긴급한 필요의 정당성에 뿌리박은 소송 속에서 페스트=최고권자에 의해 발포되는 지고한 법·법령. 이 법/령은 기존의 법·법제·국제國制([d']état)의 권력관계·기능연관·기계합성에 가해지는 재량적 일격coup으로, 나아가 그런 쿠-데타에 의해 설정되는 내부의 적에 대한 임의적이기에 항시적인 억지로서의 내전적 내치체제로, 그런 체제의 조건이라고 할 수 있을 계엄령L'état de siège[국가에 대한 포위공격]으로 발현한다. 국가의 보호를 위한 국가의 포위·공격·공략siège, 헌법의 수호를 위한 헌정관계의 절단·재합성·재정지再整地, 그 역설의 상태가 진정한 주권의 중추, 주권의 실질적 진지·근거지·본거지siège로서의 계엄령이다. 그 진지·전장, 그 자리는 분명 재판관석·입법의원석siège을 하나로 통합한 장소이되, 군림하는 영광의 보좌寶座가 아니라 일하는 집행의 사무석이다. 군림과 통치의 일치, 영광과 집행의 집중이 페스트=주권자를 유일 위격의 게발트로 구축하는 초석이며 반석이다.

3. 진정한 주권자로서의 페스트는 계엄령[레타 드 시에즈]이라는 영속적 쿠-데타를 통해서만 스스로의 과업을 "논리"와 "합리화"와 "개혁"으로서 관철시킬 수 있다. 그럴 때 계엄령은 페스트적 주권(자)의 이성이고 합리화하는 국권의 방법이자 원리이며, 그런 한에서 모종의 레종데타가 발원하는 원천, 국가이유國家理由의 근저이다. 그렇기에 페스트가 입법/집행하는 "새로운 법"이란 국가와 국권을 둘러싼 일격-계엄-이성에, 그것들 사이에서 실정되는 상호 최직화된 조질상태·배합상태에 뿌리박고 있다. 말하자면 국시國是/Maxime d'État로서의 쿠-데타, 그것의 재량적 지속으로서의 계엄령이란, 내부 적대의 창출과 활용이라는 내전적 통치이성으로 발현중인 레종데타의 결정적 형식이다. 그렇게 페스트의 계엄령이란 곧 재량적 내전의 항시적인 내재성을 표시하는 다른 말이다. 그런 계엄령을 통해, 그런 계엄령으로서, 주권자=페스트와 한 몸이 된 이위일체로 파송되고 있는 폭력의 형질을 표현하는 한 구절, 그 성스러운 폭력의 환속화된 위격을 지목하는 한 구절이 있다. "대문자-날개 돋친 경찰-천사들aux ailes majuscules anges policiers"이 그것이다. 페스트=주권자의 정당성 조달에 직결된 '논리'와 '합리화', 그 논리의 불순물 없는 육화肉化이자 그 합리화의 완전한 화신化身으로 활개 치는 경찰들=천사들, 성聖-경찰 혹은 심판하는 대(문자)천사들. 이 폭력의 위격 안에서 "반항"과 "거

부"란 최종적으로는 합리적 개혁의 깃발 아래로 대체보충되며 회수·관리·억지된다. 그때 경찰-천사들에 의해 집행되는 신성 페스트의 계엄적 통치이성이란, 시민들에게 "집단集中 수용"과 "화장"용 가마의 공포를 주입하고, "외투에 가래톳 모양의 별을 다는 일"과 "말살시켜야 할 대상의 표시 작업"을 가르치고, 그럼으로써 "질서 있게 죽는 일"에 자진하여 협력하도록 인도하는바, 그것은 "말소 작업"이라는 최종해결적 생살여탈의 폭력에 뿌리박은 통치, "무질서한 죽음을 질서정연하게 관리"하는 재량적 통치공정이다. 그럴 때 신성 페스트의 진정한 주권이란 다른 수단을 통한 전쟁의 연속, 곧 경찰적 전쟁의 지속, 경찰-천사들이 수행하는 성스러운 내전(으로서의 내치폴리차이)의 연장이며, 환속화된 내전-통치의 성무일과聖務日課로서 집행된다. 페스트는 자신의 주권적 명령에 따라 오차 없이 가동되는 그런 말소와 말살의 공정을 여비서의 저 살생부-기계를 가리키는 다음과 같은 말로 공표했었다. 그것은 경찰-천사들에 의해 누락 없고 간극 없이 순연하게 반복되는 말이기도 하다: "여러분들은 이미 내 명단에 올라 있으므로 나는 어느 누구도 빠트리는 법이 없다. 모두가 용의자다. 이만하면 훌륭한 시작이다." 모두가 용의자인 상태, 이는 페스트와 일체화된 분신들, 바이러스처럼 창궐·침습하는 경찰들의 재량적 결정에 시민의 일생이 달리고 재어지며 쪼개지는 상태인바, 천사를 파송하는 신과도 같이, 신을 대행하는 천사와도 같이, 페스트와 경찰은 계엄적 통치이성의 "그물"을 함께 던지는 이위일체적 게발트연관이다. 곧 신적인 페스트의 계엄령으로 파송된 경찰-천사들을 통할 때만이 페스트적 주권은 재량적·실효적 통치력일 수 있으며, 그런 주권적이며 신적인 페스트에 뿌리박을 때[그렇게 나이가 같고 한 몸일 때] 경찰-천사들은 스스로의 존재와 힘을 설정하고 보위할 수 있다. 진정한 주권자로서의 페스트, 그 단일 위격의 모나르키아가 구동되는 과정이 그런 이위일체화의 공정 속에서 조절된다.

3-1. 페스트를 대신해, 페스트 속에서 여비서가 말한다. "지금은 만사에 경찰이면 족해. 심지어 정부gouvernement[통치·지배(권)]를 전복하는 일조차도." 도시 카디스를 통치하고 있던 '총독gouverneur'의 행정부를 일격하여 전복·잠식·석권했던 페스트처럼, 그런 페스트를 대신해, 그런 페스트 속에서 기존 행정부의 통치권을 일격하여 전복할 수조차 있는 경찰의 힘, 경찰의 만사형통하는, 대문자-날개 돋친 힘. 경찰-천사들의 그 게발트란 "인민 스스로를 대신하여 생각이라는 것을 해주고 그들에게 적당한 양의 행복도 결정"해 준다. 새로운 법에 합치되는, 새로워진 통치에 합성되는, 그런 법과 통치의 필요에 따라 생사·생살의 적정선에서 합리적으로 관리되고 안배되는 행복의 결정자-경찰, 조절하는 천사들. 페스트가 제공하는 "탁월한 조직"이란 그런 경찰-천사들에 의해 실질적으로 조형되고 조타操舵되며, 통치의 필요에 따른 "분리"의 작업에서 시작해 집중 수

용소로, 격리의 게토화로, "정화淨化의 불"에 의해 벌거벗겨지는 화장터로, "인간들의 재灰"로 구축되는 성聖-폭력체이다. 그런 조직, 페스트의 조직적 폭력은 무엇보다 임의적인 필요에 따라 발효되는 법(령)과 동일한, "법률과 동등한 효력을 갖는다." 독재적 집행권에 의한 입법과 사법의 재량적인 성스러운 통합, 경찰의 내치/내전에 의해 관철되는 국권의 조타Steer-gubernaculum가 그런 자유재량적인 법(령)들의 그물 안에서 설정되고 보위된다.

3-2. 생사·생살의 분리 작업 또는 법 안과 법 밖의 구획 설정이라는 경찰-천사들의 그런 내치/내전, 페스트적 주권의 그 성무일과는 다음과 같이 요약되어 선포된다. "나는 제군들에게 침묵과 질서와 절대적인 정의를 제공한다. 대신에 나는 제군들의 적극적인 협력을 요구하는 바이다. 내 직무ministère[내각·부처]는 이제 시작된 것이다." 성-페스트의 직무에 의해 제공되는 것들, 페스트라는 성직의 사제 직무에 합성된 경찰-천사적 기관들이 부과하는 것들. i) 침묵, ii) 질서, iii) 절대적 정의. 페스트의 기관으로 그 적합성을 인정받아 고용된 '나다[Nada·무(無)]'가 페스트의 체제, 내전정체內戰政體의 궁극적 벡터에 대해 말한다. "그것은 같은 나라의 말을 하면서도 서로 알아듣지 못하게 하려는 것이지. 우리는 지금 완벽한 순간에 다가가고 있어. 모두가 지껄이지만 서로에게 아무런 응답도 없는 그런 순간, 결국 모

든 것이 침묵과 죽음이라는 최후의 완성 단계를 향해 나아갈 수밖에 없는 그런 순간 말이지." 다름 아닌 바벨탑, 신의 권능을 침습하려는 인간들을 들이쳤던 신의 처벌과도 같이, 페스트의 주권은 자신을 월권하려는 반항의 시민들에게 그 언어를 흩어버리는 폭력으로 관철된다. 그 폭력, 폭력의 재량적 법(령) 앞에서 침묵은 죽음의 연관어로서, 서로의 말을 알아들을 수 없게 된 근원적 분리와 격리의 상태로서, 반항의 무질서를 원천적으로 억지시킨 질서정연한 통치의 완벽하고도 최종적인 해결상태로서 표상된다. 분리와 침묵과 죽음과 질서를 주관하는 신적 페스트의 폭력, 달리 말해 "너희들의 신은 만사를 분간할 줄 모르는 아나키스트 un anarchiste qui mêlait les genres[장르가 뒤섞인 아나키스트]였던 반면 나는 오직 권력puissance[위력]만을 택했어, 지배만을 택한 것이야!"라고 일갈하면서 그런 무질서의 여러-소문자 신들을 일격하는 coup-dieu 대문자 신의 게발트·피상스, 그것이 새로운 법과 통치의 최종적 정당성이자 절대적 정의로 구축된다. 그런 정의/정당성에 뿌리박은 페스트의 정세政勢, 페스트=주권자의 법(령), 그 로고스/노모스의 통치형질 속에서 목표로 설정되는 이상이란 무엇인가. "가장 이상적인 것은 선택된 소수의 죽음을 통해서 다수의 노예들을 손에 넣는 것, 바로 그거야. 오늘에야 비로소 그 기술이 완성 단계에 이르렀지."

4. 페스트에 의해, 페스트 속에서 도시의 시민들에게 주어지는 i) 침묵, ii) 질서, iii) 절대적 정의. 그 세 가지에 상응하여 페스트=주권자가 페스트의 정세 속에서 시민들로부터 받아내고자 했던 것은 무엇인가. iv) 적극적 협력collaboration이 그것이다. 페스트가 여비서에게 말한다: "중요한 것은 그들 시민이 이해하는 게 아니라 실시하는 것"이라고, 그 "실시한다s'exécuter라는 표현은 정말이지 의미심장한 것"이라고, 왜냐하면 그 말이 "사형집행을 뜻하면서도 동시에 처형당하는 이가 자기의 처형에 스스로 협력함collabore"을 뜻하기 때문이라고. 무질서의 신을 죽인 질서화의 신적 페스트는 무엇에 협력하길 요구하는가. 시민들의 처형에, 자기 사형에 자발적으로 협력하기를 요구한다. 생명의 재량적 박탈에 스스로가 협력하고 있는 상태란 페스트=계엄령의 정세로 구축되는 공공의 안전과 질서의 정립상태를 말하는바, '실시하라'는 페스트의 그 말, 진정한 주권자의 그 법(령)은 생살여탈의 권력이 지닌 특정한 형질을 드러내고 있다. '모두가 용의자'인 상태, 자진自進[자기-소진(自-盡)]하여 스스로의 죄를 구성하고, 알아서 그 죄를 고하면서 죗값을 치르는, 만연된 죄schuld[=빚]의 상태. 이를 근원이자 목표로 삼아 구축되는 페스트=계엄령의 공안적 내전정체는 "모든 훌륭한 정부의 목적이며 그 강화 수단"으로 정초된다. 그 위에서 발화되는 '실시하라'는 명령, 생시·생살에 관한 주권적 결정의 그 법(령) 아래서 생사·생살의 상태는 모두 치욕과 수치의 부산물이 된다. 끝내 공포로부터 벗어남으로써 반항하는 자

가 되는 '디에고'가 여비서에게 말한다: "당신의 주인들maires[장(長)들·감독관들]이 나타난 이래로 사는 것과 죽는 것이 모두 치욕déshonneurs[수치·불명예·오명]이 되고 말았어……" 대단원의 나다 역시 주인들에 대해 모종의 사선을 그으며 말한다: "정부들은 지나갈지라도 경찰은 남는다les gouvernements passent, la police reste. 그러니 한 가지 정의는 있는 셈이지. 진절머리나는 정의 말이야." 페스트적 주권의 법(령)을 집약적으로 집행하는 경찰-천사들은 그렇게 영속적이며 항구적인바, 절대적 정의란 바로 그런 영속성과 합성되어 발현하는 폭력이다. 말하자면 정의의 항구적 독점을 통해, 절대적 정의 또는 유일한 정당성을 통해 적정선에서 조절·관리되고 질서화되는 생사·생살의 상태. 대단원의 코로스가 그런 균형과 질서의 폭력을 문제시한다. 그 마지막 형평衡平[equity]의 노래를 인용해 놓기로 한다: "아니다, 정의는 없다. 다만 한계가 있을 뿐, 규칙이란 없다고 소리치는 자들이나 만사에 규칙만 적용시키려는 자들이나 다 같이 한계를 넘어서고 있지. 성문들을 활짝 열어라. 바람과 소금기가 이 도시(민주정체)의 더러움을 씻어가도록."

1장 궐위상태의 추追체험

2024. 12. 3. 「계엄사령부 포고령 제1호」
2024. 12. 4. 필요의 왕국: 여기의 왕정복고 친위쿠데타
2024. 12. 5. 익명의 시민이 계엄군의 차량을
　　　　　　가로막고 제기한 (궐)위기의 과제
2024. 12. 6. 다시, 궐위闕位 속에서
2024. 12. 9. 궐위상태에서의 더 나은 실패를 위하여

「계엄사령부 포고령 제1호」

2024년 12월 3일

밤 10시 24분, TV 화면 아래쪽에 갑자기 뜬 속보 한 줄. "**윤석열 대통령, 비상계엄 선포.**" 눈을 비비고 다시 쳐다봤던, 말 뜻 그대로 초현실적이던 그 속보는 긴급 대국민 특별 담화의 형식으로 송출된 윤석열의 말들을 통해 확고부동한 사실로 인지되었다. 밤 11시, 「계엄사령부 포고령 제1호」 1항은 내가 이제껏 경험하지 못한 강권적 억지력으로 억누르는 숨 막히는 것이었고, 욕 튀어나오게 하는 열받는 것이었다: "자유대한민국 내부에 암약하고 있는 반국가세력의 대한민국 체제전복 위협으로부터 자유민주주의를 수호하고 국민의 안전을 지키기 위해, 2024년 12월 3일 23:00부로 대한민국 전역에 다음 사항을 포고한다. 1. 국회와 지방의회, 정당의 활동과 정치적 결사, 집회, 시위 등 일체의 정치활동을 금한다." 이 낱말들 자체는 1978년생인 내게 전혀 낯설지 않은 것이었지만 체득에 따른 실감어린 것은 아니었다. 그렇게 포고령의 낱말들로부터 낯익은 것이 낯설게 되는 간극을 감지하면서, 과거의 계엄들을, 익히 읽어왔던 지난 계엄 치하의 삶들을 순간적으로 추체험^{Nacherleben}했다. 계엄의 낱말들에 후세가 떨지 않도록 기록으로 또 몸으로 남겨준 앞선 세대의 되살아나는 삶들을 따라, 오늘 이후 벌어지게 될 사태들을 뒤밟아보자고^{Nach}, 할 수 있는 한 여기의 상황적 힘들에 대해 산-증인이 되는Erleben 좁은 문 하나를 찾아보자고 생각했다. 겹겹으로-더불어-두터운 삶, 후생厚生의 보장을 위한 그 좁은 길 위에 희미한 이정표 하나를 세워가는 일, 그것이 지난 계엄 치하의 본보기-삶들Nachleben을 추체험하는 후생後生의 애도 작업이 되리라 생각했다. 그렇게, 우리들 민주정의 결단-예외에 대한 비평이 거듭 필요한 이유를 여실히 체감하게 된다.

필요의 왕국: 여기의 왕정복고 친위쿠데타

2024년 12월 4일

    오늘 자정이 지난 1시 1분 190명 국회의원에 의한 '비상계엄 해제 요구 결의안'이 통과되었고, 3시간 반이 지난 새벽 4시 30분이 되어서야 윤석열은 계엄 해제를 공표했다. 그의 1분 25초짜리 방송에서는 "국가 마비"와 "결연한 구국의 의지"가 거듭 강조되고 있었고, 그런 정당화의 문구들이 작성되고 있을 때 계룡대 합참본부의 장성 30여명은 2차 계엄을 위해 서울행 버스에 올라타고 있었다. 말하자면 비상계엄 선포 이후 155분 + a의 시간, 계엄 해제 결의안 통과 이후였음에도 언제까지 이어질지 알 수 없던 미지수 x시간의 계엄 치하. 헬기를 타고 국회의사당에 내린 특전사 직할 제707특수임무단의 돌격소총과 야간투시경에서 집약적으로 표상되는 것처럼, 계엄 치하 제정된 공권력은 결정적인 시공간에서 「계엄사령부 포고령 제1호」 속의 재량적 "처단"을 최종심급으로 운용될 것이었다.

    계엄이 해제된 이후에야 눈길을 줄 수 있었던 것은 포고령 1호가 비상계엄의 목적으로 제시해 놓은 "**국민의 안전을 지키기 위해**"라는 한 구절이었다. 이에 대한 상세한 주해로 다시 읽은 것이 12월 3일 밤 윤석열의 「대통령 비상계엄 선포 담화」였다: "친애하는 국민 여러분, 저는 북한 공산세력의 위협으로부터 자유 대한민국을 수호하고 우리 국민의 자유와 행복을 약탈하고 있는 파렴치한 종북 반국가세력을 일거에 척결하며 자유 헌정 질서를 지키기 위해 비상계엄을 선포합니다. 가능한 한 빠른 시간 내에 반국가 세력을 척결하여 국가를 정상화시키겠습니다." 수호를 위해 필요한 침탈, 재건을 위해 필요한 파괴. 정상화를 위해 필요한 비상상태, 자유와 안전과 행복을 위해 필요한 금지와 공포와 불행. 비상계엄 360분 동안, 여기는 법을 원치 않는, 피를 원하는 '필요/긴급(네체시타 necessità)'의 왕국이었다.

    대권 후보 시절 윤석열의 손바닥에 써져 있던 "王"이라는 문자의 주술력, 그 주술적 비선秘線의 축적술이 막다른 길에 이르렀을 때, 윤석열에겐 본연의 왕을 향한 목숨 건 양자택일이 주어진다. 공화국 대통령과 그것에 직결된 비선권력을 한정·제약하는 시스템을 끝장내버릴 왕정복고 쿠데타의 성공이냐 자신의 간접화된 통령권이 끝장나게 될 실패한 쿠데타냐, 이것이냐–저것이냐. 그 위기의 극한을 동력으로, 또한 윤석열을 숙주이자 매개로 유혈 직전까지 갔던 모조혁명적 반동의 분자들, 12·3 비상계엄령에서 정점을 이룬 그들은 축적의 독점을 위한 영구집권적 계통수系統樹의 기획자들이었다.

익명의 시민이 계엄군의 차량을 가로막고
제기한 (궐)위기의 과제
2024년 12월 5일

707특임단을 태우고 국회의사당 운동장에 착륙하던 헬기들, 그 밤하늘 엔진의 진동을 뒤따라 의사당 외곽 진입로 쪽으로 접어들던 소형 전술차들. 그중 한 대가 어느 시민에 의해 정지되고 있다. 군용차와 시민 사이에서 잠시 동안 정중동의 기싸움이 이어지지만, 이내 차량은 엔진을 재가동하여 위협하듯 전진한다. 익명의 시민은 물러서지 않고 몸을 기울여 막아선다. 이를 본 여러 익명들이 더불어 가세하면서, 차량 앞유리로 보이는 군인을 향해 격하게 성토한다. 이 과정은 32초 분량의 영상으로 남겨졌다. 그런 대치·적대로부터 발원하는 상황적·발생적 힘이 오늘 하나의 이미지로 응축되어 퍼지고 있는 바, 그것은 계엄 해제 이후 정권의 끝을 당위적인 것으로 공유하면서 다른 정치의 시작점·발현점을 예의주시하고 있는 지금 이 시간을 집약적으로 표시해준다. 그 이미지와 어떤 위기 비평의 문장들을 용접해 보게 되는 이유가 거기 있다.

> "인식 가능한 지금Jetzt 속에서의 이미지는 모든 해독의 기반을 이루는 위기적이며 위험한 순간의 각인을 최고도로 유지하고 있다."[벤야민, 『아케이드 프로젝트』]

△ 〈Democracy Dies in Darkness〉, Video by Julie Yoon, ⓒ The Washington Post, 2024. 12. 4. [https://www.washingtonpost.com/video]

비상계엄 혹은 포고령 1호라는 정치의 암흑, 그 중핵을 거슬러 밝히고 있는 빛은 '위기'를 정치적인 것의 구성장소로 재정의하는 힘이다. 그런 힘의 다양체-연결망이 응집되고 있는 상태로서의 지금-이미지, 폭발적 발현 바로 직전直前-시간의 그 이미지는 단발적 폭발로 감축되거나 소진되지 않는, 폭발 이후를 거듭 사고실험해 볼 수 있게 하는, 아직 실현되지 않은 새로운 상황을 앞당겨 묘사해 볼 수 있게 하는, 여전히 도래하지 않은 새로운 노모스를 앞두고 그것을 앞질러 분만할 수 있게 하는 힘의 형식이자 원천·비등점이다. 그 위기적-연결적 지금시간Jetztzeit의 이미지는 이목耳目을 끌어모으고 감응으로 전염됨으로써 현행적인 것 일체를 휩쓸리게 하고 휘말려들게 하는 최고도 정치의 시간, 지고의 정치적 순간을 보존하고 있다. 그런 한에서 긴요해지는 상황은 마치 여성의 여성-되기와도 같은, 지금의 지금-되기, 지각불가능하게-되기의 시간력이다. 그 속에서 위기적 지금-이미지는 낡은 것이 지나감에도 새로운 것이 오지 않고 있는 궐위interregnum의 상태, 그 텅 빈 공위의 시공간에 연동된 모든 해독解讀과 해독害毒/解毒의 실질 형태소를 표출하고 있다. 그런 이미지에 이끌려 위기Krise는 비판Kritik의 발원지로 조성되며 그 비판은 상황준별적 시금석Kriterium으로 담금질된다. 그에 따라 던지게 되는 물음은 다음과 같다: 위의 이미지 속에서 사람은 어떤 위기에 노출되고 있는가, 사람과 사물은 그 위기 속에서 어떤 비판·시금석을 형상화하고 있는가. "민중들은 바로 그들의 정치적·미적 재현 또는 그들의 존재 자체가 위협받고 있다는 점에서 항상 사라질 위험에 노출된다. 민중들이 사라질 위험에 노출되는 것이 아니라, 그들 자신에게 노출되도록 하려면 어찌해야 하는가? 민중들이 나타나 형상을 갖추도록 하기 위해서는 어떻게 해야 하는가?"[디디-위베르만,『민중들의 이미지』] 이 물음들에 대한 응답의 출발선에 놓게 되는 것은 다음과 같은 또 하나의 물음들이다: "그런데 이미지는 타자의 이미지로 주어질 때에만 흥미로워지기 시작하지 않는가? 그리고 이미지는 단지 그럴 때에만 시작될 수 있는 게 아닌가?" 저 군용차량과 시민들 간의 위기적 이미지도 타자의 이미지다. 위기의 타자성, 그러니까 안전하게 살던 그대로 살길 원하는 나와는 엮이지 않길 바라지만 그런 엮임 없인 나의 현재 역시 존속할 수 없게 하는, 그렇기에 항시 불가피한 책임성을 따라 상황 속으로 말려들어가게 만드는 타자·타자성으로서의 위기. 그것이 지속되는 한에서 이미지(로부터)의 시작은 거듭될 수 있는바, 저 위기적 이미지는 정치적인 것의 인식 기획으로서의 (궐)위기의 과제, 과제의 (공)위기를 거듭 독해할 수 있게 하는 최고도의 접선처가 되고 있다.

다시, 궐위闕位 속에서

2024년 12월 6일

윤석열이 계엄 해제를 공표했던 지난 4일의 그 새벽, 대통령 탄핵에 뒤이어질 궐위상태가 박근혜 이후 다시 다르게 재현될 것임을 예감했고, 2017년 봄의 그 궐위상태에서 경험한 실패를 갱신하는 일이 과제로 설정되어야 한다고 느꼈다. 2017년 궐위의 시공간, '왕국regnum[군림]과 왕국 사이inter'의 그 공위 속에서 출간된 졸저『신정-정치』의 마지막 글「추신: 궐위 속에서」의 문장들을, 여기 다시 반복될 상황비평의 차이를 위해, 마치 오늘 다시 쓴 것처럼 따옴표를 떼고 글자체를 바꿔 인용해 놓게 된다.

2017년 2월 현재, 여기 촛불에 내장된 봉기의 활력은 특정한 '궐위'의 정세를 분만하고 있다. 또는 그런 궐위의 형세로서 분만되고 있다. 통할하는 통령의 이성이 효력 정지된 이후 그것을 승계하거나 대체하는 다른 통령의 위격이 아직 결정되지 않고 있기 때문이다. 이는 분명 하나의 '위기'일 것이다. "오래된 것이 이미 죽어가고 있는데 새로운 것이 아직 탄생하지 못하고 있는 때야말로 위기이다. 그런 궐위의 시기에 대단히 다양한 병적 증상들이 나타난다."[그람시,『옥중수고』] 앞선 황제와 그 뒤를 이을 후임 황제 사이의 틈, 교황과 그 뒤를 잇는 교황 간의 간극, 다시 말해 신성한 통치의 권위와 그 권위의 정당성이 부재하는 공백의 시간. 그런 시공간, 오늘 여기의 인테레그눔은 어떻게 다시 정의될 수 있는가. 다름 아닌 위기를 말하는 그람시가 소렐 총파업론의 활력을 따라 촉발되었으되 그 폭력옹호론의 조직적 힘의 미비를 문제시했었다면, 소렐을 첨예화한 벤야민의 게발트[폭(권/위)력] 비판은 공백기·위기의 병적인 증상들 속에서, 숨겨진 신-G′[잉여가치=성자(聖子)]의 존재-신-론을 인지하고 정지시키는 바로 지금의 시간을, 그 위기의 순간이라는 시공간을 '모든 해독의 기반'으로 정초한다. 그 기반·반석 위에서, 여기 궐위상태의 병적 징후들이란, 실은 기존 통치권위의 총체적인 몰락으로, 여기 통령적 신격의 사멸·일소와 동시적인 새로운 법의 근거세움으로 발현하는 힘의 현상형태인 것은 아닐까. 여기 분만중인 인테레그눔은, 모든 정치세력이 그런 공위를 메우고 통치의 위격을 차지하기 위해 한꺼번에 터져 나오게 만드는 힘인 동시에, 그 어떤 정치세력도 봉기의 제헌적 활력에 의해 가면 벗겨지게 되는 기소와 심판의 현장·전장인 것은 아닐까. 사정이 그러하다면 여기의 인테레그눔, 그 공위의 시공간을 구성하고 있는 주요 성분은 신-G′의 법적 토포스 연관에 대한 전년석 전위轉位의 게발트 발현이자 무위無位의 시공-력일 것이다. 그 때 그런 전위·무위적 시공으로서의 인테레그눔은 통치의 신성한 후광의 재생산력을 세속화·독신瀆神하는 지고의 게발트 궤적을 그린다. 그 지고성/성스러움 속에서 그람시는 다시 한 번 절취/인용될 수 있다. "인간의 의식에서 현대의 군주는 신성神聖, 또는 지상명령의 위치를 차지하며 삶의 모든 측면과 관습적인 관계를 완전히 세속화하는, 현대 세속주의의 기초가 된다."[『옥중수고』] 신성 또는 지고의 명령-로고스로서, 사회적 관계를 질료로 하는 신화적/성무일과적 합성과 그 후광을 걷어내는 신성모독의 군주-노모스. 그렇게 전적으로 다르게 존재하는 독신적 독재의 군주-정으로서 벌써 이미already 오고 있으되 아직 완전히 온 것은 아닌not yet 새로운 질서의 신적인 게발트. 여기 인테레그눔의 정황과 형세가 그와 같다. 그런 정황 속에서, 그런 형세로서만 분만될 수 있는 것이 저 '활동하는 행정권이자 입법권', 유일하게 유물론적인 게발트의 궤적일 것이다.

궐위상태에서의 더 나은 실패를 위하여
2024년 12월 9일

　친위쿠데타가 일어났던 12월 3일, 나는 홀러웨이의 『폭풍 다음에 불: 희망 없는 시대의 희망』을 읽고 있었다. 독후감을 쓰고 있는 오늘 현재, 의회가 상정한 대통령 탄핵안의 자동 폐기에도 불구하고 이곳 남한의 주권대행자 윤석열은 사실상 모든 직무권한을 잃고 있다(그럼에도 그는 권리상 여전히 제2·제3의 계엄을 발동할 수 있는 행정부 수반이지 고통수권자이다). 그런 궐위 속에서 눈여겨보게 됐던 것은 『폭풍 다음에 불』의 한 챕터 「풍요를 해방하라」였다. 그것은 여기 계엄의 비상시를 달리 재생산하려는 여당 입법권력에 대해, 국회의사당의 정면을 점유한 인파人波의 비상상태적 힘에 대해 살펴볼 수 있도록 했다. 회집하고 있는 그 인파를, 홀러웨이가 말하는 "무리rabble" "어긋나는 자들misfitters" "비복종자들"로 새겨 보게 된다.

　그들 어긋나는 무리가 계산 가능하게 정형화되어 있거나 유도 가능한 정체성의 응고상태에 있지 않은 한에서, 그들 속에는 법치주의적 시스템과 자유/자본주의적 헌정질서 내부로부터within 그것을 거스르며Against 그 너머를 향해 나아가는Beyond 클리나멘(원자의 측정 불가능한 이탈/편위偏位 운동)의 계기들이 잉태되어 있다. 그들 무리의 어긋남이 일으키는 관계적 균열의 효과를 탐지·분석·구성하려는 일관된 의지를 따라 홀러웨이는 "소망적 희망"과 "이성적 희망"을 구분한다. 소망적 희망은 희망 없는 시대를 연장하고 위기와 절멸을 뒤로 늦춰 지연되게 만드는, 체제 내화되고 있는 범용한-안전한 감정, 체제를 조바꿈함으로써 보전하는 전前-종말론적 근본기분이다. 이를 거스르는 이성적 희망, 그것의 형질, 벡터, 이념을 달리 표출하기 위해 다시 인용하게 되는 것은 『폭풍 다음에 불』이 거듭 인용하고 있는 한 대목이다.

> "제한된 부르주아적 형식이 벗겨질 때, 풍요Reichtum란 보편적 교환을 통해 창출된 인간적 필요, 능력, 쾌락, 생산력 같은 보편성 이외에 다른 무엇이겠는가? 풍요란 이전의 역사적 발전 이외의 그 어떤 전제도 없는 상태에서 이뤄진 발전의 총체성, 다시 말해 모든 인간적 능력의 발전을 사전에 결정된 잣대에 따라 측정되는 것이 아니라 그 자체 목적으로 만드는 인간의 창조적 잠재력의 절대적인 전개 이외에 다른 무엇일 수 있겠는가? 인간이 자신을 하나의 특수성으로 생산하지 않으면서 자신의 총체성을 생산하는 곳은 어디인가? 자신이 이미 되어진 어떤 것으로 남아 있지 않고 절대적인 생성 운동 속에 있고자 애쓰는 곳은 어디인가?"[맑스, 『정치경제학 비판 요강』]

제한된 부르주아적 형식이 벗겨질 때, 또는 한계가 설정됨으로써 서로 균형 잡게 되는 국가권력적 기관들 간의 비밀화되고 일원화된 연계망이 공개-파열될 때, 여기 주권대행자의 친위쿠데타 및 여당의 연성쿠데타가 내란죄 구성요건과 위헌정당 해산 요건을 차곡차곡 쌓아가는 여파의 때, 그러니까 낡은 것이 죽어감에도 아직 새로운 것이 탄생하지 않고 있는 위기의 때, 다양한 병적 징후들이 나타나는 그 궐위의 시공간에 시 클리나멘적 무리는 계엄령의 목표가 공화적 권력관계를 파기한 내전수행적 통치력의 한계 없는 완전체였음을 인식한다. 암세포가 퍼진 주권대행체와 이를 중심에 둔 말기적 권력 순환계가 사실상 이미 폐절되고 있음에도 새로운 힘의 구축이 권리상 아직 이뤄지지 않고 있는 상태, 낡은 노모스의 정당성 근거와 합법성 보위가 벌써 [박]탈정초Entsetzung되고 있음에도 새로운 노모스의 취득이 여전히 수행되지 않고 있는 여기의 궐위상태. 그것을 예민하게 감지하는 무리는 계엄령의 벡터에 따라 재정초될 권력관계라는 것이 최종심으로서 재량적 생사여탈을 결정하는 생명 통할의 총체성을 지향하고 있음을 체감하는바, 그럴 때 무리는 선량한 국민과 불온한 비국민을 구별하면서 그 비국민을 비인간으로 설정하는 주권적 내전권력 혹은 초법적 내전정체의 정립을 저지하는 힘으로서, 그런 총-통에의 의지 혹은 총통적 통령이라는 최종목석을 절단하는 폭(권/위)력으로서, 다르게 생산되는 총체성의 이념을 체현하고 발현시킬 수 있다. 이 과정을 집약하는 홀러웨이의 중심 테제가 "풍요를 해방하라"이다. 그 해방의 과정/소송을 홀러웨이와 함께 집약하면서도 달리 전개시켜볼 수 있게 하는 것으로 꼽아 놓게 되는 한 대목은 '풍요'라는 번역어의 성립 사정에 대한 옮긴이 조정환의 문장들이다: "번역본으로 『자본』을 접한 우리는 '풍요'라는 단어의 자리에 대개 '부富'라는 단어가 들어가 있어 혼란스럽게 느낀다. 맑스가 사용한 독일어 원어는 Reichtum이다. 홀러웨이는 독일어 Reichtum을 대개의 영문 번역에서 사용된 wealth로 번역하지 않고 richness로 번역했다. 이런 독해 전략을 통해 wealth를 부르주아적 형식의 '부'로, richness를 부르주아적 형식이 벗겨진 '풍요'로 해석하는 개념 분할이 성립하는 것이다. 명사로 쓰일 때 나라·제국 등을 의미하게 되는 독일어 형용사 reich는 어원적으로 power(ful)를 함축하고 있다. 이 때문에 reich는 넘쳐흐르는 힘을 지시하기에 적절한 용어다. 그래서 나는 이것을 우리말 '부'가 아니라 '풍요'로 옮겼다. 어원적으로 부유할 富자는 넉넉함이 집 안에 가두어진 모양(즉 곳간의 풍요)을 가리킨다. 반면 풍년 豊자는 그릇 위에 가득 담긴 음식이 넘칠 것 같은 형상을 가리키고 넉넉할 饒자도 먹을 것이 넘치는 모습을 의미하기 때문이다. 풍부, 풍성 등등 풍요와 결합된 넘쳐흐름의 언어들은 드물지 않다. 이 풍요는 홀러웨이에게서 존재론적 역량을 지칭하는 용어로 사용되고 있다."

풍요의 해방, 내게 그것은 대통령의 위헌·위법적 계엄령 이후 곧 맞이하게 될 궐위상태 속의 우리들 무리에게 가장 가까이 접선되고 있는 새로운 노모스 창출의 근원이자 방법을 가리키는 것으로 읽힌다. 풍요의 해방이란, 어긋나는 무리에 의해 무엇보다 궐위상태 속에서 구체적으로 조형될 수 있을 구원적 사회구성체의 목표이자 산물이다. 그러나 사정은 단순·단란하게 단선적이지 않은데, 궐위상태라는 것이 다름 아닌 '위기'이기 때문이다. 병적 징후들이 폭발하는 위기적 시간이 궐위를 관통하고 있기 때문이다.

계엄령이라는 순수지배의 별, 무제약적 통치를 인도하는 이념형으로서의 비상계엄령. 다시 말해 하달된 명령에서 벗어나지 않게끔 엄중히嚴 삼가도록 하는戒, 알아서 무념이 되게 하고 몰라도 바닥을 기게 하면서 단념하게 만드는 게임팅martial law, 군사적이며 군-법적인 내전권력의 법통할권. 법보다 주먹으로, 법보다 앞서는 장갑 두른 주먹의 폭권으로, 법치에 가해지는 철권鐵拳으로 삼엄히 함구시키고 자제시키는, 12·3 계엄사령부 포고령 제1호를 지고의 법으로 집행되는 철권鐵權. 달리 상기시켜 말하건대, 그것은 '가만히 있으라'고 하는 치안-축적의 명령어로 삶·생명을 재편성하는 군정적 노모스의 형상이다.

그런 낡은 노모스의 바깥으로 어긋나면서 모여들고 있는 이들, 비복종적 아웃-로out-law들이 회집되고 있다. 그러나 '아웃'하는 그 무리이 클리나멘이 궐위상태 속에서 손쉽게 접선되는 것은 대통령의 탄핵-재선출이라는 합법 경로, 예정조화된 것처럼 다시 정치체의 꼭대기에 붙게 될 우두머리와의 재계약, 현행 법치주의적 헌정질서의 폐쇄회로이다. 그런 한에서, 궐위상태란, 떠나온 안전지대·안락의자·고향으로의 회귀와 그런 고향으로부터의 진정한 어긋남이 충돌하는 시공간이며, 공공의 안전을 내건 보험법적 축적 보장체제로의 귀환과 그런 체제로부터의 탈구out of joint라는 상충하는 벡터 간의 전장이자 적대적 토포스들의 관계체이다. 맑스가 질문의 형식으로 가리키는 희망의 출처, 즉 '스스로의 총체성을 생산하는 곳'과 '절대적 생성 운동의 장소'란 어디인가라는 물음에 홀러웨이는 답한다: "집회나 코뮌이란, '나는 이렇게 생각합니다만 잘 모르겠습니다, 당신은 어떻게 생각합니까'라고 말하면서-듣는 운동이다. 그것은 미리-정의된 선을 기초로 결집하는 것이 아니라 우리가-있는-곳을 기초로 결집하는 것이다. 이는 참가한 모든 사람들을 우리가 좋아하지 않을 수도 있고 또 심지어 그들에게 동의하지 않을 수도 있음을 뜻한다. 그것은 그들의 유토피아적 핵심, 그들의 존엄, 그들의 고통, 그들의 꿈을 만지려고 노력한다는 것을 뜻한다. 그것은 우리인-나I-that-is-We와 나인 우리We-that-is-I의 상호 인정을 향해 손을 뻗친다는 것을 뜻한다. 집회는 풍요의 합류이다. 그것은 상품교환, 화폐, 국가, 그리고 법을 통해 확립되는 사회적 결속에 대립하는 사회적 결속의 구축이다."

궐위라는 전장에서 접선되는 유토피아적 핵심, 블로흐를 따라 나오는 그 희망-유토피아 곁에 딜리 자리매김해 놓게 되는 것은, 새로운 노모스의 장소성을 표현하면서 그 노모스의 창출과 접선되고 있는 "아-토포스A-Topos", 낡은 노모스를 이루는 위치·위격·위상관계가 지양되고 있는 "유-토포스U-Topos"이다[슈미트, 『대지의 노모스』]. 그런 지양의 실험적 이행과 그 지양의 원상회복적 중단이 더불어 잠복해 있는 궐위상태, 그 속에서 희망과 절망은 반대말이 아니다. 절망을 단념하지 않는 것이, 포기하지 않는 절망이 희망의 조건이기 때문이다. 다르게 반복하는 절망이, 그런 절망 속에 잠재된 차이의 조형 가능성에 내기를 거는 시공간이 절망의 진정한 표출이자 '현명한 희망docta spes'의 효과이기 때문이다.

2장 쿠데타와 레종데타의 상보적 치환관계

2024. 12. 12.   국가의 구원 즉 공백의 법: 셀프-쿠하는 레종데타(1)
2024. 12. 13.   영속적 통치의 보장이라는 국가이유:
                셀프-쿠하는 레종데타(2)
2024. 12. 15.   주권면책의 근거 조달:
                "비상계엄은 고도의 정치적 판단"
2024. 12. 18.   비선권력의 축적술,
                '포어라움'에서의 역逆주술화
2024. 12. 22.   '현자들의 협력'으로 발현하는 폭력:
                셀프-쿠하는 레종데타(3)
2024. 12. 25.   "이미[already] 되어질[not yet] 길": 정치적인 것의
                고유명으로서, 혹은 갈채-게발트의 분광기로서
                "남태령"
2024. 12. 28.   "제-외-례"의 통치: 여기 계엄령의 간략한 역사
2025. 1. 1.   관저 커튼 뒤에서 설정되는 직접-민주-내전의 적:
                셀프-쿠하는 레종데타(4)

국가의 구원 즉 공백의 법: 셀프-쿠하는 레종데타(1)
2024년 12월 12일

정규 형법이 정한 내란수괴 피의자 윤석열, 그의 공세 전환적이고 내전 선동적이던 오늘자 '12·12' 담화의 중심에서 발견되는 것은, '성공한 쿠데타'를 향한 의지를 법의 안팎에서 동시에 관철하기 위한 전략변경과 계산합리성의 재설정이다. 다시 말해 그것은 사후적 정당성 조달 기획으로서의 법리 투쟁을 지지세력의 시민전투적 결집과 연계시킴으로써 쿠데타의 폭력을 법치주의의 통례적인 위법성 구성요건들로부터 구원하겠다는 선언이며, 그런 목표 아래 다른 수단들로 계속되고 심화되는(그렇게 '예외가 일상이 되는') 비상계엄의 군정적 통치 의지이다. 그것은 의회권력적·대의합법적 절차의 정당성에 따라 암울하게 저지당한 계엄의 전열을 재정비하면서 초법적 폭력을 사회 보호의 임의재량적이고도 전면적인 결정력으로 정초할 것이라는 신호탄이자 조명탄이다. 12·12 담화로 선언된 2차 쿠데타의 계산합리성, 그 쿠데타의 이유·이성raison은 국민과 함께 끝까지 투쟁할 것이라는 내전 수행의 충족이유율 기획론으로서, "국정 마비와 사회질서 교란이라는 망국적 비상상황 아래 국가를 지키고 국정을 정상화하기 위한 조치"라는 12·3 비상계엄의 정당성 정초론으로서, 그 계엄이 고도의 정치적·이성적 판단에 근거한 것이라는 통치사려의 결과론으로서, 그렇기에 결코 사법적 판결의 대상이 될 수 없다는 위법성 조각阻却[Ausschluss(면제·제척)] 및 불법성 천공穿孔[Ausschlupf(빠져나갈 구멍찾기)]의 예외적 법이론으로서 표출된다. 다름 아닌 국가의 구제, 구국救國을 위한 법치중단적[anomos] 예외의 필요성을 사유·도출·조성하는 이·론·율, 그 국가적 로고스의 가까운 기원을 표시하는, 그 아노모스적 국가상태의 원형질을 묘사할 수 있게 하는 통치의 벡터·규범·기술로서 살펴볼 것이 있다. 국가가 지닌 고유한 이성, 국가 특유의 통치이성으로 발현하는 '레종데타[국가이성/국가이위]'가 그것이며, 레종데타Raison d'État와 쿠데타Coup d'État 간의 상호보완적인 치환관계가 그것이다.

"레종데타는 국가의 구원을 다른 어떤 구원보다 우선시하는 근본적인 법, 필요성의 법입니다. 레종데타는 국가의 통일성 있는 존재와 유지에 필요충분한 것, 국가가 손상을 입었을 때 통일성을 복원하기 위해 필요충분한 수단을 스스로 찾아내는 일입니다. 그 필요성과 긴급성의 요청을 받는다면 레종데타는 쿠데타가 되고 그때 레종데타는 폭력적으로 됩니다. 쿠데타는 레종데타와 단절된 게 아닙니다. 쿠데타는 레종데타의 일반적 지평과 형식 안에 기입되어 있는 요소·사건·방식이며, 그러므로 법을 조월하는 어떤 것입니다."[푸코, 『안전, 영토, 인구』]

레종데타의 그런 자가운동은 국가의 구원이라는 목적과

본질의 규정력 아래에서 그것의 실제적 구현을 위해 긴요하게 사용되는 수단에의 앎을 향한 탐색, 비상수단적인 쿠데타의 집행술을 향한 모색이 된다. 그럴 때 레종데타는 양가적이며, 그런 만큼 자유자재한다. 즉, 나이가 같으며 한 몸을 이루면서 항시 연동 중인 두 레종데타가 있다. 첫째는 국가를 위한 목적-수단 관계의 적정선을 조율하면서 평상시의 법들을 활용하고 준수하는 레종데타이다(그런 목적·수단과 레종데타가 맺는 관계에 집중케 하는 원천적 문장은 다음과 같다. "통치에서 증명되는 레종데타란 장인에 의해 정해진 목적, 국가의 평안과 공동선의 획득에 적절한 수단을 가르치고 관찰하는 규칙과 기술이다."[조반니 팔라초, 『통치와 진정한 레종데타에 관한 논설』, 1611. 『안전, 영토, 인구』에서 재인용]). 둘째는, 국가의 손상이라는 비상시의 결정을, 국가통일성의 복원이라는 필요성의 결단을, 결정적인 피의 폭력의 발동을 추동하고 그런 편재적 발동·개입을 인도하는 규칙들·기술들에 대한 앎·실행 연계망으로서의 레종데타이다. 말하자면 국가구원적 야누스-레종데타, 국가게발트의 자유재량적 형질변환술에 따라 발현하는 레종데타-쿠데타. 그렇게 레종데타의 평상시 (합)법치주의적 법활용상태를 타격하여 중단시키는 쿠데타(푸코의 인용문을 따르자면, "쿠데타는 보편법의 초월Excessus iuris communis이다."[가브리엘 노데, 『쿠데타에 관한 정치적 고찰』, 1637]; "그 어떤 법도 레종데타를 막지 못하는바, 국가를 구세하는 일이 문제일 때 레종데타는 과감히 법들을 위반하기 때문이다"[보기슬라프 쳄니츠, 『국가이성』, 1647]; "국가이성이란 공동선 및 가장 크고도 가장 보편적인 이성을 위해 통상의 이성을 배반하는 것이다."[스키피오네 암미라토, 『코르넬리우스 타키투스에 관한 논의』, 1594]), 그런 쿠데타란 다른 게 아니라 국가의 손상과 마주한 레종데타의 위기타개적 사건이자 발현의 긴급한 방식이며, 그런 한에서 레종데타가 수행하는 예외적 자기 구성의 요소·요건·요충이다. 달리 말해 국가 비상시의 레종데타는 자기에 대한 자발적·자동적 일격으로서의 쿠데타를 통해 스스로를 갱신하는, 그러니까 셀프-쿠Self-Coup[친위쿠데타]라는 자기 재구성의 호소·조건·고충을 따라서만 국가의 구제를 달성할 수 있는 자가 리셋의 폭력기획이자 해체구축적 자력구제Self-Help이 고유한 운동회로이다. 실정법·자연법·신법을 초과·초월하는 자기탄력적이고 자기교정적인 레종데타, 셀프-쿠를 통해 스스로를 구하는 레종데타의 그 친위적 자력自力 운동은 낡고 병든 정치체 기능부전의 내적인 요인들을 제거하고 국가항체의 신진대사를 회복·일신·증강시켜가는 자가면역적 보존작용이기도 하다. 그런 자위조치적 자력의 처방론, 친위적 자기의 구제론은 국가의 비상한 필요성Notwendigkeit에 의해, 긴급시 국가폭력·국가범죄의 정당방위Notwehr적인 예외성을 통해 뒷받침되고 추동되는바, 셀프-쿠하는 레종데타는 통상적인 합법성과 정당성의 체제 너머로(서) 창출되는 법의 공백상태를 합법성 중난과 정당성 조달이 재배합될 수 있게 하는 최적의 조건으로 설정한다.

비상시 국가의 필요성이라는 밑받침 위에서 레종데타와

(친위)쿠데타 간의 치환·절합·변용을 통해 작용하는 재량적 질서화의 통치-조치, 그것은 국가 구제의 깃발 아래에서, '공공의 안전을 위하여'라는 대의명분 아래에서, 여기 비상계엄 담화 및 포고령 1호 아래에서 무슨 일을 하는가. 법의 공백상태를 뜻대로 창출한다. 그럼으로써 입맛대로 생사여탈生死與奪한다. 통상의 법을 초월한다는 것은 법을 해석의 단순한 대상이나 통례적 결정의 근거일 수 없도록 텅 비게 만든다는 것인바, 이는 예컨대 '인민의 구제 즉 최고의 법'이라는 자연법적 벡터를 '국가의 구제 즉 공백의 법'이라는 친위적 레종데타의 (무)법 속으로 합성하는 과정이다. 그럴 때 일반화되는 삶의 형질, 그 삶의 장소는 어디인가. "선량한 국민이 느낄 얼마간의 불편"과 "종북 반국가세력의 척결" 사이, 순응적 탈정치화의 낭떠러지가 거기이며, 축적에 최적화된 홈 패인 노모스가 거기이다.

거기 그 공포정이 매개 없이 직접 수탈의 대상을 결정할 때 삶·생명은 단지 목숨의 부지만을, 단순한 연명延命만을 최우선의 과제이자 최종목적으로 삼게 되는바, 그 과정을 집약적으로 표시하는 피 흘리는 피폭력 개념, 정치체의 온갖 구멍들에서 흘러나오는 피의 개념이 있다: "벌거벗겨진 생명bloßen Leben[목숨뿐인 삶]."[W. Benjamin, »Zur Kritik der Gewalt«]. 생사여탈에 긴박된 생존의 평면적 1차원 상태, 그 목숨 부지의 생명은 레종데타와 쿠데타 간의 자유재량적 호환관계를, 그런 호환 속에서 창출되는 법의 공백 및 공백의 법을 자기 구제의 충만한 장소이자 비상한 수단으로 활용하는 국가게발트의 필수 질료이다. 셀프-쿠하는 레종데타에 대한 비판의 정의·정당성 근거, 쿠데타 비판의 이유와 시금석은 그렇게 (무)법적으로 벌거벗겨지는 생명 속에 있다. "공공의 평화나 국가를 어지럽힌다는 명목으로, 죽이고 싶은 이들을 죽이고 싶은 방식대로, 죽이고 싶은 때에, 이유조차 언급하지 않고 죽일 수 있는"[『안전, 영토, 인구』] 쿠데타-레종데타의 재량적 합성체, 그 적에 대한 비판력의 필요성과 긴급성은 법의 안팎 경계선 위에서 벌거벗겨지고 있는 생명들과의 연계를 통해서만이 약하게 커져갔던 게 될 힘을 표시하면서, 그 아래로부터의 힘과 더불어 도래중인 비상상태의 형질을 그려볼 수 있게 한다.

영속적 통치의 보장이라는 국가이유:
셀프-쿠하는 레종데타(2)
2024년 12월 13일

  12·12 담화의 중심을 그렇게 인식할 때, 지난 12·3 계엄선포문 속의 다음 한 대목은 읽고 지나갈 수 있는 게 아니라 슬로우 모션으로 찍지 않으면 안 되는 게 된다: "친애하는 국민 여러분, 저는 이 비상계엄을 통해 망국의 원흉 종북 반국가 입법독재세력을 반드시 척결할 것입니다. 이는 자유 대한민국의 영속성을 위해 부득이한 것으로서, 체제 전복을 노리는 내란 획책 세력의 준동으로부터 국민의 자유와 안전을 지키고 국가의 지속 가능성을 보장하며 미래 세대에게 제대로 된 나라를 물려주기 위한 불가피한 조치입니다." 국가 영속성의 보장이라는, 누구이 적립된 판에 박힌 스콜라적 레토릭, 그 필연화되고 당연화된 유혈적 당위성으로부터 인출되거나 연출되는 레종데타의 예외조치론·비상수단론·쿠데타론. 이를 전혀 자연스럽지 않은 낯선 것으로, 전혀 당연하지 않은 작위적인 것으로 인지하도록 이끄는 문장들이 있다.

  "레종데타의 분석과 더불어 지극히 독특한 특징을 갖는 역사적·정치적 시간이 소묘되는 것을 볼 수 있습니다. 왜냐하면 무제한적인 시간, 항구적이고 보존적인 통치의 시간이 국가의 문제가 되기 때문입니다. 그것은 통치성의 무제한이라는 문제이며 그 종국이나 목적은 예견될 수 없습니다. 숙고된 방식으로 통치를 확보해주는 레종데타의 특수한 활동이 매 순간 모든 장소에 없다면, 인간성의 나약함과 인간들의 악의로 인해 국가 속의 그 무엇도 지탱될 수 없게 됩니다. 그러므로 언제나 끊임없이 통치가 있어야 합니다. 국가의 연속적 창조행위로서의 통치가 항시 있어야 한다는 겁니다."[푸코, 『안전, 영토, 인구』]

국가의 구원을 위한 통치시녀의 집행, 레종데타의 특수한 활동 방식이자 예외적 존재공식으로서의 셀프-쿠. 그것은 국민의 안전을 위하여 그깟 국민의 안전 따위야 폐기해버릴 수 있다는 자가당착의 역설적 재량권력으로, 자기 가동적 동력으로서의 당착(들이침撞+접붙임着)과 언어도단言語道斷의 연장선에서 행해지는 무력적 결단으로, 미래 세대를 위해 설정되는 당대 생명 전체에 대한 담보물권으로, 제헌적인 힘들의 저당권 설정으로, 국가의 지속과 항존에 필수불가결한 수단으로서의 국권침탈로, 국가의 위기와 적을 부단히 창출함으로써 수행되는 국가 영속성의 취득력으로 발현한다. 달리 말해 영속적 통치의 보상이라는 국가이유, 그것이 셀프-쿠하는 레종데타의 항상적 목적이자 무제약적 수단성의 본질이며, 그 연장선 위에서만 국가는 종언 없이 보전된다. 그리스도의 재림에 따른 현세적 통치의 종언론에 아무 영향도 받지 않는 국가 특유의 자기 시간 속에서, 자기보전적 통치의 무제약적인 시간 속에서, 국가의 영속성을 위해, 영속적 국가의 필요성에 의해 창출되는 것이란 무엇인가. 레종데타와 쿠데타의 상보적 호환성·일체성이 그것이며, 통치관계의 그 이위일체 속에서 이뤄지는 전체·순환·조절과 개별·위계·강권의 임의적 배합상태가 그것이고, 합법적 통치의 정당화된 항상성 내부에 뿌리박고선 그 항상성을 깨고 넘어 그 바깥을 창출하는 예외적 셀프-쿠의 긴급성과 당위성, 면책술과 위법성 조각술이 그것이다. 통치의 무제한성, 종언 없는 국가의 연속성이란 필시/필요시 '공안'을 내건 공포정의 지속을 가리키면서, 하명 받거나 하극상하는 특수통들의 연계망에 의해 위로부터 만들어지는 진실·진리에의 복종자유^{obediberty} 체제를, 그 체제의 재생산력을 표시한다.

그렇게 국가의 구제를 위해 셀프-쿠하는(그리고 양두구육羊頭狗肉하는) 레종데타, 달리 말해 '아나키+경찰'* 체제의 안전

---

* 이 낱말 조합은 혁명에 대한 억지력으로서의 국권질서라는 맥락에서, 아나키에 대한 독점적 교정력과 구제력으로 제시됐던 것이다: "국가의 질서가 강요하는 평화상태와 혁명적 아나키의 힘^{Kraft}이라는 자연상태는 그 본질에서 쌍방 간에 동등한 기초적 게발트$^{elementarer\ Gewalt}$[시원적 폭(권/위)력]이다. 홉스에 따르면 국가란 거대한 [강]권력^{Macht}에 의해 영속적으로 저지되고 있는 내전이다. 사정이 그렇다면 그것은 리바이어던 즉 '국가'라고 하는 괴물이 비히모스 즉 '혁명'이라는 또 하나의 괴물을 지속적으로 억누르고 있다는 말과 같다. 영국의 탁월한 홉스전문가 C. E. 본은 리바이어던을 두고 비히모스에 대한 '유일한 교정자'라고 했다. 그렇게 국가절대주의는 그 핵심에서 개인으로서는 결코 제압할 수 없는 혼돈의 제압자이다. 이에 대해 칼

기획적인 진실 생산과 공급, 자유재량적인 공안-폭력을 인도하는 한 가지 선행 범형은 다음과 같은 문장들로 그려질 수 있다: "레종데타란 모든 공적인 일, 모든 조언과 계획에서 사람들이 갖춰야 하는 정치적 견지이다. 그것은 오로지 국가의 보존, 증강, 지복만을 지향해야 한다. 그리고 이를 위해 가장 손쉽고 신속한 수단을 사용할 수 있어야 한다."[켐니츠, 『국가이성』, 1647] 국가의 항상적 지복을 위한 신속한 수단으로서의 셀프-쿠는 그것이 목적-수단 연관의 폭력적 추동력을 따르는 한, 필시 '인민의 구원'을 위해서라면 인민의 구원이라는 지고의 법 따위야 아무렇지 않게 정지시킬 것이있다: "통령권의 모든 의무는 다음과 같은 유일한 말씀[명령] 안에 포함되어 있다: **살루스 포폴리 수프레마 렉스**Salus populi suprema lex[인민의 구원이 지고(至高)의 법이다]."[Hobbes, *Elementa Philosophica de Cive*, 1647] 그 유일한 말씀, 정치적 제1자연법·지고법으로서의 인민의 구원은 필요시 다름 아닌 국가의 구원과 분리/접합되는바, 인민의 구원과 국가의 구원은 그 영속적 구원들을 위해 그 구원들을 타격하여 중단시킬 수 있는 위로부터의 주권력을 예외적인-신적인 힘으로 설정하고 있다는 점에서 호환관계를 이룬다. 그렇게 국가 영속성 취득의 근저가 마련된다. 이는 "뭔가 매우 나폴레옹적인 것, 특이하게도 히틀러의 밤을 떠올리게 하는 것, 장검의

라일은 담대한 방식으로 간명히 말했다: 아나키 플러스 폴리차이Anarchie plus Polizei."[C. Schmitt, *Der Leviathan in der Staatslehre des Thomas Hobbes*]

밤을 떠올리게 하는 것"[『안전, 영토, 인구』] 속에서의 일이며, 다음과 같은 사태들을 통해 표시될 수 있다: "쿠데타에서는 구름 속에서 천둥소리가 들리기에 앞서 번개가 떨어지는 것이 보인다. 쿠데타에서는 조가의 종이 울리기 전에 조가가 불려지고, 선고에 앞서 처형이 이뤄진다. 쿠데타에서는 모든 일이 유대 풍으로 이뤄지는바, 공격하려던 자가 공격을 받고, 자신은 안전하다고 생각하던 자가 죽으며, 생각지도 못했던 자가 공격을 받는다. 모든 일이 밤에, 사물이 불명료한 때에, 이슬과 어둠 사이에서 일어난다."[노데, 『쿠데타에 관한 정치적 고찰』, 1637]

국가의 정식 합법군대 바깥에서 무법적으로 활약한 에른스트 룀의 돌격대를 통해 집권했던 히틀러, 그에게 비정규적이며 비공식적인 무력집단으로서의 돌격대가 주장하는 '혁명의 미완성'과 '2차 혁명'의 필요는 '히틀러국가'의 위기였으며, 장검의 밤Nacht der langen Messer[1934. 6. 30]은 룀을 비롯해 히틀러(국가)의 권위에 손상을 입힐 각축 세력들에 대한 불시의 숙청작업이었다. 번개처럼 신속히 선先조치하는, 소리 없이 밤에, 규칙에의 구애됨 없이 직접 즉결하는, 비상시 필요를 법의 상위에 놓는, 그렇게 국가의 구원과 인민의 지복이라는 정당성 위에서 셀프-쿠하는 레종데타의 극적인 집행력. 그것이 종언 없는 통치의 근저를 이룬다. 그러하되, 국가의 그 자기구제적 보전력과 인민의 지복이 임의로 이접되는 회로를 절단하는, 그런 회로의 재량적 폭력을 해체하는 힘의 발현과 시간의 형식이 엄연히 항존한다. 말하자면 그것은 종말론적 대항품행

eschatologique contre-conduite으로 명명될 수 있을 힘의 시간이다.

"레종데타의 새로운 역사성은 최후의 제국, 즉 종말론의 왕국을 배제하고 있었습니다. 16세기 말에 정식화된 이 주제, 이는 물론 지금도 남아 있는 주제인데, 그것에 대해 시간이 끝을 맞는 때의 도래에 대한 긍정을 원칙으로 삼는 대항품행, 즉 종말론, 최후의 시간, 역사적이고 정치적인 시간의 박탈, 완료의 시간, 국가의 무제한적인 통치성이 정지되는 시간의 가능성에 대한 제기를 원칙으로 삼는 대항품행이 발견하게 됩니다."[『안전, 영토, 인구』]

예컨대 국가의 영구 보전에 복무하는 위로부터의 합동수사적 진실 파급력을 뚫고 나오는 대항진실의 말·말하기[파레시아], 그 로고스의 활력을 통해 새로운 노모스를 취득하는 생명들. 다시 말해, 한 체제의 종말을 고지함으로써 위기-기반을 창출하는 동시에 죽음 앞에 노출되는 "봉기蜂起"하는 삶들. 그것은 공안적 진리와 통치이성을 통해서는 "설명 불가능"한 예외존재로, 통치이성 바깥의 외존적 무위력無爲力으로, "위인 아닌 아무나의 주체성"으로, 계측 불가능한 아무도 아닌 자[outis/nobody]들의 무위적無位的 일격을 타고 법을 앞지르면서 법을 다시 정의하고 달리 활용하는 "사실"[푸코, 「봉기란 무용한가」]로 발현 중이며, 그런 한에서 무제약적 통치의 시간을 절단하는 다른 시간의 힘으로 임재[파루시아]하는 중이다. 이는 푸코가 초기 근대의 문장들에서 감지했던 히틀러의 셀프-쿠, 장검의 밤을 통해 취득된 제3제국의 영속적 경찰게발트를 거슬러, 한 가지 사례로서 예컨대 벤야민의 파국론 혹은 종말론적인 것을 통해, 즉 '파괴적 성격'의 품행연쇄를 통해 다시 표시될 수 있다. 국가 지속의 가능성, 그것의 공허한 창조에 맞서는, 미래 세대로의 전수를 끊어버리는 파괴적 성격은 국권 창조적인 일로부터 거리를 두며, 선전되는 미래의 앞날로 위기-기반적 지금의 시간을 저당 잡히지 않고, 박제 유물화되는 국가의 전수가 아니라 유혈적-지혈적 상황의 전수에 전념한다[벤야민, 「파괴적 성격」]. 파괴적 성격의 행동철학은 국가의 행복으로 서명되는 국가게발트를 거슬러 메시아적인 것 안에서의 행복을 (세계)정치의 이념으로 맞세워 정초한다: "땅위의 모든 존재는 행복 속에서 자신의 몰락을 추구하며 행복 속에서만 몰락을 발견하도록 예정되어 있다. 그 행복이란 메시아적 자연의 리듬인바, 자연은 영원하고 총체적인 무상함으로 인해 메시아적이기 때문이다. 그런 몰락을 추구하는 일이 세계정치의 과제이며, 그것의 방법은 니힐리즘으로 불려야 한다."[벤야민, 「신학적-정치적 단편」] 국가의 영원성, 연임되고 세습世襲되는 국권을 위한 기습적 셀프-쿠의 유대 풍 즉결조치 곁에, 벤야민의 니힐nihil[無/空]주의적이며 위격몰락적인, 그런 한에서 공위추구적이며 궐위요구적인 대항행동을 통해 표시해 놓게 되는 적대의 구도는 다음과 같이 된다: 국가-작위적 행복·보존·증강의 지속 대對 메시아-자연적 몰락·종언·해체(의 이름으로 날인되는 행복).

주권면책의 근거 조달: "비상계엄은 고도의 정치적 판단"
2024년 12월 15일

성공한 쿠데타의 별칭 '12·12'에 맞춰 윤석열은 모종의 성공을 염원하면서 TV에 다시 나왔었다. 지난 7일자 '진심으로 사과드린다'는 말을 무색케 했던 12·12 담화의 끝말은 다음과 같은 것이었다. "저는 마지막 순간까지 국민 여러분과 함께 싸우겠습니다. 저의 뜨거운 충정만큼은 믿어주십시오." 자신의 내란을 특정 시민들에 의한 내전으로 이어가려는 호명술과 더불어 눈여겨보게 됐던 것은 계엄의 선포를 이른바 비상대권으로서, 사법 판결의 대상일 수 없는 예외적 '통치행위acte de gouvernement'로서 규정하려는 대목이었다: "국민 여러분, 비상계엄 조치는 대통령이 행하는 고도의 정치적 판단이며, 오로지 국회의 해제 요구만으로 통제할 수 있는 것입니다. 이것이 사법부의 판례와 헌법학계의 다수의견임을 많은 분들이 알고 있습니다."

사법권에 의해 범접될 수 없는 불가침의 비상대권, 달리 말해 면책적 지존에 의해 해석되고 결정된 고도의 정치적 행위. 이는 지난 11일 국회의원 윤상현과 대구시장 홍준표가 내놓았던 계엄 정당화 논리에 뒤이어진 것이다. 윤상현이 근거로 내세운 2010년 대법원 판결은 박정희 긴급조치 제9호(국가안전과 공공질서의 수호를 위한 대통령 긴급조치)의 위헌여부제

청신청에 대한 것으로, 그 두 번째 판시사항은 「고도의 정치성을 띤 국가행위인 이른바 '통치행위'가 사법심사의 대상이 되는지의 여부」이다. 윤상현과는 달리 판결의 원래 맥락을 살려 인용한다. "고도의 정치성을 띤 국가행위에 대해서는 이른바 통치행위라 하여 법원 스스로 사법심사권의 행사를 억제하고 그 심사대상에서 제외하는 영역이 있을 수 있으나, 이와 같이 통치행위의 개념을 인정하더라도 과도한 사법심사의 자제가 기본권을 보장하고 법치주의 이념을 구현하여야 할 법원의 책무를 태만히 하거나 포기하는 것이 되지 않도록 그 인정을 지극히 신중하게 하여야 한다."[「대법원 선고 2010도5986」] 윤상현은 사법심사 제외 영역으로서의 국가행위·통치행위를 절대적인 것으로 강조하면서 그런 제외·예외에 대한 인정이 극히 신중한 것이어야 한다는 조건을 고의로 누락했다. 조금만 살피면 바로 드러날 그런 취사선택 없이 윤상현은 (다른 누구 아닌 전두환의 사위로서) 당당히 전두환의 12·12 쿠데타가 사법 판결의 예외임을 인준한 법리를 근거로 삼고 싶었을 테지만, 아쉽게도 그 법리는 '다수의견'이 아니었다(뒤집어 말하면, 그 법리는 섬뜩하게도 '소수의견'이었다). 피고 전두환·노태우 등에 대한 처벌 여부를 판시한 1997년 4월 17일자 판결의 소수의견은 오늘의 12·3 친위쿠데타에 대한 윤상현-홍준표-윤석열의 예외론 및 정당성론을 보장하는 최적의 근거로서, 동시에 그 근거를 검증할 수 있게 하는 계기로서 제시될 수 있다.

"군사반란 및 내란행위에 의하여 정권을 장악한 이후, 이를 토대로 헌법상 통치체제의 권력구조를 변혁하고 대통령·국회 등 통치권의 중추인 국가기관을 새로 구성하거나 선출하는 내용의 헌법개정이 국민투표를 거쳐 이루어지고 그 개정 헌법에 의하여 대통령이 새로 선출되며 국회가 새로 구성되는 등 통치권의 담당자가 교체되었다면, 그 군사반란 및 내란행위는 국가 헌정질서의 변혁을 가져온 고도의 정치적 행위라고 할 것인바, 그와 같이 헌정질서 변혁의 기초가 된 고도의 정치적 행위에 대하여 법적 책임을 물을 수 있는지, 또는 그 정치적 행위가 사후에 정당화되었는지 여부의 문제는 국가사회 내에서 정치적 과정을 거쳐 해결되어야 할 정치적·도덕적 문제를 불러일으키는 것으로서, 그 본래의 성격상 정치적 책임을 지지 않는 법원이 사법적으로 심사하기에는 부적합한 것이며, 주권자인 국민의 정치적 의사형성 과정을 통하여 해결하는 것이 가장 바람직한 것이다."[「대법원 선고 96도3376」]

이 소수의견은 사후성의 신화 속에 자리잡고 있는바, 그 신화의 연장선 위에서만 여기 계엄옹호론의 다수의견으로 기능할 수 있다. 쿠데타, 정권 장악, 계엄령 아래서의 헌법개정과 국민투표[1980년 10월 22일, (거의 일반의지라고 할) 투표율 95.5% 찬성율 91.6%]를 거친 다음에 이뤄지는 통치권자의 교체를 사실로서 받아들인 이후에만, 그 사실의 일반의지적 위력을 법에 앞서는(법 위에, 법 바깥에 있는) 권능으로 승인한 이후에만, 그렇게 사-후-적으로만 쿠데타는 고도의 정치적 행위로, 성공한 것으로, 사법 판결의 예외로 성립될 수 있는 것이다. 사법 판결이 정치적 책임을 지지 않는다는 것은 언뜻 옳은 말처럼 들리지만, 부족한 말, 이를테면 법 앞의 예외 없음(헌법 제11조 '법 앞에서의 평등')을 관철해야 할 책무를 숨기거나 호도하는 표층적인 말이다. 예외의 인정 속에서 쿠데타의 정당성과 내란 행위자들의 책임이 국민적 의사형성 과정에 내맡겨질 때, 그것이 가장 온당한 절차로 규정될 때, 그렇게 그 온당성·온건성의 보호 아래 의사형성 그 자체의 대체보충을 통해 유지되는 대의제의 영원한 수다만이 활성화될 때, 저 5·18 광주의 '피' 혹은 피 같은 것들에 상응하는 전두환의 피를 볼 수는 없게 된다. 내란수괴 윤석열이 거듭 반복하는, 그런 반복 속에서 말의 인플레이션에 빠진 자유·자유민주주의에 견주어질 수 있을 '자유의 나무', 그것이 성장의 힘을 회복하는 데에 필요한 천연 거름들 속에 인민의 피만이 아니라 '참주들의 피 blood of tyrants'를 넣었던 건 토머스 제퍼슨이었다(그 말은 고율의 부채에 따른 재산 차압과 채무자 감옥에 맞서 매사추세츠 주 서부법원을 폐쇄했던 '셰이즈 농민봉기' 직후 1780년 11월 5일자 편지에 나온다). 사법 판결의 예외로 발현하는 무혈적 면책, 이를 위한 법리공정의 잔존과 더불어 서로 반향하고 있는 것이 윤석열의 12·12 담화이다. 그것은 n차 계엄으로서의 시민전쟁, 그 내전에의 참전을 향한 국민적 의사형성을 추동하고 촉발시키는 호명의 격문이었다. 그런 한에서 필요한 질문은 다음과 같이 된다. 오늘 다시 부활하고 있는 저 소수의견, 그것이 주장하는 국민적 의사형성의 과정을 어떻게 준별해낼 것인가, 그런 준별을 위해 준용할 수 있을 준칙/시금석은 어떤 것인가.

예컨대 애국자의 피와 함께 폭군들의 피를 필요로 한다는 국부 제퍼슨의 말은 광화문 탄핵반대 집회라는 (탈)맥락 속에서라면, 즉 구원자 트럼프의 잠수함을 기다리는 태극기+성조기 집회의 배치 속에서라면, 열사 출현에의 열망과 함께 거대 야당 입법독재자들의 피에 대한 갈망의 근거로 기능할 것이다. 그렇게 태극기+성조기 아래서 이뤄지는 의사형성의 과정은 지존–신민 간의 보호–복종관계라는 목적에 봉헌하며, 비상상태적 예외가 일상이 되게 함으로써(n차 계엄) 현행 법체제를 무법적 아나키로 규정하고 지존 1인의 자유재량적인 결정에 의해 법의 안팎 경계가 임의화되는 과정을 가속시킨다. 이에 동력을 제공하는 법적 원천, 그것은 다시 한 번 비상상태의 결단이 고도의 정치성을 갖는다고 하는 예외주의적 법리이다: "현행 헌법이 채택하고 있는 대의민주제 통치구조 하에서 대의기관인 대통령과 국회가 내린 고도의 정치적 결단은 가급적 존중되어야 한다. 그 결단은 대의기관인 대통령과 국회의 몫이며, 성질상 한정된 자료만을 가지고 있는 헌법재판소가 판단하는 것은 바람직하지 않다."[「헌법재판소 선고 2003헌마814. 일반사병이라크파병 위헌확인」] 주박^{呪縛}과도 같은, 현행 헌법에 위로부터 덮씌워지고 있는 대의제 통치의 구조, 그 속으로 귀착·낙착·결착되지 않는, 그 대의된 결정의 선험적이며 부동하는 '몫' 안에서 그것을 거슬러 이를테면 헌법 제1조의 완성을 향하는 벡터·행로. 대의된 결단의 몫에 대한 어긋냄이란, 예컨대 국민이 모든 권력의 원천이라고 하는 민주공화국 제1준칙으로서의 헌법에 대한 수호력을 따르는바, 그 힘은 대의제도적인 몫의 나눔을 다시 설정하는, 대의제·사목권력적 목양과 배분의 대지를 다시 측량하고 원原-취득하는 과정/소송이다. 이는 다음과 같은 물음을 둘러싸고 구성된다: **누가 해석하는가, 누가 결정하는가**. 이 물음이 국민의 정치적 의사형성 과정을 준별할 수 있게 하는 한 가지 준칙이며, 그 준칙/시금석은 메시아적인 것이 법과 맺는 관계 속에서, 메시아적 법의 발현으로서, 그러니까 "나는 법을 폐하러 온 게 아니라 법을 완성하러 왔다"[「마태복음」 5장 17절]는 그리스도의 로고스를 따라 기능한다. 그 신적인 로고스/노모스를 따를 때, 관건이 되는 것은 마치 법의 소멸과도 같은 법의 완성 과정, 법 없이도 살 수 있게 하는 삶의 정초 과정을 누가 추동시키고 있는가라는 메시아성의 물음, 물음의 메시아성일 것이다.

비선권력의 축적술, '포어라움'에서의 역逆주술화
2024년 12월 18일

주권대행자의 집무실 의자에 침실의 영부인과 별실의 스승·법사가 함께 앉아 있었다는 점, 그 삐져나온 엉덩이들의 공동 권좌 앞 테이블로 올라왔던 안건들이란 집무실로 이어진 복도의 박사들과 집무실의 문고리들을 거쳐 사전에 선별된 것이라는 점. 그런 사정 속에서 여기 주권적 결정은 선先결정된다. 말하자면 "간접적인 귓속말들이 속사여지고 있는 포어라움Vorraum[앞방(前室)/대기실], 권력자의 귀로 이어진 진입구"[C. Schmitt, *Gespräche über die Macht und den Zugang zum Machthaber*]를 특정하게 배분하면서 장악하는 계엄세력, 선결정과 결정의 경로의존을 통해 자기 보전하는 그 계엄실세의 적들 가운데 하나를 생각해 보게 된다. 달리 말해 계엄세력이 사갈시蛇蝎視했던 자들 중에 200만 유튜브 채널의 김어준이 있었다는 점보다도 그의 중핵적 기능을 파괴하기 위해 특전사가 투입된 곳이 '여론조사 꽃'이었다는 점에 더 눈길을 주게 된다. 이미 경험해 본 자, 한번 맛을 본 자가 지레짐작으로 넘겨짚는 것처럼, 정치브로커 명태균이 대선 후보경선 과정에서 홍준표를 쓰기 위해 조작한 여론조사표를 비밀리에 받아들었던 김건희/윤석열에게 김어준의 여론조사는 '미래한국연구소' 대표 명태균의 여론조사를 능가하는 조작적 힘이었을 것이다. 선거의 미래, 미-래의 당선, 아직 오지 않고 있는 불투명한 집권의 시간, 미지의 안개 같은 여론의 현황과 추이, 기대와 의도에 합치되지 않을지라도(아니, 그렇게 불합치될 바로 그때야말로) 뜻대로 가공되고 활용될 수 있어야 할 수단적 정보로서의 여론. 계엄세력이 규정하는 여론조사/여론조작이란 미래의 집권을, 집권의 미래를 눈앞에 투명하게 현시하는 힘, 미지의 암실 속에서 영구집권을 위한 한 줄기 빛을 부여잡을 수 있게 하는 합리화된 효력이며, 그렇기에 결코 상대편과 나눠가져서는 안 될 예지적·과학적 힘, 반드시 독점해야 할 계측적·기술적 수단이다. 그렇게 '여론조사 꽃'은 계엄령의 통제 대상이 되었다.

신뢰수준과 오차범위의 엄정해 보이는 수치들을 기반으로 하는 여론조사의 영향력이란 여론조사란 믿을 게 못 된다는 시쳇말을 모르지 않는 이른바 문명인에겐 비록 잠깐이더라도 속는 셈치고 받아들여지는 친숙한 힘이며, 그런 수용은 여론조사의 시행자·표본추출·설문구성 등에 관한 구체적 내역을 따지기 전에 이뤄지는 즉각적인 것이다. 그렇게 여론조사는 주술이나 무속처럼 보이지 않는다. 그것은 계측·계산에 따른 합리화된 믿음(신뢰)의 생산력으로서, 달리 말해 오차가 있을지언정 오차의 범위를 특정하고 신뢰의 수준을 숫자로 제시하는 투명한-가치중립적 통계기술의 생산물로서, 그런 한에서 '탈주술화'된 믿음의 공유지대를 상상케 하고 그 공유지대로의 경로의존을 유도·유발하는 영향력·반향력이다. 베버는 말한다: "우리의 삶에서 작용하는 그 어떤 힘도 원칙적으로는 신비하고 계산할 수 없는 힘이 아니라는 것, 오히려 원칙적으로는 계산을 통해 모든 사물을 지배할 수 있음을 알게 되거나 그러하다고 믿게 되는 것. 이것이 뜻하는 바가 다름 아닌 세계의 탈주술화입니다."[「직업/소명으로서의 학문」] 그러나, 아니 그렇기 때문에, 여기의 여론조사는 미래에의 주술적 근접력·장악력이다. 비밀스런 여론, 접근불가능하며 불가촉적인 여론의 비밀에 대한, 혹은 미지의 운세로서의 미래 일반의지에 대한 계측-지배가 가능하리라는 걸 알고 또 믿는 명태균/김어준, "영적인 통찰력"을 갖고서 김건희 여사와 "영적인 대화"를 나눈 미래한국연구소(라는 점집)의 대표(역술인) 명태균에게 여론조작이란, 탈주술화된 세계의 기술적 수단을 표면에 내걸고선 그것을 내파·전용함으로써 이뤄지는 역逆주술화되고 재再주술화된 지배의 기술이다.

여기의 정권·집권의 계산, 미래의 지배를 위한 주술적 수단이자 기술로서의 계산, 은밀히 흘리고 비밀리에 흘리는 주술적 지표로서의 계산표, 여론조사표. "나는 영적인 사람"이라고 말하는, "내가 정권을 잡으면 그쪽은 완전히 무사하지 못할 것"이라고 말하는, "나는 도사들과 삶이 무엇인지 이야기하길 좋아한다"고 말하는 김건희, 그 비선Informal Lines에 접선되어 있는 여러 법사들 속의 명태균, 속칭 명도사의 권력론·권력접근론은 다음과 같이 집약된다: "눈먼 무사[VI 윤석열]의 어깨에 올라앉은 주술사[VO 김건희]." 여사의 간접권력적 주술로 가공되어 불려나오는 미지의 여론, 영적인 소통 속에서 기획되고 조율됨으로써 미지의 집권을 위해 조달되는 여론, 미래(에)의 지배에 대한 실효적 믿음의 정초를 위해 투하되는 질료로서의 여론. 이를 조사/조작한다는 것, 한 손에 여론조사라는 무기를 든다는 것, 이를 헤겔이 말하는 '무기 즉 존재론'의 관점에서 달리 말하자면, 그들 여론조작의 행위자들·가담자들은 세계의 역주술화·재주술화의 비선적秘線的 기술로 조성되는 정치경제적 결정상태를 통해, 특권적/유혈적 질서를 구축하는 주술-정치적인 것의 운용을 통해 자본의 축적을 위한 일반공정을 가동시킴으로써 이윤을 분점한다. 베버는 마법적 주술사의 영향력에 기대고 있는 이른바 미개인과 합리적 예측에 뿌리박고 행동할 줄 아는 문명인을 거듭 구분하면서 그 합리적 계측 및 명확한 예상치와 관련하여 이렇게 덧붙인다. "바로 그 점 때문에 합리적인 자본주의적 '기업'은 '합리적' 질서에 특별한 관심을 갖는바, 기업은 합리적 질서가 실제로 기능할 가망성을 기계가 기능할 가망성과 마찬가지로 계산해 낼 수 있다."[베버,『이해사회학』] 여기 역주술화·재주술화된 선결정의 세계에서, 그 권력의 포어라움에서, 달리 말해 주술-정치적 브로커(중간상인) 명태균과 여사·주술사 김건희 사이의 영적인 교환·수수관계 속에서 대기업들의 국방 원자력 사업은 창원 제2국가산업단지에 유치될 것이었다.

그렇게 '축적하라'고 하는 매개적 명령을 연발중인 선지자 모세("축적하라, 축적하라! 이것이 모세며 예언자다!"[맑스,『자본론』]), 미래를 미리 계측하는 모세의 예지는 여기 주술-정치적 세계의 비선 행위자들을 축적의 가나안땅으로 인도하는 중간매개적 사목력, 12·3 왕정복고를 위한 통치비밀의 조합력, 줄여 말해 주술적 비선권력Shadowy power의 근원형상이다. 축적명령에 복명하는 비선 김건희, 그와 관련된 사족 같은 참고항으로서, 아니 또 하나의 도입부로서 언급컨대, 장님 무사의 어깨 위에 올라앉기 이전 그 주술사가 제출한 박사논문은 「아바타를 이용한 운세 콘텐츠 개발 연구: '애니타' 개발과 시장 적용을 중심으로」였다. 말하자면, 주술적 매개 연관으로서의 자본주의, 여기 비선실세의 축적주의.

p. s. 이 날 광장에 함께 있던 몇몇 사람들이 외친 "불여시 김건희"라는 말, 그 낡은 낱말의 여성혐오적인 폭력성은 주변인들의 침묵이라는 비폭력적 억지력에 의해 금세 해체되었다.

'현자들의 협력'으로 발현하는 폭력:
셀프-쿠하는 레종데타(3)
2024년 12월 22일

국가의 영속성 혹은 국가의 구제를 이끄는 필요성의 힘, 그것에 뿌리박은 현대의 유혈적 테제 중 하나는 1987년 기업가-정치인 샤를 파스콰가 프랑스의 내무장관으로서 행했던 '내치'의 발언이다. "레종데타가 필요에 따라 일에 착수할 때 민주주의는 중단된다." 그런 레종데타의 해체와 관련하여 1978년 푸코의 쿠데타론에서 이채를 발하는 것은 장 주네의 폭력론이 언급되는 지점이다: "작년[1977년] 9월 『르몽드』에 기고된 주네의 기사는 이른바 폭력과 흉폭성은 구별되어야 한다는 것이었습니다. 왜냐하면 흉폭성은 '개인의 변덕에서 나오는' 폭력임에 반해 '현자들의 협력으로 이뤄지는' 폭력이 쿠데타이기 때문입니다. 주네는 이 흉폭성과 폭력이라는 전통적 대립을 단순히 뒤집어, 국가의 폭력을 흉폭성이라고 부르고 17세기의 이론가들이 흉폭성이라고 부른 것을 폭력이라고 불렀을 뿐입니다."[푸코, 『안전, 영토, 인구』]

(12·3 비상계엄의 여파 속에서) 관건이 되는 것은 주네의 그 단순한 뒤집음을 어떻게 달리 정의할 것인가라는 물음에 걸린다. 폭력과 흉폭성의 구별, 그것을 17세기의 이론가들처럼 레종데타(와 쿠데타의 상보적 호환관계)를 옹호하면서 봉기

자의 흉폭성을 억지하고 축출하기 위해 순순히 받아들이는 데에 반대하여, 주네처럼 서독 적군파 바더·마인호프의 극단적 폭력/테러를 변론하기 위해 단순히 뒤집는 데에 반대하여, 그 두 벡터 모두의 유혈성을 저지하기 위해, 현행적 권력관계 내부로 절합되지 않는 (신적인) 비폭력을 폭력 준별의 시금석으로 삼아 뒤집을 것. 그런 뒤집기를 위해 주목하게 되는 것은 푸코가 주네를 문제시하면서 인용했던 폭력과 흉폭성의 구별이 '익명Anonymous'이라는 이름으로 날인된 40쪽짜리 팸플릿을 통해 제기됐던 것이라는 점이다.

> "개인의 변덕만으로 이뤄질 때의 폭력은 흉폭성이지만, 현자들의 협력으로 이뤄질 때의 폭력은 쿠데타이다."[어나니머스(Anonymous), 『아첨하지 않는 진리가 신탁을 표명하다: 마자랭 추기경을 비판하기 위해 작성된, 이른바 마자리나드(Mazarinade) 그 12번째 책』, 1652]

민주정 주권대행자 1인의 변덕變德에, 다시 말해 군정軍政 내란수괴로의 돌변과 군정君政 영구집권에의 악덕에 연계된 필요와는 전적으로 다른 필요의 힘으로 추동되는 쿠데타, 위로부터의 셀프-쿠와는 다른 쿠데타, 그런 악덕으로의 변덕을 차단하면서 현자들의 협력으로 이뤄지는 폭(권/위)력으로서의 쿠데타. 다름 아닌 익명들에 의해 은밀히-엄연히 제기되는 제헌적 요구들, 필요시에 다시 참조될 그 숨은 요구들의 삭

제 불가능한 색인들, 아무도 아닌 익명들의 필요성에 따라 시도되는 폭력-비판, 아무나의 주체성을 따라 아래로부터 관철되는 쿠데타-준별. 푸코는 바더·마인호프의 폭력을 결코 긍정하지 않았지만, 그것이 폭력과 흉폭성에 대한 전통적 구별을 거스르는 다른 구별법 자체를 봉쇄하는 것은 아닌바, 저자명 '익명' 즉 '그 누구나'의 비상상태를 준칙으로 수행되는 게발트-크리틱이 국가 영속성 취득장치로서의 통치를 정지시키는 종말론적 대행품행의 인식론으로 작용하고 있기 때문이다. 폭력과 흉폭성의 전통적 구별을 주네와는 다르게 뒤집기, 그걸 위한 인식의 저변에는 현행적 세계 아닌 도래중인 세계가, 폭력 아닌 비폭력이 쿠데타-크리틱의 시금석으로서 놓여 있다. 예컨대 저 익명들이 제기하는 폭력준별법 속의 쿠데타, 즉 현자들의 협력적 게발트는 바로 그런 시금석에 문질러지고 있는 동안만큼 핍진실적으로 발현하게 될 필요성을, 전적으로 다른 정당성의 근거형질을 표시해 준다. 그 필요성의 폭(권/위)력에 따라 뒤집어 봐야할 또 하나의 구별법이 있는바, 법 효력과의 관계에 따라 구분되는 '폭력'과 '흉폭성'에 모종의 동맹을 맺으면서 연동되고 있는 '진정한 정의'와 '정의의 그림자'가 그것이다.

> "자연적이며 보편적이고 고귀하며 철학적인 정의가 세계의 실천에서 유용하게 사용되지 못하고 불편해져 버리는 일이 있다. 그때 우리는 진정한 법권리나 진정한 정의의

확고하고도 확실한 초상을 갖지 못하며, 우리가 사용하는 것은 그저 그 그림자에 불과하게 된다. 그럴 경우 우리는 내치나 국가의 욕구, 그리고 필요에 응해 만들어지는 정치를 때때로 사용하지 않으면 안 된다. 왜냐하면 그것은 인간이나 인민의 약함에, 또한 여러 시대와 사람들, 사항들, 사건들에 적용하기에 충분할 만큼 따뜻하고 부드러운 것이기 때문이다."[노데, 『쿠데타에 대한 정치적 고찰』]

범례로서 예컨대 "내전의 불길"[홉스, 『리바이어던』], 통치의 그 불능과 아나키 앞에서, 혹은 12·12 담화의 낱말로는 "풍전등화" 혹은 "망국의 위기"와 마주하여 진정한 정의의 실천적인 용도는 폐기되는바, 그럴 때 노데가 말하는 통치미덕으로서의 정의는 그것의 실체 없는 모조 그림자에 의해 합성되면서 악용된다. 이를 타개하기 위해 집행되는 조치의 형질, 그것이 영속적 통치·통치이성의 무제약적인 작용으로서의 내치이며, 레종데타의 자력구제에 따른 필요의 정치, 즉 친위쿠데타이다. 아나키+경찰이라는 예외가 그 전체를 열혈적으로 설명하게 될 내치의 체제·내전정체는 그 안에 필경 다음과 같은 사태들을 예외적인 추동력으로 포함한다. 국가의 자가구원력에 따른 법의 공백 창출 및 그에 따른 법역의 재량적 획정이라는 사태, 그것이 정의의 회복을 위한 게 아니라 정의의 회복을 내건 정의의 흉폭한 전용이자 용도변경인 사태, 정의의 그림자가 한층 더 진짜 같은 정의를 참칭하는 과정에서 구축하는 정치경제적 축적의 피에 주린 폭력^{Blutgewalt} 사태. 그것은 여러 시대의 제헌적 생동력을 위로부터 억지하는 데에 차고 넘칠 만큼 차갑고도 억세다. 그 생동하는 제헌력의 특정한 배치로 발현중인 여기 12·3 이후 오늘까지의 인민, 통상적 강약의 구분법으로는 재현 불가능한 그 인민은 진정한 정의와 더불어 법의 완성에 관계하는 게발트의 지혈止血/Blutstillung 형식이자 살림[活生] 형식으로서의 '진정한 비상상태'를, '칭의稱義' 속에서의 비폭력적 권위상태를 묘출해 가고 있다. 내치의 재생산을 가능케 하는 레종데타의 셀프-쿠, 그 영속구원적 필요의 국가게발트는 그런 묘출의 과정에서 부각되는 적의 형질이다.

p. s. 저 프랑스 내무장관에 의한 내치의 공언, 레종데타의 시작은 곧 민주주의의 끝이라는 악덕의 선포는 리슐리외 통치이성의 법신학적 가발 관리사로서 카르뎅 르 브레가 선언했던 다음과 같은 테제를 선행 범형으로 한다: "필요성의 힘은 대단히 크기 때문에 여신의 주권, 그 철회불가능한 선고의 견고함보다 더 신성한 것은 없다. 필요성은 법을 침묵하게 만든다. 필요성은 모든 특권을 중지시키고 만인을 복종시킨다."[카르뎅 르 브레, 『왕의 주권에 대하여』, 1632] 폭력과 흉폭성, 진정한 정의와 그것의 그림자에 대한 구별을 뒤집었듯, 법을 침묵케 하는 그 필요성의 힘을, 여신의 주권을 다시 한 번 뒤집게 된다: 구제되는 변덕·악덕의 영

속적 통치체에 가해지는 타격·일소·일신의 덕virtus, 그것과 더불어 창출되며 함께 작용하는, 전적으로 다른 네체시타('필요'의 여신)의 진정한, 핍진실적인 쿠데타.

"이미[already] 되어질[not yet] 길": 정치적인 것의 고유명으로서, 혹은 갈채-게발트의 분광기로서 "남태령"

2024년 12월 25일

21일 수방사 남태령 고개 경찰차벽에 막힌 서른일곱 대의 트랙터, 그 고립된 전농全農 사람들 앞으로 저녁 무렵부터 떡볶이가, 김밥이, 닭죽이, 핫팩이 어딘가의 누군가로부터 전해져 왔다고 한다. 스피커 노랫소리가 점점 더 커졌고, 그에 맞춰 사람들은 점점 더 불어났으며, 이내 남태령은 지하철 정차시각마다 밀려 올라온 광장 사람들로 커다란 인파가 되었다고 한다. 밤 10시가 지날 무렵 집회 사회자는 지하철이 끊기면 돌아갈 수 없게 될 것임을 걱정했고, 지하철을 타고 돌아가면 현장이 고립무원이 될 것임을 또한 걱정했다고 한다. 남태령에서의 사건적 상황 한복판에서 써진 활력의 글, '남태령'이라는 지명을 귀하고도 어려운 사건적 상황의 고유명으로 발현되게 했던 여럿 중 하나로서, 현재 남태령이라는 고유명으로 날인되어 뭇입들로 공유되고 있는 농민 강광석의 살아있는 글은 밤 10시 무렵의 그 현장을 다음과 같이 전한다.

"사회자의 어찌할 수 없는 그 걱정을 듣고 누군가 마이크를 잡고 응답했던 것 같다. '멀리서 오신 분들이 여기서 이 고생을 하는데 혼자 있게 해서야 되겠습니까?' 박수가 터져 나왔고 그렇게 밤샘 농성은 만장일치로 결정되었다. 이때부터 응원봉이 바다를 이루었다. 바다 빛은 서로 다르면서 하나였다."[강광석, 「28시간의 남태령」, 페이스북 2024. 12. 24. 이 글은 오늘자 《한겨레》와 《시민언론 민들레》에도 실렸음.]

터져 나온 박수, 그 갈채의 시간, 그 순간의 환원불가능한 지금시간을 꽉 붙잡고서, 그 여파를 타고 그 파장을 기록해 놓을 필요에 따라 오늘의 일지를 쓴다. '만장일치'에 따른 결정 직후부터 다음날 22일 오후 4시 관저 앞 점거에 이르기까지 줄곧 켜져 있던 응원봉들이란 어떤 힘의 집약이었는가. 공통화되고 있던 그 힘은 어떤 형질의 일반-의지를 조성하는가. 이 물음에 대한 미약한 답 하나를 위해 인용하게 되는 것은 강광석의 다음과 같은 한 대목이다. "나는 22일 일요일 새벽 4시를 잊을 수 없다. 민중가수 최도은은 활화산이었고 불화살이었다. 그녀는 음악도 없이 「불나비」를 불렀는데 입때껏 그런 날 것 같은 포효를 본 적 없다. 맥박도 핏줄도 터지는 것 같았다. 사람들은 「임을 위한 행진곡」과 「농민가」를 떼창했다. 삼천만 잠들었을 때 몇 사람 깨워서 서울로 향했던 우리는, 그들이 부르는 진리와 죽은 자가 갔던 길과 밝은 태양 솟아오르는 산자의 길을 생각했다. 우금치에서 죽은 자의 몸 위에 포개진 산자의 몸과 80년 5월 27일 전남도청 동호의 마지막 밤을 생각하며 나는 울었다."

1톤 포터 용달차 위에 세워진 스피커 옆에서 노동가수 최도은이 노래를 부르고 있다. 말 그대로 '날 것의 포효'였으며, 그 울부짖음의 틈새를 더불어 기뻐하는 사람들의 놀람과 쾌감이 먼저 메웠고 '윤석열 탄핵'이라는 구호와 함성이 뒤이어 다시 메웠다. 이어 최도은과 함께「임을 위한 행진곡」을 떼창할 때는 '윤석열을 감옥으로'라는 구호가 노래 사이사이를 채워 넣었다[유튜브 숏츠(@CheYoarm), 2024. 12. 23]. '앞서서 나가니 산자여 따르라'는 노랫말, 그 산자의 잇따름을 따라 남태령의 현장은 1894년 충남 우금치와 1980년 광주 전남도청을 이음으로써, 이에 더 이어 "세월호 아이들이 여기에 왔다고, 죽은 자가 산자의 길을 열었다고 믿게" 됨으로써 정치적인 것에 대한 결정적 힘으로 발현중인 영결靈結의 전장이 된다. 자문자답하게 된다: 살아서 이루지 못한 일들과 더불어 배회하는 죽은 자들의 데몬적인 유령, 그것이 제 자리를 지키던 여러 사람들의 귀에 남태령으로 가라는 불가항력적인 명령을 속삭여 불어넣었다면 어쩔 것인가. 마치 소크라테스가 자신에게 광장으로 가라고 명한 다이몬의 존재에 대해 이야기했던 것처럼, 베버가 대의의 명령자로서 데몬을 얘기/예기했던 것처럼.* 그렇게 남태

---

* 불어넣어지는 그 유령적-명령적 속삭임의 계기들 중 하나는 21일 저녁에 발신되고 공유됐던 트랙터 농민들의 긴급한 호소였던 것 같다: "지난 6일간 농민의 트랙터가 전국을 누볐습니다. 내란수괴 윤석열을 체포하기 위해, 내란공범 국민의힘을 해체하기 위해, 남쪽 끝 경남과 전남부터 서울까지 힘차게 행진했습니다. 그러나 오늘, 남태령 고개를 넘자마자 내란부역자 경찰이 농민들의 앞길을 막아섰습니다. 경찰버스로 남태령 8차선 도로를 완전히 막아서고, 농민들에게 욕설을 퍼부으며 폭력을 행사하고 있습

령, 그 정치적인-유령적인 것의 고유명, 그 고유한 인장印章은 사람들이 한목소리가 되어 부르는 낡은 시대에의 기쁜 만가輓歌를, 만장일치의 갈채 속에서 불려지는[招/膨] '진리'의 새로운 발현을 날인했던 게 될 것이다. 그런 날인, 진리의 정치의 정초와 관련하여 인용하게 되는 것은 다음과 같은 문장들이다.

"나는 22일 일요일 새벽 4시 남태령에서 여명을 보았으며 승리를 확신했고, 그 후로부터는 경찰벽을 넘는 것도, 한강을 넘은 것도, 윤석열 자리의 턱밑까지 압박한 것도 이미 되어질 길이었다."[「28시간의 남태령」]

남태령이라는 고유명 아래, 그 이래, '이후'의 일은 '이미 되어질' 길 위에 있었다는 것. 머리를 끄덕였고, 의미심장하다

니다. 시민 여러분! 2024년 오늘, 바로 여기 남태령이 우금치입니다. 갑오년 동학농민군이 끝내 넘지 못한 그 우금치가 바로 여기 남태령입니다. 이번에는 넘고 싶습니다. 반드시 넘어야만 합니다. 기필코 넘을 것입니다. 농민들과 함께 해주십시오."[「전봉준투쟁단 긴급호소문」, 전국농민총연맹 페이스북, 2024. 12. 21] 이 호소에 대한 응답의 불가피성에 따라 경기도 수원에서 밤 11시 10분쯤 남태령에 도착했던 30세 여성 김세은 씨의 인터뷰를 인용해 놓는다: "트위터를 보고 밤샐 생각으로 왔습니다"; "다른 건 몰라도 급하다는 말을 듣고 왔어요. 낮에는 사람이 많아서 괜찮을 줄 알았는데, 하루 종일 대치하는 상황을 보고 마음이라도 보태려고 온 겁니다"; (녹음기를 켠 핸드폰을 가리키며) "충돌하고 있다는 이야기를 듣고 무서워서 녹음하면서 걸어온 거예요. 몰랐으면 모르겠지만 아무튼 알게 됐는데 안 온다는 건 말이 안 된다는 생각이 들었습니다. (그렇게 말하면서 그녀는 인파를 향해 걸어 들어갔다.)"[「놀라 남태령 달려온 시민들」, 2024. 12. 22]

고 느꼈다. 그것은 내게 한 동안 재현할 수가 없는 표현이었으며, 그 모종의 불가능성 안에서 광장의 정치에 대한 통상적인 생각을 정지하게 만드는 힘을 가진 무엇이었다. 무언가 전적으로 다른 생각의 물꼬를 내지 않으면 안 되는 요청으로 다가서는/막아서는 무엇이었다. 이후부터의 상황이 이미 이전의 사건적 발현을 따라 마치 예정되어 있는 것처럼 수행되고 있다는 것, 말하자면 이후-이미의 변증법으로 기동하는 모종의 '예정조화'적인 정치의 발현 혹은 정초. 이미 시작된 남태령에서의 만장일치, 그 갈채의 진리치를 따르는 진리의 폭(권/위)력을 조건으로 할 때에만 조성되고 발현될 수 있는 일반-의지는, 경찰차벽의 공안주의를 넘어가는 이후의 제헌적·윤리적·역사적·감각적 게발트의 행로를 벌써 이미 예정하고 있다는 것. 이는 마치 각자의 자리를 벗어나 남태령으로 가지 않을 수 없게 했던 불가항력적 유령들의 속삭임처럼, 경찰적인 합리합법성으로는 계측되거나 단속·계도·구금될 수 없는 치안주의 너머로의 불가역적不可逆的 정치의 과정으로 새겨진다. 그런 한에서 그것은 정확히 현행적 권력관계에 대한 예정불화 pre-established disharmony의 힘으로 명명되어야 하는바, 우리의 비상한 과제는 그 예정불화의 힘을 우리의 현행적 민주정 속에서 그것을 거스르며 그 너머를 향해 나아가는 과정의 추동력으로 장치할 필요 속에서 제기되지 않을까 한다.

p. s. 1. 그런 과제를 오늘 크리스마스(그리스도Christus에의 모임massa)에 선물Gift 같이 감지하게 된다. 하지만 그것은 잘못된 인지의 독Gift을 품었을지도 모른다. 순수한 선물, 그런 것이 가능하다면, 그것은 농민 강광석이 스스로 체감한 그대로 남태령의 기쁜 전장을 다음과 같이 전해주고 있다는 사실 자체일 것이다: "남태령에서의 일은 한 개의 나락이 160개의 알곡이 되는 일보다 놀라웠다." 그 놀라운 하나하나의 사람들이 어떠했는지, 어떤 이들이었는지 나열해 놓는다. "그들은 노래하며 춤추고 말하고 한숨쉬고 야유하고 환호했다. 처단할 것을 결의하고 울지마라고 위로했다. 그들은 순서대로 발언대에 올라 3분을 말했는데 그러기 위해 세 시간을 기다렸다. 수학을 가르치는 학원강사, 초등학교 교사, 농업을 공부하는 대학원생, 광주에 사는 롯데 팬, 전라도 혐오 때문에 괴로운 대학생, 이번에 수능을 본 재수생, 자신이 농업지대에 산다는 학생, 부산에서 주말마다 올라온다는 24살 여성, 수방사에서 군인으로 근무한 아버지를 둔 직장인, 아들을 군대에 보낸 여성, 대학을 가기 위해 뒤늦게 수능준비를 한다는 30대 여성, 취직이 걱정인 4학년 여학생, 대학 총학생회 활동을 하는 성소수자 남성, 이태원 참사에서 희생당한 친구를 둔 여성, 양평에서 아버지가 농사짓는다는 직장인을 따라온 양평에서 혼자 농사짓는 여성, 농민운동가 아버지를 그리워하며 연단에 선 고 신용범의 딸 신우리, 집회장의 천연기

넘물이 되었다는 20대 남성, 특성화고를 졸업하고 노조운동을 한다는 21살 여성 등이 말했다. 그들의 말잔치는 끝이 없었고 박수갈채의 가열찬은 겨울 공기를 뚫었다."[「28시간의 남태령」]

그들 중 누군가이지 않았을까. 자유발언의 육성 한 대목을 맞장구치는 추임새와 함께 덧붙여 놓는다. "소수자를 탄압하는 권력은 반드시 모두를 탄압하게 되어있습니다. (맞습니다!) 장애인을 휠체어에서 끌어내리는 권력, 대학원생 입을 틀어막는 권력, 성소수자는 차별해 마땅하다는 권력, 그리고 트랙터를 막아서는 권력은 결국 우리 모두를 향하게 되어있습니다. (맞습니다!) 그래서 소수자를 지키는 것이 모두를 지키는 것입니다. 남들과 연대하는 것이 스스로를 지키는 것입니다. (와! 맞습니다!) 이 사실을 오늘 남태령에 있었던 우리는 모두 진심으로 느꼈을 것입니다. 그리고 저를 포함하여 우리 모두, 오늘이 지난 다음에도 내일에도 모레에도 우리의 삶은 반드시 연결되어있다는 것을 잊지 않았으면 합니다."[토리, 「1894년 우금티와 2024년 12월 남태령은 어떻게 연결됐나」(2025. 1. 10)에서 재인용. 이 날짜에 덧붙임.]

p. s. 2. 1894년 동학농민군의 「폐정개혁안」을 달리 이어 오늘의 우금치[우금티]를 넘고자 했던 전농 사람들, 그들이 내걸었고 지키고자 했던 마지노선으로서 「국민주권실현 사

회대개혁 폐정개혁안 弊政改革案 12조」역시 인용해 놓는다. "1. 내란수괴 윤석열과 그 일당을 구속 처벌한다! / 2. 내란동조 국민의힘 해체하고 그 당의 국회의원은 전원 사퇴시킨다! / 3. 군대와 경찰, 국정원 등 무력, 공안기구를 민주적으로 혁파한다! / 4. 농산물 최저가격제 시행, 공정가격 설정으로 농민의 생존과 존엄을 보장한다! / 5. 경자유전 耕者有田의 원칙을 예외 없이 적용하여 농지를 농민에게 돌려준다! / 6. 개발농정 철폐, 기후재난 대응 국가직접농정으로 식량주권을 실현한다! / 7. 노동차별을 철폐하고 모든 노동자의 노동기본권을 보장한다! / 8. 재벌개혁, 대기업 경제력집중 해소하고 중소영세상인 생존권을 보장한다! / 9. 이태원참사, 채상병 등 억울한 죽음에 대한 진실을 철저히 규명한다! / 10. 여성, 장애인, 이주민, 소수자 혐오와 차별을 철폐한다! / 11. 선거연령을 16세로 낮추고 청년정책을 우선한다! / 12. 불평등조약 및 종속외교 청산하고 자주권 실현하여 한반도전쟁을 종식하고 평화와 통일로 나아가자!"[《한국농정》, 2024. 12. 18]

"제-외-례"의 통치: 여기 계엄령의 간략한 역사
2024년 12월 28일

약 3주 전의 일지 내용으로 저장해 놓았던 것을 오늘에야 정독하게 된다. 일본사상사학자, 서브컬쳐 연구자 심희찬의 글이 그것이다. 계엄 직후의 그 글은 여기 계엄령의 가까운 원천으로서「대일본제국헌법」을 언급함으로써 폭력의 역사의 고리 하나를 살필 수 있게 한다.

"19세기 후반 일본제국헌법은 프랑스와 프로이센을 모델로 '계엄법'을 제정했다. 아마 '계엄'이라는 단어 자체도 일본식 번역어가 아닌가 하는데, 계엄은 천황의 권능에 의해 발동된다고 규정되었다. 계엄은 두 종류로 나뉜다. 사태가 좀 덜 긴급한 경우의 '임전지경臨戰地境 계엄'과, 사태가 매우 긴박한 경우의 '합위지경合圍地境 계엄'이 있다. 임전지경 계엄은 청일전쟁과 러일전쟁 때 일부 지역에 내려졌고(러일전쟁 때는 대만 포함) 합위지경 계엄은 내려진 적이 없다. 이외에 '행정계엄'이라는 것이 따로 있다. 이건 긴급칙령에 의해 세 번 실시되었다. 1905년의 히비야 방화사건, 1923년의 관동대지진, 1936년의 2·26 쿠데타 때였다. 특히 1923년의 계엄이 어떤 사태를 불러왔는지 우리는 잘 알고 있다. 수많은 조선인이 살해당했다. 고삐 풀린 폭력은 언제나 희생양을 찾는다. 한국의 계엄법은 일본의 이러한 법령을 이어받았다. 1949년에 제정된 한국의 계엄법은 임전지경 계엄을 '경비계엄'으로, 합위지경 계엄을 '비상계엄'으로 번역하여 그 내용을 거의 그대로 담았다."[심희찬 페이스북, 2024. 12. 9]

「대일본제국헌법」 제14조는 다음과 같다: "천황은 계엄을 선고한다[The Emperor declares a state of siege]. / 계엄의 요건 및 효력은 법률로 정한다." 제국헌법의 정초자들 중 하나이며 일본 입헌체제의 창시자이자 수호자로서 그 헌법의 해석 및 활용에 가이드라인을 설정했던 추밀원 의장 이토 히로부미는 1889년에 위의 제14조 계엄조항을 인용한 뒤 다음과 같이 해석하고 있다: "공손히 살피건대, 계엄은 외적外敵·내변內變[내란]의 시기에 임하여 평상시의 법常法을 정지시키고[all ordinary law in abeyance] 사법 및 행정의 일부를 군사처분에 맡기는 것이다. 이 제14조는 계엄의 요건 및 효력을 법률로 정하도록 하고, 그 법률의 조항에 준거하여 때 맞춰 계엄을 선고하거나 선고를 해제하는 일을 지존至尊의 대권大權에 귀속시킨다. 계엄의 요건이란 계엄을 선고하는 시기 및 구역과 관련하여 필요한 제한과 계엄의 선고를 위해 필요한 규정을 말한다. 그 효력이란 계엄의 선고 결과에 따라 권력이 영향을 끼치게 되는 한계를 말한다. 포위한 땅에서 전권戰權을 시행하고 임시 계엄을 선고하는 것은 그 땅에 있는 사령관에게 맡기며, 처분한 다음에 보고하는 것을 허용한다. 이 또한 법률로써 지존의 대권을 편의적으로 장수에게 위임하는 것이다."[伊藤博文, 『帝国憲法義解』; Hirobumi Ito, *Commentaries on the Constitution of the Empire of Japan*]

여기 계엄령의 간략한 역사, 그 가까운 기원과 그것의 재생을 가리키는 '지존의 대권' 혹은 "지존행정至尊行政의 대권"이라는 것을 달리 강렬하게 집약하는 법어로 제시해 놓게 되는 것이 있다: "제-외-례除-外-例"[『帝国憲法義解』]가 그것이다. 두 번의 하이픈으로 만들어낸 그 이례적인 연접어는 제국일본의 헌법이 창설된 중핵적 목적을, 혹은 국가비상시("긴급시기緊急時機")에 대한 조치의 근거·범위·방법에 대한 고려와 고안의 심도를 표시한다('제-외-례'에 대한 국가공인 영어번역어는 'exceptional cases'인데, 조어된 원어의 낯선-으스스한-섬뜩한unheimlich 힘·의지·농도를 온전히 표출하지 못한다).

바로 그 제-외-례의 결정, 지존의 대권이 지난 12월 3일 밤 여기 민주공화국 전체에 현현했다. 국회 탄핵안이 가결된 이후인 지금도 지존의 그 대권이라는 것은 여기 87년 헌법에 의해 그 헌법의 예외로서, 그 헌법의 해체 가능성으로서 보장되고 있다. 평화헌법이라는 이름으로 날인된 전후 일본의 평상시 헌법(「일본국헌법」) 역시 앞질러 그러했다. 계엄법은 명목상 불가능했지만 실제상/사실상 가능했기 때문이다. 심희찬의 문장들을 좀 더 인용해 놓기로 한다: "전후 일본 경찰법의 '긴급사태 포고', 그리고 자위대법의 '방위출동' 및 '치안출동' 등이 그것이다. 과거 도쿄도지사였던 이시하라 신타로가 2011

년 동일본대지진 당시 자위대의 치안출동을 주장한 적이 있다. 외국인의 소요가 우려된다는 것이다. 관동대지진 당시의 조선인 학살을 떠올리게 한다. 60년 안보투쟁 당시 노동자와 시민, 학생들의 전국적 투쟁을 경찰력으로만은 제압할 수 없다고 판단한 기시 노부스케 수상(아베의 외할아버지)은 자위대에 치안출동을 요구했다. 그러나 패전에서 아직 15년 정도밖에 지나지 않은 일본 내의 강한 반대로 결국 치안출동은 좌절되었다."

p. s. 위의 인용문들을 한일 기독교관계사학자 홍이표의 "계엄의 역사"에 관한 글과 연접시켜 좀 더 구체적으로 확장하고 보강해 놓는다: "일본제국은 『정자통正字通』[명나라 때의 사전]에 나오는 '적장지설비왈계엄敵將至設備曰戒嚴(적이 바야흐로 쳐들어옴에 방비를 굳게함을 일컬어 계엄이라 한다)'는 문장에서 '계엄법'을 조어했고, 비상상황에서 계엄군이 모든 행정 및 사법사무를 장악하는 길을 열었다. 주권자 시민들의 기본권을 극단적으로 제한하고 침해할 수 있는 계엄법은 기본권을 천명하는 헌법의 자기 부정이기도 했다. 하지만 천황의 초법적이고 절대적인 권능을 강조하였기에 계엄은 당연시되었다. 정작 패전 이후 일본에서는 이 법이 사라졌지만, 한국에서는 그 이름 그대로 맹위를 떨치고 있다. 1948년 한국 제헌헌법 제64조는 천황이

라는 주어만 바꿔 '대통령은 법률이 정하는 바에 의하여 계엄을 선포한다'고 규정함으로써 계엄의 가능성을 열어뒀다. 하지만 아직 세부 법률이 만들어지기 전인 1948년 10월에 제주 4·3민중항쟁을 진압하기 위한 군인 동원령에 육군 제14연대 군인들이 반발했던 이른바 '여수·순천 사건'이 발생하자, 이를 진압하려던 이승만은 최초의 계엄을 선포했는데, 그때는 계엄법이 아직 없었으므로 일본제국의 계엄령을 준용하였다. 정작 일본에서는 계엄법이 역사 속으로 사라져가던 때에 한국에서는 '냉전'이라는 새로운 역사 속에서 일본제국의 계엄법이 다시 부활했던 것이다."[홍이표 페이스북, 2025. 3. 10. 이 날짜에 덧붙임.]

관저 커튼 뒤에서 설정되는 직접-민주-내전의 적: 셀프-쿠하는 레종데타(4)

2025년 1월 1일

2024년 12월 7일 대통령 담화. "진심으로 사과드립니다. 저는 이번 계엄 선포와 관련하여 법적·정치적 책임 문제를 회피하지 않겠습니다. 그리고 제2의 계엄 같은 일은 결코 없을 것임을 말씀드립니다." 이와는 180도 다른 12월 12일 담화를 통해 끝까지 싸울 것임을 선언한 뒤인 오늘 새해 1월 1일 한남동 관저 앞 대통령 지지 집회에 전해진 윤석열의 메시지, 그의 자필 서명이 들어간 A4 1장짜리 궁서체 인쇄물에는 다음과 같은 문장이 있다: "저는 실시간 생중계 유튜브를 통해 여러분께서 애쓰시는 모습을 보고 있습니다. **국가나 당이 주인이 아니라 국민 한 분 한 분이 주인인 자유민주주의는** 반드시 승리합니다! 우리 더 힘을 냅시다!" 국가와 정당을 줄탄핵 반국가세력에 의해 오염되고 병든 것으로, 거짓 주인에 의해 장악되고 조종되는 것으로 간주하면서 그런 국가·당으로부터의 이탈을 국민이라는 이름의 특정 지지자들에게 호소하는 탄핵된 낯선 대통령, 그 탈-국가와 탈-당의 연장선에서 탈-법을 권하면서 다름 아닌 아나키에서 발원하는 피의 권력과 이윤을 욕망하는 탄핵된 낯 두꺼운 대통령. 그런 국가술수를 가리키는 이름으로(도) 제시할 수 있는 것이 '아나키+경찰'인바, 그 유혈 관리적 통치이성 속에서 후안무치한 대통령의 신년 메시지는 비상대권의 상시적·일상적 활용이라는 최종목적을 위한 수단으로서 씨빌 워civil war[시민전쟁=내전]의 발발을 인도하고, 일촉즉발一觸即發의 육탄돌격적 준비태세를 지도하는 암구호로 기능한다.

> "국가 자체의 필요성, 긴급성, 구제의 필요는 자연적인 법의 작용을 배제하고 무언가를 발생시키는데, 그것은 필요성과 구원의 이름 아래 이뤄지는 국가 자체와의 직접적 관계입니다."[푸코, 『안전, 영토, 인구』]

국민 하나하나를 국가의 직접적 주인으로 호명함으로써 호소하는 시민전쟁을 통해 국가에 대한 셀프-쿠를 도모하는 레종데타. 그런 셀프-쿠[친-위(親-衛)]를 통해 국가 내부의 적(반국가세력·의회독재세력)을 일소하는, 다시 말해 시민전쟁·내전을 정치체의 교정과 구제를 위한 최후적 비상수단으로 설정하는 레종데타. 정당·행정기관·재판관 같은 대의 및 위로부터의 임명 세력이 아니라, 혹은 국가로부터의 간접화와 소외상태에 근거하여 집권하는 현행적 대의민주주의가 아니라 국가와의 직접적이고도 일체적인 관계를 창출함으로써 국가 구원의 필요를 관철하는 레종데타. 그런 레종데타-쿠데타의 호환관계 속에서 정립되는 내전정체는 아나키의 창출과 재량적 경찰을 통치의 두 바퀴, 두 타륜舵輪으로 삼는다. 아나키+경찰의 조타를 따라, 거대 야당의 입법, 복지부동하는 관료집단의 행정, 통상적 법해석 집단의 사법이라는 간접매개적 권력형식은 효력 정지되고 일원화될 것이다. 관저 커튼 뒤로부터 호명받은 국민 하나하나가 국가의 주인이 되는 것은 그런 일원화 과정 속에서이다. 다시 말해 현행적 매개세력들이 주도하고 규제하는 법·대의·위임·재현에의 동의 조성을 철폐하려는, 그 합법성과 정당성 간의 배합관계 바깥에서 그 배합의 벡터를 해제하고 재설정하려는 셀프-쿠의 계사합리성("레종데타 자체는 합법성과 정당성 등의 체계와 전혀 동질적인 게 아닙니다. 이것이 꼭 지적해둬야 할 본질적인 점입니다."[『안전, 영토, 인구』]), 그 안에서 국민 하나하나가 국가의 직접적 주인이 될 수 있는 조건은 다음과 같이 획정된다. 그 국민의 자리·뿌리가 다른 곳 아닌 관저 앞 지지 집회일 것, 그 국민이 부정선거로 거대화된 야당의 조작적 매개권력을 해체할 필요에 따라 운동하는 직접-민주의 복원자·당사자일 것, 줄여 말해 그 국민이 대통령과의 불순물 없는 순수한 '직-접' 상태 속에서 수행하는 내전의 용병일 것, 그렇게 명목상의 주인이 되는 동시에 사실상의 신민이 될 것. 그런 조건들을 만족시키지 못하는 자들은 다름 아닌 적으로, n차 계엄적 직접-민주-내전의 적으로 설정된다. 계엄의 비상시를 시민의 광신적 직접성의 에너지 분출 속에서 다시 개시하려는 대통령의 오늘자 신년 메시지는 관저의 커튼 뒤에서 발화되는 간접화된 레종데타-쿠데타의 기획을 집약하는바, 여기 광장에서 구성되는 정치적인 것의 과제는 베일 뒤에서 면책되는 간접화된 직접성의 민주론과는 전적으로 다른 직접성을 묘사하는 일, 그런 직접성에 근거한 데모스-주인됨을 재구성하는 일이 될 것이다.

3장

석열 보나파르트 _{Suk-Yeol Bonaparte}

2025. 1. 2.	"그날 우리는 연결되어 있었습니다"
2025. 1. 5.	당사자 내각 VS. 국민=개돼지론
2025. 1. 6.	커먼즈-오병이어: 전적으로 다른 '나눔'
2025. 1. 9.	반공청년단과 통치의 간지奸智, 혹은 "한번은 비극으로, 다음번은 희극으로": 유령적 셀프-쿠(1)
2025. 1. 10.	룸펜화된 삶의 가속자·모조구원자: 유령적 셀프-쿠(2)
2025. 1. 12.	"국민의 은총"과 "명령적 위임": 유령적 셀프-쿠(3)
2025. 1. 15.	반공백골단의 부활, 혹은 "너 사람아, 이 백골들이 살아날 것 같으냐?": 유령적 셀프-쿠(4)
2025. 1. 18.	계급적 계엄령의 사회이성, 혹은 "사탄만이 가톨릭교회를 구원한다": 유령적 셀프-쿠(5)

"그날 우리는 연결되어 있었습니다"

2025년 1월 2일

거듭 반복되었음에도 여전히 낯설게, 또 위태롭게 느껴지는 이미지를 오늘 아침뉴스 화면으로 다시 보게 되었다. 그 이미지는 포고령 1호 아래서 제1공수특전여단 전술차량을 막아섰던 익명의 청년, 그의 실명·화상 인터뷰 장면과 함께 배치되어 있었는데, 그는 33세, 남성, 직장인, 거주권 활동가 김동현 씨였다. 그의 인터뷰 육성을, 관저 커튼 뒤의 내전선동가로서 통치 없이 군림했던 윤석열의 청년 호명에 대한 내파적 응답으로, 여기 약하게 엄존하는 다른 청년·청년성의 표지로 새겨놓게 된다: "사실 저희는 세월호나 이태원 참사를 경험했잖아요. 그렇게 우리는 침몰하는 것들을 봤고, 국가가 구하지 않는 것들을 감각하고 경험했었습니다. 그런 경험이 우리로 하여금 직접 나서서 민주주의를 말해야 된다고, 민주주의가 실제한다는 것을 거리에서 몸으로 보여줘야 된다고 생각하게 만든 것 같아요."[「계엄군 차량 막은 '그 시민'」, JTBC뉴스 <아침&>]

곱씹으며 반복컨대, 침몰하는 것들, 국가가 구하지 않는 것들에의 감각과 경험. 그것은 다름 아닌 생명과 안전이 정치적인 것의 구성을 위한 마지노선·최종심급이 되고 있는 사태를, 오래되었음에도 여전히 구축되지 않고 있는 저 '인민의 구제 salus[safety] 즉 최고의 법'이라는 등가 상황을 가리켜 보인다.

생명의 안전을 표방하면서 그 최저선의 보장조차 위험시하는, 그런 최저선 너머를 엿볼 수조차 없도록 봉쇄하면서 그 최저선 너머가 조금 뒤에 도래하리라고 선전하는, 그렇게 공공의 안전과 구제의 이름으로 법 안팎의 경계를 임의재량적으로 획정하는 치안적 폭(권/위)력. 이를 적으로 설정할 수 있게 하는 힘의 근원에 침몰하는 것들과 구하지 않는 것들에 대한 감각과 경험이 있는바, 민주주의란 침몰하는 것들의 구원을 표현하는 다른 이름이었다. 12·3 포고령 아래서의 저 위기적 지금시간을 거듭 보존하고 있는 이미지, 그것에 연동되고 있는 민주주의라는 이름은, 제도를 설립하는 힘이 제도로 양도되는 과정의 합법성을 조달하는 서명인 동시에 그 서명·날인 너머를 창출하고 구축하는 거리에서의 실제 운동이자 직접적 제헌력의 이념으로 발현한다. 며칠 전 김동현 씨의 다른 인터뷰 한 대목을, 그런 운동과 이념의 구체적인 표출로서, 지금의 위기-해독에 직접 관여하는 제헌력의 이정표로서 꽂아놓게 된다: "그날 우리는 연결되어 있었습니다. 그리고 지키고자 하는 마음이 연결되어 남태령을 비롯한 투쟁들이 이어졌다고 생각합니다. 저는 앞으로도 우리가 계속 모였으면 좋겠습니다. 우리가 지키려고 했던 그 마음을 계속 이어나갔으면 합니다. 동시에 그날의 긴장과 공포가 뒤늦게 찾아왔을 시민들이 자신을 잘 돌보았으면 합니다. 고립되지 않고 서로를 다독였으면 합니다. 우리가 안전하게 살아가기 위해 싸워왔다는 점을 기억했으면 좋겠습니다."[「계엄 당시 군용차 막아선 청년 직장인 김동현 씨 인터뷰」, 2025. 12. 29]

당사자 내각 VS. 국민=개돼지론
2025년 1월 5일

내게 노동활동가 김진숙은 2011년 부산 한진중공업 85호 타워크레인 고공점거와 희망버스의 연합적 사건성 곁에서 거듭 상기되던 모종의 이정표, 정치적인 것의 풍향계였다. 어제 서울 광화문 동십자각 '윤석열 즉각 체포·퇴진 사회대개혁 범시민대행진'에서 발화된 그녀의 말을 그런 사건적 힘의 지침 혹은 침로針路로서 인용해 보게 된다.

"페미니스트가 대통령이 되고, 성소수자가 총리가 되고, 성폭력 피해자 여성이 경찰청장이 되고, 알바 노동자가 노동부 장관이 되고, 사고 피해 유족이 행정안전부 장관이 되고, 전장연[전국장애인차별철폐연대]이 복지부 장관이 되고, 전농[전국농민회총연맹]이 농림부 장관이 되고, 전쟁 없는 세상을 위해 싸워왔던 이들이 평화부 장관이 되는 게 민주주의고 진짜 대의정치 아닐까요."

다수적이며 우세적인 정체성들의 연관망에 걸린 채로 내몰리며 닦달당하고 있는 사람들, 그렇게 소수화되는 그들 당사자當事者로 이뤄지게 될 행정부. 광장으로부터 묘사되는 민주주의의 한 가지 형상이 그런 당사자–직접성에 근거해 있을 때, 그것을 행정의 기반으로 삼지 않는 여기 현행적 민주주의는 거짓 대의정치로, 폭력의 책임을 방기하는 간접권력적 지배로, 그 극점에서 엘리트에 의한 국민=개돼지의 살처분권으로 발현한다. 해방적 활동이, 본연의 품성이, '여성'이, 비정규화된 노동이, 재난 이후 남겨진 이들의 울분이, 자유와 평등을 위한 장애인들의 연합이, 땅에서의 생산을 위한 투쟁력이, 국권발동의 극한으로서의 전쟁에 반대하는 평화적 힘들이, 돌봄 받지 못하는 생명의 활력적인 표현형식들이 진정한 대의정치의 이름 아래 상보적으로 구성되는 길. 그 길의 벡터 혹은 이념형을 광장으로부터 표시하고 있는 것이 김진숙의 발언이다. 선민의 지배 혹은 무책임의 간-접 상태를 해제하는 직-접의 벡터.

커먼즈-오병이어: 전적으로 다른 '나눔'

2025년 1월 6일

남태령에서의 갈채 이후, 오늘 눈길이 오래 머물렀던 것은 관저 방향 한강진역 근처 클래식 공연장 앞에서 벌어진 어떤 일, "일신홀 오병이어의 기적"으로 명명된 모종의 사건적 상황이었다.

"누군가가 간식 바구니를 들고 선 채로 '간식 필요한 분은 가져가세요'라면서 나눠주고 있었다. 그런데 이상했던 것은 그 말을 듣고 사람들이 한 주먹씩 집어갔는데도 바구니가 좀처럼 줄어들지 않았다는 점이다. 그래서 친구랑 '저거 왜 안 줄어들지?' 하면서 보고 있었는데, 사람들이 자기 먹으려고 챙겨온 간식을 꺼내 '이것도 나눔 해주세요'라면서 바구니에 넣고 있었던 것. 무릎을 쳤고, 나 역시 가져왔던 초코파이 한 상자를 털어 바구니에 넣었다."[테크-페미 활동가, 만화평론가 조경숙 페이스북, 2025. 1. 6]

"그러자 예수는 제자들을 향해 '지금 가지고 있는 빵이 몇 개인지 알아보아라'고 하셨다. 그들이 알아보고 돌아와 '빵 다섯 개와 물고기 두 마리가 있습니다'라고 답하자, 예수는 제자들에게 군중을 풀밭 위에 떼 지어 앉게 하라고 이르셨다. 군중은 백 명씩 또는 오십 명씩 모여 앉았다. 예수는 빵 다섯 개와 물고기 두 마리를 손에 들고 하늘을 우러러 감사 기도를 드린 다음, 빵을 떼어 제자들에게 주면서 **군중에게 나누어주라고** 하셨다. 물고기 두 마리도 모두에게 나누어주셨다. 사람들 전부가 배불리 먹었다. 남은 빵조각과 물고기를 주워 모으니 열두 광주리에 가득 찼다."[「마가복음」6장 38절~43절]

자기가 먹으려고 가져온 자기 것을 나눔·비움, 자기의 소유물을 아무나·모두의 공유물commons이 되도록 나눔으로써 소유상태로 채워진 자기를 덜어내고 나누게 되는, 그 자기 비워짐(케노시스) 속에서 누리게 되는 다른 '나눔partage[분할/공유]'의 향유. 자기 소유의 공위화, 소유된 자기의 궐위화를 통해 이뤄지는 사물res의 공통화publica, 이를테면 공-공-권空-共/公-圈/權(적인 것을 창출하고 정초하는 과정)으로서의 레스 푸블리카. 그것은 소유된 것들 일반을 무위無位/無爲로 돌리면서 공통적 사용의 가능태로 변환시키는 힘의 작용상태이다. 혹은, 인용부호를 떼고 달리 반복컨대, 그것은 '보편적 풍요'의 다른 이름이다: 제한된 부르주아적 형식이 벗겨질 때, **풍요란 보편적 교환을 통해 창출된 인간적 필요, 능력, 쾌락, 생산력 같은 보편성이외에 다른 무엇이겠는가?** 다시 달리 반복컨대, 그것은 독점적 축적을 지향하는 "자본의 일반공식"("G—W—G'[성부—성령—성자]"[맑스, 『자본』])적인 것으로부터, 자기 증식하는 성부-성자의 이위일체적 축적회로의 종말 없는 성무일과로부터 생명 가진 것들을 탈구시키는 힘의 발현상태이다. 유사풍요적인-모조구원적인, 축적의 그 신(화)적인 폭력을 거슬러 모두를 먹이고 살리면서도 넘쳐나고 있는 저 관저 앞 커먼즈-오병이어의 상황이란 무엇인가. 그 상황은 어떤 힘으로 구축되며 어떤 힘을 구축하는가. 종말 없는 축적의 회로와 공식이 정지되고 있는, 그렇게 진정한 구원 직전의 시공간으로 이뤄지고 있는 공유자 인민의 케노시스적 종말론, 준비중인-도래중인 메시아적 최후만찬의 이념이 그것이며, '사람들 사이의 신국'「누가복음」을 감각적인 것의 다른 나눔을 통해 분만하고 있는 산파의 비폭력이 그것이다. 그것들과 함께 할 때에만, 뭇입들로 이어져 내려온 공생적 자기 구제의 노랫말처럼 '우리가 기다리는 누군가란 다름 아닌 우리다 We are the ones we have been waiting for'라고 합창할 수 있을 것이다.

반공청년단과 통치의 간지奸智, 혹은 "한번은 비극으로, 다음번은 희극으로": 유령적 셀프-쿠(1)

2025년 1월 9일

손바닥의 '王'자 혹은 12·3 왕정복고 쿠데타로 드러나는, 왕이 되려는 여기의 대통령, 여기 민주정의 지존至尊이 발포하는 비상대권. 이 얼마나 시대착오적인 소극笑劇인가. 그러나 그 익살맞은 실소의 연출은 또한 얼마나 유혈적일 수 있었던가. 집무실에서의 희극을 얕잡아 비웃던 우리(거기에는 "바보천치"가 아니라면 계엄을 선포할 리가 없다고 호언장담했던 천하의 『조선일보』, 그 신문의 주필조차 포함되어 있다)는 그날 밤의 기습적 일격을 당하고서야, 그 사후에야, 집무실의 희극이 계엄영토 전체에 가해지는 피의 비극과 직통되고 있었음을 알게 된다. 정치의 객석客席에 앉은 사람은 누구도 예상치 못했던, 안일하게 또 안이하게 객담客談하던 이들의 머리에 총구가 겨눠질 수도 있었을, 피의 희비극. 이를 정확히 이어받는 한 가지 사건을 살펴보게 된다.

오늘, 국회의사당 소통관에서의 기자회견을 법적인 매개로 삼아 무덤 관 뚜껑을 열고 기어 나온 백골白骨들, '반공청년단'이라는 이름으로 부활한 무법적 폭력단. 기자들 앞에서 "법치가 무너진 위기 상황의 극복을 위해 강력한 수단으로 동원한 '백골단'의 강한 이미지"에 대해 말하고, 위기 타개를 위한

구체적 방법으로서 "내전"을 강조하면서, 그 전쟁-정치를 통한 특권적 법의 제정을 기도하는 반공청년단의 집단활동은 ('쩐윤[진짜 친윤]'보다 더한 '맹윤[맹렬한 친윤]') 국회의원 김민전을 비롯해 여당 대의자들에게 향후의 정치적 자산 축적을 위한 주요 경로이자 방법으로 인지되고 있다. 오늘 여기 청년성의 특정한 발현형질을 표시하고 있는 그 집단적 폭력부활의 코드명은 윤석열에 의한 호명, 내전선동, 피에 대한 보상의 거래 약속인바, 그것은 '1991년 강경대'를 필두로 하는 합법폭력의 비극이 여기 청년의 룸펜화[찌꺼기·쓰레기·누더기(Lumpen)가 되는 과정] 속에서 웃어넘길 수 없는 희극으로 반복되고 있음을 가리킨다(예컨대 무릎보호대·팔꿈치보호대·방검복을 착용하고 군가 '멸공의 횃불'을 부르던 관저 앞 '한남대첩'의 주역들, 그 기세를 몰아 새하얀 헬멧과 롱패딩과 검정마스크를 쓰고 입법부 기자회견장에 출몰한 유령 같은 그들의 내전극(內戰劇)). 계엄세력에 의해 줄곧 나라의 주인으로 호명됐던 그들 청년은 유혈적 거래·수수관계를 따라 내전의 지원병이자 그 전쟁-정치로 보상받게 될 직접민주제의 주체/신민으로서, 그 호명에 사활을 건 여기 대통령·계엄세력의 위기 타개적 통치 간지[List|술수들]의 활성화 동력으로서 재생산되고 있다.

예컨대 그런 호명에의 응답, 간지의 모집력·전파력·인화력과 관련하여 인용해 놓는다. "백골단의 부활. 2025. 1. 6. 한남대첩. 그때 참석하신 청년들 및 신규가입 희망자들은 오늘 오후 관저 앞 현장에서 하얀 헬멧 쓴 사람들에게 문의주세요.

백골단 수비대의 공식명칭은 '백골단 202 경비대'입니다."[반공청년단 대표 김정현('제3하늘 청천TV' 유튜버, 전《월간조선》기자) 김정현 페이스북, 2025.1.9] 다름 아닌 저 '서북청년단'이라는 악명, 제1공화국 반공주의 폭력과 공포의 집약어 '서청西靑'으로까지 거슬러 올라갈, 1948년 국회 개원식에 맞춰 집회·결사했던 그들 '정치깡패' 서청을 이어 1960년 3월 선거전위대로 활약했던 '대한반공청년단'[총재 이승만, 부총재 이기붕]까지도 유령적 일체로 묶어 무덤에서 함께 기어 나오게 할, 그렇게 폭력의 역사를 재생시킬 오늘자 반공청년단의 국회 회견. 그렇게 부활하는 백골단, 오늘 모종의 입법적 인준 속에서 달리 반복되는 폭력과 마주하여, 그 부활의 희극성이라는 것이 여기 폭력의 재생산을 억제하는 힘의 저변 하나를 이루게 되리라는 예감의 근거에 대해 생각하게 된다. 그런 맥락에서 먼저 떠올리고 다시 찾아 읽기 시작한 글의 한 대목을 인용해 놓는다: "헤겔은 어디선가 세계사에서 막대한 중요성을 지닌 모든 사건과 인물은 두 번 나타난다고 지적하였다[『역사철학강의』]. 그러나 헤겔은 그 사건과 인물이 한번은 비극으로 다음번은 희극으로 나타난다고 덧붙이는 것을 잊었다. 당통 대신에 코시디에르가, 로베스피에르 대신에 루이 블랑이, 1791~1795년의 산악당 대신에 1848~1851년의 신악당이, 삼촌[나폴레옹] 대신에 조카[루이]가 나타난다. 브뤼메르 18일 쿠데타의 재판再版이 나온 정세에서도 동일한 현상을 볼 수 있다."[맑스, 「루이 보나파르트의 브뤼메르 18일」]

p. s. 브뤼메르 18일, 즉 프랑스 공화력^{共和曆} 2월 18일은 1799년 11월 9일 나폴레옹의 쿠데타 성공일과 1851년 12월 2일 루이의 성공일을 동시에 가리킨다. 그 성공의 앞잡이·돌격대가 됐던 이들로서 루이에겐 룸펜 '12월 10일회'가 있었던바, 여기 실패의 만회자로서 등장한 것이 '윤 어게인'을 봉행하는 반혁명적 '반공백골단'이다. 다음과 같은 문장들을 통해서도, 오늘 그들의 부활과 그 여파를 묘사해 볼 수 있을 것이다: "혁명으로 운동을 가속화할 힘을 갖게 됐다고 믿은 어느 인민 전체는 갑자기 이미 사라져 버린 시대로 되돌아가 있는 자신을 발견하게 된다. 퇴행에 대한 어떠한 의혹도 생겨날 수 없도록, 오래전 낡은 지식이 되어버린 옛날 날짜, 옛날 연호, 옛날 명칭, 옛날 법이, 이미 오래전에 썩어 없어졌다고 여겨진 권력의 앞잡이들이 되살아나 움직이기 시작했다."「브뤼메르 18일」

룸펜화된 삶의 가속자·모조구원자: 유령적 셀프-쿠(2)
2025년 1월 10일

　국가의 구제를 위해 국가의 파괴를 필요로 하는 여기 대통령발發 n차 셀프-쿠, 계엄세력이 결코 포기할 수 없는 그 n차에의 의지 속에서 입법·사법 가릴 것 없이, 사회 각계각층에서, 국민의 모든 층위에서 부상하고 있는 퇴행적 주체화/신민화의 과정. 현행 민주제에 대한 그 퇴행 가운데 특별한 전위행동대로 호명되고 있는 청년들과 관련하여, 어제 반공백골단은 여기 청년의 룸펜화[쓰레기화]라는 남한 체제폭력의 결과를 구체적으로 표시해준다. 대통령의 친위쿠데타를 계기로, 그 헌법정지적 일격에 자신들을 투사하는 과정, 현행적인 것 일반에 대한 일거의 일소력一掃力에 그들 개개의 대의되지 못한 각자도생 상태를 투사하고 자경(단)自警(團)적인 해결책을 강구하는 과정은, 모종의 범례로서 예컨대 "헌법 자체를 위해 헌법을 위반했던"[맑스,「프랑스에서의 계급투쟁」] 대통령 루이 보나파르트의 친위쿠데타 곁에서, 그가 쓰라리게 경험한 두 번의 쿠데타 미수·실패[1836년·1840년] 곁에서, 유령처럼 배회하던 삼촌 나폴레옹을 초혼하고 육화함으로써 기능했던 한 번의 쿠데타 성공[1852년 12월 2일] 곁에서, 그 성공의 유지를 위해 황제 루이가 시도한 "매일마다의 소규모 정변Staatsstreich[국가-타격]" 곁에서, 다름 아닌 "한 사람의 운명론자"[맑스,「루이 보나파르트의 브뤼메르 18

일)가 되어 국가 위기의 타개를 위해 국가에의 일격에 내기를 걸면서 실제로는 특정 계급의 특권적 이익을 구원했던 루이의 '방법으로서의 쿠데타' 곁에서 달리 표시될 수 있을 것이다.

여기 12·3 이후 2차·3차 계엄군정戒嚴君政을 타진하고 반공백골단의 부활과 연동된 n차 계엄의 방법을 모색하고 있는 대통령 윤석열, 육사를 나왔다면 쿠데타를 했을 거라고 벌써 이미 호언했던 검찰총장 윤석열은 12·3 비상계엄 이후부터 줄곧 자신의 정치적 세례성사와 견진성사를 후견한 대부代父 박정희·전두환의 군정적통으로서, 그 두 망령을 오늘 다시금 불러일으키는, 그 둘의 유령적 독재정을 다시 정초하고 달리 기립시키는 구체적 피와 뼈와 살이 된다. 줄여 명명컨대 '석열 보나파르트'의 왕정복고 친위쿠데타, 그것 역시 저 룸펜화되는 삶들의 호명과 가속을 국가 구원의 동력이자 산물로, 특권 계급의 밑천이자 새끼치는 이자로 삼는바, '2030 청년남성'과 '6070 광화문 노인', 그리고 그들을 마치 자신의 지지 세력인 양 앞질러 호명한 것 같은 프랑스 대통령 루이의 '12월 10일회' 사람들은 국가의 영속성과 공공의 안전이라는 이름 아래 룸펜화된 생명을 필수질료로 삼는 관리권력적 통치합성술을 가리켜 보인다. 그렇게 그들은 통치 희비극의 무대 연출에 따라, 그 유령적 지배의 기획에 따라 면책되는 폭력의 주역이자 희생자로 조명 받는다. 그 조명 빛 아래 광합성하는 그들은 다음과 같이 제시된다.

"'12월 10일회'에 소속된 사람들이 항상 보나파르트를 수행하였다. 생계수단도 모호하고 출신성분도 모호한, 타락한 무위도식자들, 그리고 파산한 부르주아 계급의 모험가들, 부랑자, 제대 군인, 출옥 범죄자, 탈출한 강제노역자, 사기꾼, 협잡꾼, 거지, 소매치기, 사기도박사, 노름꾼, 뚜쟁이, 포주, 짐꾼, 삼류 문사, 거리 악사, 넝마주이, 칼 가는 사람, 땜장이, 걸인, 요컨대 모호하고 뿔뿔이 흩어져 여기저기 내버려지고 있는 대중, 프랑스인들이 라 보엠La bohème[보헤미안(적인)]이라고 부르는 대중, 보나파르트는 그 다종다양한 분자들로 12월 10일회의 핵심을 구성하였다. 이 조직은 보나파르트의 고유한 당파적 전투력이었다. 그가 여행하는 동안에 도로를 가득 메운 12월 10일회의 분견대는 그의 즉석 청중이 되었으며 대중의 열광을 연출했고 황제만세를 외쳤으며 부르주아 공화파 의원들을 모욕하면서 곤봉으로 때려눕혔던바, 그 모든 일은 물론 경찰의 비호 속에서 이뤄졌다. 12월 10일회는 보나파르트의 부속물이었으며 그의 작품이었고 그 자신의 아이디어였다. 룸펜프롤레타리아트의 우두머리가 된 보나파르트, 자신이 추구하는 개인적 이익을 그들 속에서만 대거 찾아낼 수 있는 보나파르트, 모든 계급의 그 쓰레기, 찌꺼기, 폐물을 자신이 무조건적으로 의지할 수 있는 유일한 계급으로 인정하는 보나파르트, 그가 바로 진짜 보나파르트이며, 있는 그대로의 보나파르트이다."「브뤼메르 18일」

자신들의 머리 꼭대기에 앉은 루이를 보필하는 12월 10일회, 그 이름 속의 날짜로 날인되는 것은 이른바 룸펜프롤레타리아트와 더불어 루이가 공화국 초대 대통령으로 당선된 승전일[1848년 12월 10일]을 향한 기념, 즉 일회적이므로 부재하는 그 전승일의 영구적인 현전화이며, 룸펜화된 이들의 주체화에 이바지하는 욕망과 폭력의 빚/죄shulde를 매순간 탕감하고 면제하면서 도래중인 희년적禧年的[jubilee] 게발트의 발현이다. 그렇게 12월 10일회의 무법적 폭력은 면죄-상환적인 게발트에 의해 보장되며, 그것은 그들이 다른 누구 아닌 12월 10일회의 '독재자' 루이 보나파르트와 명시적으로도 또 암묵적으로도 맺고 있는 보호-복종의 교환계약에 근거한다. 대통령 루이는 삼촌 나폴레옹 보나파르트를 때로는 자신의 실루엣만을 드러내는 베일로 삼고 때로는 자신의 얼굴과 신체 전부를 완전히 구겨 숨기는 철가면으로 삼았던바, 그 두 극極/劇 사이에서의 진자운동에 기초한 셀프-쿠의 성공과 함께 황제로 등극한다. 황제의 그 법 앞에서 다른 누구 아닌 부르주아지 역시도 자신들의 계급성과 사실 자체로서의 황제정을 기민하고도 긴밀하게 조화시키지 않을 수 없었다. 혁명 이후 부르주아지는 자신들의 계급보전을 위해 의회의 수다보다는 행정권의 결정이 더 필요한 상황을 맞이했었고, 그런 사정은 부르주아지로 하여금 자신들을 위협하는 행정권의 강화와 자신들의 최종보루인 의회 공화파의 약화라는 모순 속에 놓이게 했다. 그들이 성공한 쿠데타로 등극한 황제 루이의 힘을 다음과 같이 연호하고 변증

하지 않을 수 없는 까닭이 거기 있다: "오직 12월 10일회 룸펜프롤레타리아트의 독재자·두목만이 우리 부르주아 사회를 구할 수 있다! 도둑질만이 재산을 지킬 수 있고 거짓맹세만이 종교를 구할 수 있으며 서자만이 가정을 구할 수 있다. 무질서만이 질서를 구할 수 있다!Nur noch Unordnung kann Ordnung retten!"[「브뤼메르 18일」. 이하 원어 노출은 1869년 초판, K. Marx, *Der achtzehnte Brumaire des Louis Bonaparte*에 따름]

그들을 따라 복창컨대, 그들의 그 외침 속 폭(권/위)력의 공리계를 표시하기 위해 꼼꼼히 복창하건대, **무질서만이 질서를 구할 수 있다**. 먼저 그것은 석열 보나파르트와 여기 룸펜이 일체가 되는 원리이며 그 일체화를 통해 수행되는 친위-자위의 준칙이기도 하다. (종북·반국가·)아나키·비히모스·내전을 억지하면서 질서·리바이어던·계약을 구원한다는 것, 그러나 그 구원의 방법은 다른 게 아니라 무질서의 창궐에서, 무법의 재생산과 악덕의 전염에서 시작되어야 한다는 것, 그렇게 저 아나키+경찰의 프로세스가 자유재량적으로 구동될 수 있는 상태를 창설하고 보존해야 한다는 것, 그 프로세스만이 정치경제적 축적을 가져오고 게발트의 죄/빚을 면하게 하는 최적의 프로그램이라는 것. 그런 식으로 무질서·아노모스·쿠데타와 질서·엔노모스·레종데타가 필요에 따라 자리바꿈하면서 서로를 보증하고 강화하는 상보적 연루·치환·합성관계를 이룰 때, 그렇게 충족·완료·제거될 수 없는 무질서+질서라는 대타자 지배어의 조명 빛이 일반화된 판옵티콘의 시선처럼 사회

도처의 생명들을 비추고 있을 때(그 한 사례로 "쿠데타 이후 인민 모두가 감시 받게"될 때), 그런 탐조探照의 내면화 속에서 "역사 생활과 주요 정치적 사건들은 가장 천박한 의미에서의 희극이 되며 극도로 왜소한 협잡은 휘황찬란한 옷들·말들·몸짓들로 꾸며진 가장무도회가 된다."「브뤼메르 18일」 활력 가진 생명 일반의 상황을 거꾸로 물구나무 세우는 아나키+경찰의 탐조, 그 무질서+질서의 조명을 연이어 또 더불어 쏘고 있는 루이-석열 보나파르트는 사건에 대한 공통의 감지·감응을 어처구니없이 뒤집어 놓는 희극, 공통화하는 사건적 인식을 악다구니치며 전도시키려는 희극의 무대를 연출한다. 정치체의 모든 구멍들로부터 흘러나오는 피와 오물을 가려 덮는 그 희극무대, 그 가장무도회에서 무도無道한 군무群舞를 추고 있는 무리, 루이-석열 보나파르트를 우두머리로 삼아 무법적 유사 군무軍務를 집행하면서 가면을 벗어던지고 있는 주체/신민의 이름·호명·군호, 그것이 저 12월 10일회이며 여기 부활하고 있는 반공 국시國是의 백골단이다.

p. s. 1. 1850년 11월 12일 보나파르트가 의회에 보낸 교서는 여느 비루한 대통령의 훈시와 마찬가지로 "질서"와 "화해"와 "헌법준수"의 원론만을 말하면서 첨예한 현안들은 모두 피해갔다. 그 대신, 의도를 가진 한 마디, "헌법의 규정에 따라 대통령만이 군대를 뜻대로 할 수 있다는 점"만

은 "지나가는 말투"로 확언되고 있었다. 합법적 계엄군, 공식적 찬탈군대를 통한 셀프-쿠를 준비 중인 대통령은 그 교서를 통해, 그 속의 신적인 것과 맹세의 접선에 기대어 호소한다: "저는 오로지 대통령 선서에 묶여 있기에 선서가 제게 부과한 좁은 한계를 지켜나갈 것입니다. 제가 국민에 의해 선출되었고 제 권력을 오로지 국민에게만 의존하고 있는 한, 저는 언제나 법적으로 표현된 국민의 의지에 따를 것입니다. 결코 격정이나 불의의 사건 또는 폭력, 선동이나 교란이 이 위대한 국민의 운명을 결정하도록 해서는 안 될 것입니다. 저는 제 마음을 진심으로 여러분께 열어 놓습니다. 여러분이 저의 솔직함에 신뢰로써, 제 선의의 노력에 협조로써 응답할 것임을 믿습니다. 나머지는 신이 알아서 하실 것입니다." 신의 뜻대로 일이 진행될 것이라고 말, 그 속의 신이란, 삼촌 나폴레옹이 부활시키려던 정복자 알렉산더가 아니라 신화 속의 바쿠스였던바, 계엄군 식탁의 차가운 닭고기에 곁들여질, 그리고 보나파르트와 곤봉 든 12월 10일회 룸펜들이 함께 연거푸 말아 들이킬 술의 신, 바쿠스Bacchus라는 신이었다. 말하자면, 친위쿠데타라는 신화적 폭력의 수호신: "삼촌의 알렉산더는 확실히 반신Halbgott[半神]이었지만 조카의 바쿠스는 신Gott, 나아가 12월 10일회의 수호신이었다."[「브뤼메르 18일」]

p. s. 2. 루이-석열 보나파르트의 주신主神, 바쿠스의 술을

얻어먹지 않은 이들의 이야기들. 계엄 직후부터 남태령에 이르기까지 동료 시민들의 목소리만으로 한 권의 책을 꾸린 『황해문화』 2025년 봄호는 특집 '우리가 꿈꾸는 새로운 세상'을 통해 40편에 이르는 각종 활동적 지향들로 계엄을 거슬렀던 저항력의 향배를 제시하고 있다. 청년 시간강사의 기록으로서, "어느 대학 룸펜의 잡설"이라는 부제를 붙인 박민주 씨의 「내파된 세계를 재창조하는 숙의의 힘」 속에서 인용해 놓는다: "어떤 학생은 시위에 동참하면서 깃발을 통해 팔레스타인과 미얀마와의 연대를 경험했으며, 세계가 정말로 연결되어 있음을 감각한 학생도 있었다. 과제 분량을 넘겨쓰는 학생이 과반 수 이상이었는데, 민주주의는 계속 지켜야만 하는 것임을 깨닫기도 하고, 무의식을 넘어서는 지적인 힘을 계속 키우겠다는 다짐도 있었다. 특히 시위 현장에서의 연대 체험은 이들 학생에게 큰 힘이 되었던 것 같다. 청년(특히 청년여성들)이 정치에 관심이 없다고 누가 그랬는가? 실제 그들은 삶에서 다양한 정치의 각축을 매우 민감하고 섬세하게 느끼고 있었다."

『황해문화』 특집의 첫째 카테고리는 작가 한강의 문장 '과거는 현재를 도울 수 있는가'를 제목으로 달고 있다. 계엄 이후 광장의 공통어가 된 그 경구 곁에서, 미래를 도울 현재의 기록으로서 여기 '룸펜'들의 다른 지향들을 새겨놓을 때, 그 맥락은 비상계엄에 대한 시인·소설가·평론가의 기록들로 꾸려진 『문학과사회 하이픈』 2025년 봄호와 연결되면서 강화된다. 그 중 한 대목을 인용해 놓는다: "계엄령이 선포되던 날, 국회에 갈 수 있는 거리에 있었는데도 그곳에 가지 않아서 부끄러웠던 마음으로(여채현, 21세, 대학생), 밤새 남태령역의 대치 상황을 라이브 방송으로 보면서 힘들어진 마음으로(이은비, 43세, 킨츠기 공예가) 그곳에 가서 '함께' 길을 열었다. 그런 마음들이 '말벌 아저씨처럼' 저절로 몸을 움직이게(활동명 정금, 40세, 콜센터 상담원) 했다는 것을 알았다. 이들의 경험이 그곳에 있던 이들에게, 이 사회의 소수자들에게, 더 나은 공동체를 꿈꾸는 이들에게 지울 수 없는 '흔적'을 남겼다. 2016년의 광화문광장과는 다른 비교 기준이 설정되었고, 광장정치에 대한 논의의 중심축이 꽤 수정되어야 한다는 점이 분명해졌다."[소영현, 「거울 방에서: 저항의 역미러링이 말해주는 것」]

"국민의 은총"과 "명령적 위임": 유령적 셀프-쿠(3)

2025년 1월 12일

맑스는 공화국 대통령 루이의 친위쿠데타와 황제 등극의 과정을 경합 속에서 조형되는 정치적인 것의 상연 무대로 삼았던바, 그러기 위해 먼저 1848년 2월 혁명 이후 제헌의회의 주류 부르주아 공화파에 의한 자기 보호적이며 계급 안보적이고 독점 지배적인 헌법 정초 속에서 불멸자 아킬레스의 발목과도 같은 약점을 찾았다. 헌법을 필멸케 할 그 치명적 약점이란 발목이 아니라 머리, "정확히 말해 두 개의 머리, 곧 **의회** 입법권과 **대통령** 행정권 사이에서 일어나는 알력"이었다. 이는 다음과 같이 적시된다. "헌법 제45조에서 70조까지의 조항에 따르면, 의회는 헌법상 대통령을 제거할 수 있는 반면 대통령은 오직 위헌적인 방법으로써만, 즉 헌법 자체를 거부함으로써만 의회를 제거할 수 있다. 그렇게 헌법은 스스로의 폭력적 파멸을 도발하고 있다 fordern[대가로 청구하고 있다]."[맑스, 「루이 보나파르트의 브뤼메르 18일」] 불멸의 승리를 확정받지 못하고 있던 유동적 부르주아지가 자기 계급의 안전을 보장받고자 한다는 점, 그 계급이 혁명 수습적 질서화의 벡터를 조성하면서 제헌의회의 주도 세력이 되어 있다는 점――이는 여기 87년 항쟁 이후의 헌정체제와 관련해서도, 그 체제의 끝을 표시하는 12·3의 궐위상태와 여기 광장 이후 제7공화국 헌정을 둘러싼 권력관계에서도 거듭 참조될 수 있는 상황인데──은 혁명 이후 수습-대의적 제헌의회의 독재권 정립에 맞서 4년 단임제 대통령의 절대 원수元首적인 욕동을 취임 첫날부터 자극한다. 헌법 제정을 이룬 그런 계급적 의지는 왕권의 거의 모든 속성을 구비한 4년짜리 대통령으로 하여금 퇴임 이후 채무자 감옥행을 면하고 정치적으로 완전한 면책상태를 취득할 수 있도록, 그러기 위해 헌법의 속박에서 벗어나도록, 그렇게 헌정 파괴적 셀프-쿠라는 유일한 수단을 택하지 않을 수 없도록, 그 비상수단의 정당성을 조달함으로써 합법성 위에 군림하도록 충동질한다. 그럴 때 헌정체는 헌법의 해체적 위기를 원동력이자 부산물로 삼지 않으면 신진대사가 멈추고 혼수상태에 빠지는 치명적 약점을 수뇌부에 갖게 된다. 그렇게 헌정체는 그 시초부터 두 머리 간의 내전상태를 근간으로 하는, 말하자면 태생적으로 위로부터의 내전정체로서 존립하는 것이며, 그 두 머리가 함께 표방하는 인민의 안전과 구제는 명목상의 최고법으로 장식되어 유혈적인 폭력의 위법성을 제척하는 사실상의 예외적 면책근거로 활용된다.

　의회의 입법권, 당시에 그것은 법제정의 독점만이 아니라 최대치 국권발동으로서의 선전포고와 화평에 관한 부결권, 외국과의 조약 일반에 대한 결정권을 비롯해, 항시직인 회의와 회견을 통한 공개성과 가시성의 독점, 정치 무대의 주도권을 포함한 것이었다. 헌법에 의해 보장된 의회의 해산 불가능한 독재적 권한, 그것을 비상수단으로 쪼개고 손보고 길들이려는 대통령이 기대고 호소하는 것은 오직 자기 1인만이 국민 전체의 보통선거라는 형식을 통해 국민 각자와의 분리 불가능하며 중간매개 없는 친밀성과 직접성을 확보했다는 점, 그럼으로써 오로지 자기만이 "실질적 권력"을 취득할 수 있도록 설정되어 있다는 점이었다. 이는 의회 750명 의원이 국민 일부와 특정 지점에서 간접적·국소적·제한적 관계를 맺으면서 "정신적 권력"을 취득하도록 설정된 것과 분립되어 있던 것인바, 헌정체 두 머리의 위상 및 기능과 관련하여 헌법이 신성화한 분립 상태는 "헌법이 스스로를 거듭 파멸의 길로 몰아넣게 될" 핵심 계기가 된다.

"선거에 의해 선출된 의회가 국민과의 형이상학적인 관계에 놓이는 것과는 달리 대통령은 국민과의 개인적인 관계를 맺는다. 의회가 대의자들을 통해 국민정신의 여러 측면을 대변하는 것과는 달리 대통령은 국민정신의 화신이다. 의회에 비해 대통령은 일종의 신권göttlichem Recht[신적인 권한]을 소유하고 있다. 즉, 대통령은 국민의 은총Volkes Gnaden을 입고 있는 것이다."「브뤼메르 18일」

의회 주도적 헌법이 수놓인 법복을 법 앞의 미결수에게 입혀진 구속복으로 여기는 대통령, 그는 자기 1인 주권의 안녕이야말로 일반 공공의 안녕이라는 등식의 필요에 따라 헌법이라는 구속복을 찢어발길 수 있다. 그 유일자가 국민 전체의 직접적 은총을 입은 신권의 소유자이기 때문이며, 그 소유자가 통치의 실제집행자들을 움직이게 하면서도 스스로는 움직이지 않는 시원적 동력인자로서, 커튼 뒤로 가려진 면책적 부동의 시동자始動子[prime mover]로서 군림할 수 있기 때문이다. 그럴 때 그 은총, 그 신적인 갈채상태란 다름 아닌 계엄상태의 선포와 지속을 통해서만 착용할 수 있게 되는 주권-기적적 신권의 성의聖衣이다. 대통령 루이 보나파르트는 은총적 국민과의 불순물 없는 직-접 합치를 통해, 그렇게 비상시의 성사聖事를 집전하는 친위쿠데타를 통해 법복을 벗었고 성의를 입었다. 그 첫 장면이 다음과 같이 표시된다: "보나파르트는 바티칸에 제사장 사무엘을 앉힘으로써 마치 다윗왕처럼 튈르리 궁에 입성하길 희망할 수 있었다. 그는 성직자들을 먼저 자기편으로 만들었다."(대통령 석열 보나파르트는 광화문 명당자리와 여의도에 예언자 전광훈과 손현보의 보좌를 마련함으로써 손바닥 안의 '王'자가 다름 아닌 헌법 위에서 실현되길 희망했고, 대통령 국가조찬기도회의 성직자들과 함께 환속화된 신-질서Gott-Ordnung의 힘을 도모했다. 신을 오직 질서의 신으로 봉행하는 그들과 더불어 1966년 이후 매년 이어져온 것이 남한의 국가기도회였으며, 그 첫 일성은 박정희 쿠데타에 대한 목사 김준곤의 신앙고백이자 고해성사였나: "하나님께서 군사혁명을 성공시키셨습니다." 성공한 쿠데타의 신성, 그것은 현재 전광훈과 손현보의 사목적 입을 통해, 즉 헌금자본의 일반공식을 강화하고 가속시키는 남한 개신교의 일반화된 푸닥거리들을 통해 반복되고 있는 피의 주문呪文/注文이자 여기 주술화된 그리스도교의 역사적 폭력형식이다.)

 의회를 속인 채 바티칸과 교황 피우스 9세를 구제하기 위해 출병하여 로마공화국을 함락시킨 보나파르트[1849. 6. 13]. 그는 예언자 사무엘이 야훼의 말을 따라 다윗의 머리에 기름을 부음으로써 다윗을 이스라엘의 신성한 왕으로 성별聖別했던 것처럼, 그렇게 야훼의 성령에 감화되면서[『사무엘(상)』 16장 13절] 신적인 힘과 접합됐던 절대적 정당성의 왕 다윗처럼, 교황 피우스 9세에 의한 대관戴冠의 성사를 거친 장엄한 왕으로서, 다름 아닌 메시아-왕으로서['메시아'란 '기름 부음을 받은 자'라는 뜻], 그러니까 절대적으로 성별된 예외상태 그 자체(의 화신)이자 그런 예외상태의 파급권자로서 정초되기를 도모했다. 1851년 12월 2일자 루이 보나파르트 셀프-쿠의 근원, 그 신정-정치적 속성과 벡터가 그와 같다. 12월 2일이라는 날짜는 루이의 삼촌 나폴레옹 보나파르트가 황제로서 러시아·오스트리아 두 황제의 연합군을 격파했던 1805년 12월 2일자 아우스터리츠 전투에서의 성공을 따른 것인바, 루이의 친위쿠데타로 연계되고 접합되는 역사적 폭(권/위)력의 해체를 묘사할 수 있게 하는 것으로서 다음 한 대목을 읽게 된다.

 "루이는 트리에의 예수 성의heiligen Rocks 숭배를 나폴레옹의 황제망토Kaisermantels 숭배라는 형식으로 파리에서 재현한다. 그러나 마침내 나폴레옹의 그 망토가 루이의 어깨에 걸쳐지는 그 순간, 나폴레옹의 동상은 방돔 기념탑의 꼭대기에서 떨어져 산산조각날 것이다."「브뤼메르 18일」

자신들의 행동이 어떤 사태를 초래하고 어떤 상태에 이바지할 것인지 전혀 모르고 있다는 말을 예수로부터 듣게 될 사람들, 십자가에서 벗겨내진 예수의 피 묻은 옷을 숭배하고 있는 자들, 그들의 성의 숭배, 그 물신物神에의 경배가 루이 보나파르트의 페티시즘Fetischismus[물신주의/절편물음란증]으로 반복된다. 즉 "나폴레옹의 삼각모자"와 외투와 망토를 향한 페티시의 통치, 예컨대 자위하면서 왕이 되지 않는 이는 없듯, 권위-자위적 음란물이 된 황제정의 절편물切片物들이 다름 아닌 공공의 안전을 내건 셀프-쿠-내란의 근거이자 목표가 된다(윤석열은 말했었다: "내가 육군사관학교를 나왔더라면 쿠데타를 했을 것"이라고[2020. 3. 19], "5·18 하나만 빼면 전두환이 정치는 잘했다"고[2021. 10. 19]. 5·18로부터 절단됨으로써 자활할 수 있게 되는 12·12, 육사, 쿠데타, 정치. 자립 발기하는 그 절편들, 망상-편집증적부분대상들을 무기 삼아, 혹은 '무기 즉 존재'를 표시하는 그 페니스들을 쥐고 흔들면서 음란 즉 내란을 상상하는 자위-왕의 권위주의, 석열 보나파르트의 페티시적 셀프-쿠). 그 인지협착된 상상계의 해체란, 의회와 대통령이라는 대의헌정체 꼭대기 두 머리 간의 폭력적 알력이 해제되는 상황 속에서, 예외주의적 폭(권/위)력의 독점을 둘러싸고 도박을 유발하는 권력관계에 대한 탈구축력으로, 그 권력관계의 헌법적 배치를 재설정하는 제헌력으로 수행될 것이다. 예컨대 그 힘은 아우스터리츠 승전을 새긴 방돔 기념탑 꼭대기 나폴레옹의 동상을 매개로 삼촌과 조카가 번갈아가며 과시했던 신성가족적 황제권을 말소하는 코뮨주의적 배치의 힘이다. 다시 예컨대, 1863년 조카에 의해 새로 세워진 삼촌의 입상, 그 성상 폭력을 방돔 탑 파괴와 동시에 해체했던 1871년 파리코뮨의 힘, 나아가 방돔 탑이 범형으로 삼은 로마 황제 트라야누스의 다키아 승전기념탑(그 꼭대기의 성 베드로 동상)과의 정신사적인 연관까지도 해제했던 파리코뮨 4월 12일자 법령의 제정력·집행력. 그것의 코스모폴리스적인 정의·비폭력·평화의 벡터는 코뮨의 그 법령이 방돔 기념탑의 상징게발트를 다음과 같이 적시한 지점에서 살려볼 수 있다: "야만의 기념물, 잔혹한 폭력과 오명의 상징, 군국주의의 긍정, 국제적 정의의 부정, 패자에 대한 승자의 지속적인 모욕."[『브뤼메르 18일』의 역자주] 말하자면 코뮨을 통해 한 몸이 되는 입법력과 집행력, 그 힘의 세계시민적·세계정치적 발현은, 두 머리권력 간의 도박판 자체가 열리지 않게 하는 코뮨주의적인 헌정·독재로부터, 분리·하청·매개·관리될 따름인 죽은 노동과 죽은 위임이 아니라 "[살아있는] 노동을 하며arbeitende, 입법하면서 더불어 집행하는gesetzgebend und vollziehende 코뮨"[맑스, 『프랑스 내전』]으로부터, 그렇게 살아 생동하는lebendige 이위일체적 입법 행정의 힘으로부터, 즉 인민의 아래로부터의 자력구제·자기은총이 지고의 법일 때 바로 그 인민이 직-접 접하게 되고 그 인민을 통해 직-

접 임하게 되는 신적인 경륜/오이코노미아로부터[신의 집/오이코스로서의 세계에 대한 관리경영/노모스로부터], 헌정체의 기관들·관절들에 가해지는 신-민神-民의 섭정력으로부터, 혹은 '인민의 목소리 즉 신의 목소리Vox populi, vox Dei'에 의한 섭리적 섭생력攝生力으로부터 시작한다.

공안적 가치들과 질서의 힘으로 인민의 공포와 위임을 함께 도출하는 두 머리 누 엔진 간의 알력, 그 역사적 대의권력의 동력·폭력을 무위로 돌리는 힘을 그렇게 표시할 때, 그 표시들은 대의제 헌법에 의해 범접할 수 없이 신성화된 도박적 삼권 분립체에 일격을 가하는 "[강제]명령적 위임mandat impératif"[맑스,「프랑스 내전」]의 네트워크를, 그러니까 책무·책임의 강화 및 일반화된 리콜·소환·사정의 권한과 더불어 장관·법관에 대한 임면권, 인민발안·인민입법·인민예산·인민투표·인민사법심사의 권한 같이 삼권의 중핵과 급소急所와 운용에 대한 개입·조치·인도·견인·압박·창출 등 상보적인 제도화의 벡터를 그려 볼 수 있게 한다. 그런 제도 제정의 날개를 통해 구체화되고 실효화되면서 그 날개가 꺾이지 않게 하고 생동하도록 하는 다른 한 쪽 날개로서의 제헌적 이념, 제도 제정과 합치되거나 그것으로 합성·수렴·귀착되지 않는 그 이념의 활력은 오늘 현재, 다른 어디 아닌 굉장이라는 제헌활력적 상황구축의 현장에서 발현되고 있는 중이다. 그 두 날개로 날고 있을 때에만 헌법은 자기 파괴를 도발하지 않을 수 있으며 스스로를 파탄의 길로 닦달해 가지 않을 수 있는바, 바로 그 구성적 두 날개로의 비행력, 그것이 헌법의 진정한 수호에 필요한 저력을 이룬다.

p. s. 코뮨적인 대표의 형식과 관련하여 프랑스어로 표기된 '**명령적 위임**'을 두고 맑스는 다음과 같이 썼다: "모든 지역의 농촌 코뮌들은 중심 도시의 파견 대표 회의에 의해 각자의 공통 업무를 관장하게 되어 있었으며, 이러한 지역 회의는 다시 파리의 전국 대표 회의에 대변인들을 파송하게 되어 있었고, 각 파견 대표는 언제라도 소환될 수 있었으며 자기 선거구민들의 명령적 위임에 의해 제약받는 것이었습니다."[『프랑스 내전』, 1871] 이 한 대목 앞에 루소를, 뒤에 슈미트를 놓아 모종의 계보 혹은 이접되는 선 하나를 그려 놓기로 한다: "주권은 양도될 수 없는 것과 같은 이유로 대표될 수 없다. 주권은 본질적으로 일반의지에 있으며, 의지는 결코 대표되지 않는다. 의지는 그 자체거나, 아니면 다른 것이다. 중간은 없다. 그러므로 인민의 대의원은 인민의 대표자가 아니며, 그럴 수도 없다. 그는 인민의 간사commissaires일 뿐이다. 대의원은 어떤 것도 최종적으로 결정할 수 없다. 모든 법은 인민이 직접 재가하지 않으면 무효이며, 그런 것은 절대로 법이 아니다."[루소, 『사회계약론』, 1762] "프롤레타리아 평의회 시스템은 위임받은 파견단이란 단지 심부름꾼이자 중개자라는 점, **명령적 위임**

에 따라 생산과정의 관리를 행하는 하인이라는 점, 그렇기에 생산자에 의해 언제든지 소환 가능한 수탁자라는 점을 강조한다."[슈미트, 『로마 가톨릭교와 정치적 형식』, 1923]

반공백골단의 부활, 혹은 "너 사람아, 이 백골들이 살아날 것 같으냐?": 유령적 셀프-쿠(4)

2025년 1월 15일

엊그제 언급했던 **명령적 위임의 계보**, 루소-맑스-슈미트 사이의 틈을 메우기 위해, 그 틈새를 열기 위해 인용하게 되는 한 대목이 있는바, 그것은 석열 보나파르트가 '나라의 주인'으로 호명하고 있는 여기 반공청년 백골단의 주체/신민들, 그 주인/노예들의 상황을 달리 표시할 수 있게 하는 문장들이다: "수전 벅-모스는 헤겔 철학의 '주인과 노예' 개념이라는 것이 헤겔이 주의 깊게 지켜봤던 아이티혁명[1791-1804]의 주체인 노예들의 반란 속에서 생성됐을 거라는 이론적 '추리소설'을 쓴 적이 있다.[『헤겔, 아이티, 보편사』] 그 추리소설에서 좀비는 완전히 새로운 조명을 받게 된다. 한마디로 아이티의 좀비는, 부두교[Vodún(정령)]의 신에서 강등되어 식민지의 노예가 된 비참한 처지와 독립 이후에도 이어지는 강요된 자유노동을 강렬하게 환기하는 존재인 것이다. 루소의 자유인과 맑스의 프롤레타리아트 사이에서 실종된 역사의 연결 고리인 좀비."[복도훈,「살아 있는 좀비대왕의 귀환: 조지 A. 로메로를 추모하며」]

강조컨대 **강요된 자유노동**, 여기 일반화된 위임·양도·소외의 간접화상태 속에서 부활하고 있는 백골들-좀비들. 그것은 정치경제적 하청·하도급에의 자유의지를 생존의 제1원리로 재생산하는, 그런 강제된 자유의지를 이른바 "언데드"[복도훈, 『눈먼 자의 초상』]의 제1조건으로 정초하는, 그렇게 생명 일반을 생사^{生死} 양극평면에서의 진자운동에너지로 변환하는 축적체제의 목표이자 산물을 가리킨다. 그것은 신정-정치적인데, 사제 에스겔[에제키엘]과 신의 말이 뒤섞여 있는 옛 약속의 문장들은 여기 세례자 대통령, '암브로시오[불멸]' 윤석열의 영속적 국가 구원책의 형질을, 그 구원의 통치술에 따라 호명되고 가속되는 테러주의 백골들의 부활을 다시 살펴볼 수 있게 한다.

> 야훼께서 권능으로 내게 임하시자 야훼의 영이 나를 밖으로 이끌어내셨다. 그렇게 골짜기 한가운데로 나가 보니 백골들이 가득 널려 있었다. 그분이 나를 그리로 두루 돌아다니게 하셨다. 그 골짜기 바닥의 백골들은 모두 말라 있었다. 그분이 내게 말씀하셨다. "너 사람아, 이 백골들이 살아날 것 같으냐?" 내가 아뢰었다. "주 야훼여, 당신께서 아십니다." 그분이 내게 다시 말씀하셨다. "이 백골들에게 내 말을 대신하여라. '마른 백골들아, 나 야훼의 말을 들어라. 너희 백골들에게 주 야훼가 말한다. 내가 너희 속에 숨을 불어넣어 너희를 살리리라. 너희에게 살을 붙이고 힘줄을 이어놓으며 가죽을 씌우고 숨을 불어넣어 너희를 살리면, 그제야 너희 백골들은 내가 야훼임을 알게 되리라.'" 나는 그 말씀을 백골들에게 대신하였다. 그러자 백골들이 움직이며 서로 붙는 소리가 났다. 내가 바라보는 동안 백

골들의 힘줄이 이어졌고 살이 붙었으며 가죽이 씌워졌다. 그러나 아직 숨 쉬는 기척은 없었다. 야훼께서 다시금 내게 말씀하셨다. "너 사람아, 숨을 향해 내 말을 대신하여라. '주 야훼가 말한다. 숨아, 사방에서 불어와 이 죽은 자들을 스쳐 살아나게 하라.'" 나는 그 말씀을 대신하였다. 숨이 불어왔다. 그러자 백골들 모두가 살아나 제 발로 일어서면서 거대한 군대를 이루었다. 그분이 내게 말씀하셨다. "너 사람아, 이 백골들은 이스라엘의 온 족속이다. 백골은 마르고 희망은 사라져 끝장이 났다고 넋두리하던 것들이다. 이제 너는 그들에게 나의 말을 대신하여라. '주 야훼가 말한다. 나 이제 무덤을 열고 내 백성이었던 너희를 그 무덤에서 끌어올려 이스라엘 고국 땅으로 데리고 가리라. 내가 이렇게 너희를 무덤에서 끌어올리면, 그제야 너희는 내가 야훼임을 알게 되리라. 내가 너희에게 나의 영을 불어넣어 살려내며 너희로 하여금 고국에 가서 살게 하리라. 그제야 너희는 나 야훼가 한번 선언한 것을 그대로 이루고야 만다는 사실을 알 것이다. 야훼가 하는 말이다.'"[「에스겔」 37장 1절~14절. 이 가운데 5~10절을 인용하면서 "좀비 아포칼립스 서사로 다시 쓰도록 유혹하는 매력적인 구절"이라고 평한 복도훈은, 그 구절 중 일부가 "대니얼 드레즈너의 『국제정치이론과 좀비』의 제사로 활용되고 있다는 것을 확인"해 놓고 있다. 그런 평가와 확인을 세기로 에스겔의 이 말을 오늘 다시 읽게 된다.]

야훼가 하는 말을 유일하게 대신하는 에스겔, 그 독청자^{獨聽者} 사제와만 직결되며 그 사제에 의해 한 다리 건너 전언^{傳言}되고 대언^{代言}되는 신의 간접화된 말. 달리 말해 모종의 자유간접화법 속에서 간접권력화되는 신의 그 말이란, 말·의지·책임의 출처와 의도와 경계가 신성 안에서 삭제되고 융해됨으로써 그 전언·대언의 힘을 무제약적인 것으로 발현되게 한다. 말하자면 신-에스겔의 이위일체상태로서 발화되는 그 말이 백골들의 살·뼈·숨을 이루며 백골들로 하여금 궐기하는 거대한 군집이 되게 한다. 한남동 관저, 혹은 여기 환속화된 지성소^{至聖所}의 성막^{聖幕} 뒤에서 조합·용접·발신되는 간접화된 유일자의 섭정적인 말에 따라, 그 신성한 커튼·베일 뒤에서 성사집전administratio Sacramentorum되는 통치비밀의 관리와 집행에 따라 직접-민주-내전을 수행하는 사병집단이 구성된다. 그렇게 여기 반공청년단의 부활은 유령 같은 직접-민주적 주인들로서 노예화된 생명들에 린치를 가하게 될, 그렇게 고국땅 여기 가나안 안락^{安樂}주의 파쇼로의 유도와 유발에 따라 폭력의 역사를 재생시킬 용병부대의 창설과도 같은 것이다. 오늘 이곳의 골짜기 밑바닥, 그 무저갱^{無底坑} 추락의 삶 전체를 표시하는 예외적 사태로서 부활하는 백골들의 현장이라는 것이 다름 아닌 "비참의 골짜기Jammertal[통곡의 협곡]"[「시편」 84편 6절]인 까닭이 그와 같다. 그 비참의 곡성을 뚫고 신약의 약한 목소리 한 줄기가 뻗쳐온다: "모든 골짜기[대]는 메워질 것이다."[「누가복음」 3장 5절] 그 골짜기가 비참과 통곡으로 메워지지 않기 위한 조건, 그 새로운 약속이 거듭 부활하는 백골들의 전장을 거슬러 발현할 수 있는 토대란 어떤 것인가. 여전히-완전히 이뤄지지 않고 있는 비판, 이미-거듭 이뤄지고 있었던 것이 될 어떤 '비판'의 문장들을 인용해 놓는다: "종교는 인민의 **아편**이다. 인민의 **환상적 행복**인 종교의 폐기는 바로 인민의 **현실적** 행복에 대한 요청이다. 인민에게 자기 상황에 대한 환상을 포기하라는 요청은, 이 환상을 필요로 하는 상황을 포기하라는 요청이다. 그러므로 종교에 대한 비판은 그 기원에서 본다면, 종교를 자신의 **후광**으로 삼고 있는 **간난의 삶**Jammertales[갖은 고초(艱難辛苦)로 협곡처럼 깊게 패인 생명상태]**에 대한 비판이다.**"[맑스,「헤겔 법철학 비판 서문」]

계급적 계엄령의 사회이성, 혹은 "사탄만이 가톨릭교회를 구원한다": 유령적 셀프-쿠(5)
2025년 1월 18일

저 12월 10일회의 머리 루이와 팔다리 룸펜들이 필요로 하는 질서의 구제력, 친위쿠데타를 통한 국가 공안의 보전력이란 국가 혹은 공공적인 것[레스 푸블리카]에 대한 도둑질과 거짓 맹세로 된 매일마다의 일격을 통해 사유재산 및 종교와 합성된 법권역의 정상적 유용성을 살려가는 힘이다. 그 힘은 그들 12월 10일회의 머리·팔다리에 따른 아나키를 양분으로 삼아 분만·양성·발동되는 경찰적 게발트로써만 가능하며 그런 비상시의 게발트로서만 기능하는바, 맑스는 그런 사정을 "사탄만이 가톨릭교회를 구원할 수 있다"는 프랑스 추기경 피에르 다이의 일갈과 접선시키고 있다. 그것은 두세 명의 교황이 분립하던 콘스탄츠 공의회[1414~1418] 전후 시기, 특정 교황의 타락에 대한 청교도의 고발을 "천사"의 요구라고 일축하고 봉인했던 논리로서, 정통교황 즉 가톨릭교회의 머리를 비집고 거스르며 돋아난 다른 머리로서의 참칭교황 antipapa[대립교황], 그 대립의 아나키와 그 아나키에 대한 경찰력에 의해 가톨릭['보편질서'라는 뜻]이 구원된다는 역사신학적 정당성 정초론이었다. 그 연장·반복으로서 프랑스 부르주아지는 국가 두 머리 간의 충돌, 즉 의회를 머리로 삼은 통치체에 대한 12월 10일회 머리의 일격을, 그 아나키+경찰력 또는 파괴+재설정력으로서의 친위쿠데타를 사회의 구원력이라고 환호했던바, 그 계급은 황제권의 무제약적이므로 기적적인 힘을 변론하는 방식으로, 도둑질·거짓맹세·사탄·참칭·친위쿠데타와 그 우두머리·축적·치부致富/恥部·불의·면책·악을 옹호하는 계급적 갈채로서의 변신론辯神論[théodicée]을 헌정한다.

그런 방식과 벡터의 헌정獻呈/憲政으로 이뤄진 룸펜프롤레타리아트와 부르주아지 사이의 계급합성 또는 모종의 계급공멸적인 상태, 그것이 황제 루이에 의한 매일마다의 소규모 쿠데타가 가져온 모조혁명적 효과이며 상례가 된 계엄 총구의 효력이었다. 계급적대의 그런 유사소멸상태 속에서 다름 아닌 공안/경찰의 폭력이 폭주하는바, 폭력이 폭주하는 무계급상태는 공공의 안전이라는 이름으로(공공적인 것의 보호라는 명목 아래) 새로운 사회의 망토를 걸치는 낡은 사회의 재생산 조건이지 새로운 사회가 아니다. 그렇게 12월 10일회의 우두머리가 구원할 사회는 새로운 사회를 통치의 무대배경 걸개그림으로 걸어놓고 매번 교체하는 낡은 사회의 새로운 스펙터클이므로, 새로운 사회의 분만은 극화된 통치 무대 위에서 영구히 대체보충된다. 부르주아지가 자기 계급의 개별적 특권을 사회 일반의 이름으로 구원하기 위해 기꺼이 요청하는 황제정, 그런 요정을 강제로 도출하고도 (천연)덕스레 화답하는 악덕 속에서 그들 부르주아 계급을 포함한 사회 전체를 포획하려는 룸펜-메시아주의적 계엄상태의 폭(권/위)력이 발현한다.

그 계엄령 혹은 계엄군정의 가까운 기원에 대해, 그 반복적이며 구체적인 역할들에 대해 맑스는 쓴다: "계엄상태는 프랑스혁명이 진행되는 와중에 나타난 모든 위기에서 주기적으로 등장했던 탁월한 발명품이었다. 다시 말해 주기적으로 프랑스 사회의 머리를 덮쳐 그 두뇌를 억눌러 무기력하게 만드는 막사와 병영, 또한 주기적으로 법관·행정관·감독관·검열자로서 행동하고 경찰의 역할을 떠맡으며 야경원의 임무를 수행하도록 허락되어 온 군도(軍刀)와 소총, 그렇게 주기적으로 자신이 사회의 최고지혜이자 사회의 우두머리라고 떠벌이는 콧수염과 제복." 위기를 계기로 먹고살고 생동하며 증식하는 계엄령 아래서의 군권·총구·사법·행정·경찰·제복들에 의해, 다름 아닌 사회의 우두머리 즉 사회의 최고지혜로서 사회 위에 자리잡는 계엄군정의 비상시 국가계발트에 의해 사회는 일시적으로가 아니라 영구히 구원될 것인바, 그 과정은 다음과 같다.

"이런저런 부르주아 분파의 명령에 따라 그저 주기적으로 계엄상태를 일으킴으로써 일시적으로 사회를 구원하는 일로부터 군대가 얻었던 것은 부상자와 사망자, 우호적인 몇몇 부르주아의 불쾌한 표정을 빼면 거의 알맹이가 없는 것이었으니, 마침내 그 막사와 병영, 군도와 소총, 콧수염과 제복은 자신의 체제가 최상의 것이라고 선언하고 부르주아 사회를 자기통치라는 근심에서 벗어나게 함으로써 사회를 영원히 구원하는 게 낫다고 생각하지 않겠는가?

공로가 커지고 더 나은 현금지불을 기대할 수 있게 된 어느 날, 결국 군대 스스로 자신의 이익을 위해 계엄을 선포하면서 부르주아의 지갑을 강탈하지 않겠는가?"[맑스, 「루이 보나파르트의 브뤼메르 18일」]

혁명과 정부라는 서로 접합되기 힘들어 보이는 양극을 다름 아닌 위기에 맞서 접선시키기 위해, 그렇게 혁명정부라는 것을 수호하기 위해 발명된 계엄상태. 그것이 혁명 바로 다음 날부터 특정한 계급적 배치 속에서 수습·타협·질서화의 벡터를 띠게 될 때, 그리고 그것이 '주기적인' 반복의 형식을 취하게 될 때, 계엄상태 속에서 지분이 확대되어 가는 군부 총검의 무력은 모든 제약을 벗어나며 스스로의 이해관계에 따라 총구라는 다른 수단을 통한 정치를 수행하게 된다. 그 과정을 정당화하는 것이 사회의 '최고지혜höchste Weisheit[지고한 사려]'에 의한 사회의 영구적인 구원, 부르주아 사회의 자기통치라는 근심을 해소하는 사회의 '우두머리Rektor[총-장]'라는 테제이다. 그 근심이란 입법권과 행정권이라는 국권의 두 머리로부터 독립하여 선순환적인 신진대사조직을 스스로 조형해내지 못할 때 완전히 고사되고 말 것이라는 사회의 자기 위기에 대한 인식이자 그런 과제의 중압으로 인해 사회가 갖게 되는 죽음에 이르는 병 같은 것이다. 생동하는 자기통치라는 사회의 과제를 아예 제거함으로써 사회를 완전히 해방한다는 계엄군정의 자가동력, 사회의 완전한 종속을 향한 계엄군정의 자기전개에 대한 비판이란, 말하자면 '사회를 보호해야 한다'라는 통치표어를 쿠데타 계엄군정의 명목이 집약된 것으로 독해하는 일이며, 사회에 대한 계엄적 군권·총구·사법·행정·경찰의 외과적이고 외삽적인 침습을 거슬러 사회의 자기통치화와 자기가치화를 사회 활력의 정초 조건으로 보장해 가는 일이다. 자유와 평등 간의 최적화된 배합·구성·용접상태를 지향해가는 사회의 자기운용력을 폐기하고 그 운용의 묘·힘을 박탈해 특권화하는, 그렇게 사회에 대한 모조구원과 유사해방을 내걸고 사회 전체 혹은 사회적인 것 일반을 석권·참칭·수탈하는 계급적 계엄령. 달리 말해 사회를 오직 위로부터 제작된 축적의 일반공식들에 의해 합리적으로 분획되도록 하는, 사회를 오직 죽은 노동과 병든 위임의 확대재생산 회로로 편성하기 위해 합리적 사려를 투여하는 부르주아 계엄군정의 총구. 부르주아 사회에 대한 영구적인 구원이란, 바로 그 총구 앞 사회이성raison-société과 더불어 가동 중인 매일마다의 계급적 셀프-쿠를, 매일매일 살아 있는 노동을 흡입함으로써만 생생해질 수 있는 쿠데타-뱀파이어의 흡혈적 논리와 생리를, 달리 말해 자본에 대한(자본에 의한) 구원Erlösung을, 축적의 유혈성에 대한 면책을, 생명력의 궁극적 절멸Endlösung을 표시하고 있다: "자본은 죽은 노동tote Arbeit인바, 그것은 흡사 뱀파이어Vampir처럼, 생동하는 노동lebendige Arbeit을 흡혈함으로써만 살며, 그 노동을 갈수록 더 많이 흡혈함으로써만 생생히 살 수 있다."[K. Marx, *Das Kapital*] 그런 흡혈귀-쿠데타주의자 즉 '사회의 구원자'로서 대통령 보나파르트는 엘리제 궁을 나와 황제의 궁으로 들어간다: "재산, 가족, 종교, 질서의 이름으로 마침내 부르주아 사회의 쓰레기 같은 존재들이 **질서의 성스러운 군대**를 만들며, 그들의 영웅 크라퓔린스키는 '**사회의 구원자**Retter[구세주]'로서 튈르리 궁으로 들어간다."[『브뤼메르 18일』]

p. s. 루이 보나파르트를 가리키는 크라퓔린스키Krapülinski, 그는 바쉬라프스키와 더불어 하이네가 시 「두 기사」에서 풍자의 칼끝으로 찔렀던 귀족이다(1851년 시집 『로만체로』에 수록['로만체로'는 기사의 영웅담·연애담 및 민요조 설화시를 뜻함]). 그 '두 기사'가 올라탄 것은 프랑스 1830년 7월 혁명에 촉발되어 폴란드·우크라이나 등지에서 일어난 1830년의 11월 봉기, 러시아 제정 치하 폴란드 육군사관학교 교관 비소츠키와 사관생도들의 쿠데타[베르베델 궁 습격]에 이어진 시민봉기였다. 두 기사는 일명 '11월의 밤', 그 시민의 쿠데타에 올라타고 "러시아인들의 폭정에 맞서 / 자유를 찾기 위해 싸웠다." 그러나 파리로 도망친 이후, 아니 그 이전부터 그들에게 "목숨을 부지하는 일은 / 조국을 위해 죽는 것만큼이나 달콤한 것"이었는데, 그 두 기사가 찾으려 했던 자유와 조국의 형질은 그들이 파리의 단골술집에서 귀족주의적 복고를 희망하며 노스탤지어에 젖어있는 데에서 드러난다: "그들은 벌써 큰 잔 가득히 펀치 한 잔을

/ (당연히 설탕도 치지 않고, 레몬도 / 넣지 않고, 물도 섞지 않은 채로) / 들이키고 있었다. / 그들의 마음에 서글픔이 / 밀려온다; 그들의 얼굴은 / 어느새 눈물로 흥건하다. / 그러자 크라퓔린스키가 말한다: / "이곳 파리에 / 내가 조국에 두고 온 / 곰털 외투와 내가 아끼는 잠옷과 / 고양이가죽 수면모자가 있다면!" / 그 말에 바쉬라프스키가 응수한다: / "아, 그대는 참으로 충성스런 폴란드 귀족이야, / 언제나 고향과 곰털 외투와 / 고양이가죽 수면모자를 생각하다니. / 폴란드는 아직 패망하지 않았어, / 우리 어멈네들은 아이를 낳고, / 우리 처녀들도 똑같은 일을 하지. / 그녀들은 우리에게 영웅들을 선물할 게야."[하이네, 「두 시인」] 크라퓔린스키가 목청껏 외쳤던 자유는 봉기로부터 얻는 인민의 자유가 아니라 복고적 질서 속에서 원상복귀되어야 할 자기 신분적 활동의 제약 없는 자유이다. 그런 한에서 하이네가 바쉬라프스키의 입을 빌어 말하는 '영웅들'이란, 그 두 귀족·기사·작위爵位/作爲의 복고주의를 대행할 질서의 신성한 십자군들인바, 룸펜들로 이뤄지는 성스런 군대, 그 반혁명적 십자군의 위광은 사회의 구원이라는 크라퓔린스키-보나파르트의 모조구원적 명목 속에서 후광 벗겨진다. 참고로, 크라퓔린스키는 폴란드식 이름이 아니라 하이네가 붙여 낱말 크라퓔crapule로 작명한 것이다. 하이네+맑스적 비판 기획으로서의 크라퓔린스키라는 시어는 방탕放蕩·방만·야바위꾼에 의한 공공적인 것의

침식을 뜻하며, 그런 사기꾼·패덕자^{悖德者}가 언제든 국가의 머리·뇌수가 될 수 있는 공화정의 신체·신진대사를, 그것이 (저 파리 단골술집에서처럼) 과음과 폭음^{暴飮}의 폭력성에 침윤되어 있음을, 그러니까 환속화된 바쿠스-신을, 그 수호신 아래 동맹 맺는 (여기의) 보나파르트-룸펜을 환기시킨다.

4장 내전정체 內戰政體 너머

2025. 1. 19. 서부지법 난입: '씨빌 워'의 폭력 비판
2025. 1. 20. "1·19 혁명" VS. 헌법수호 기관으로서의 5·18:
              '마치 법의 소멸 과정과도 같은
              법의 완성 과정'이라는 시금석
2025. 1. 21. "우리가 국가야!"의 폭력-이성:
              셀프-쿠하는 레종데타(5)
2025. 1. 23. "헌법 위의 권위" VS. 역사적 저항권의 색인
2025. 1. 28. 국민저항권의 아나키-크리틱:
              신적인 비폭력을 위하여
2025. 2. 4.   십자가-궐위 crux interregnum: 세이브코리아의
              국가비상 기도회와 케노시스의 정치기독학
2025. 2. 10. "오직 아나키만이 세계 위로 풀려난다"

서부지법 난입: '씨빌 워'의 폭력 비판
2025년 1월 19일

"총을 쏠 수는 없나?"라는 대통령의 물음에 "네, 알겠습니다"라고 응답하는 경호처 차장. 이 문답은 체포를 앞둔 시간 관저에서의 점심 식탁 위에서 오갔던 내밀한 말이었다. 그렇게 배치된 기관총 2정의 방아쇠가 당겨지지 않았던 것은 다름 아닌 경호처 공무원들의 태업·비복종 덕분이었으며, 그 덕(德)에 1월 15일 10시 30분 요새화되어 있던 관저는 깨져나갔다. 하지만 권력-총구의 화염이 완전히 소멸된 것은 아니었던바, 체포 이후의 여론전[戰] 수행을 내다본 윤석열이 체포 직전에 녹화한 영상-화기로 다음과 같이 발화-발포하고 있기 때문이다. "이 나라에는 법이 전부 무너졌습니다. 수사권이 없는 기관에 영장이 발부되고, 영장 심사권이 없는 법원이 체포영장과 압수수색 영장을 발부하는 것을 보면서, 그리고 수사 기관이 거짓 공문서를 발부하여 국민들을 기만하는 이런 불법의 불법의 불법이 자행되는 것에 개탄하지 않을 수 없습니다. 그동안 국민 여러분께서, 특히 우리 청년들이 자유민주주의의 소중함을 정말로 재인식하게 되고 그에 열정을 보여주시는 것을 보고, 저는 지금은 법이 무너지고 칠흑같이 어두운 시절이지만 이 나라의 미래는 희망적이라는 생각을 갖게 되었습니다."

국민, 애국시민, 특히 청년들을 국가 미래의 희망으로 거듭 특칭하는 대통령의 호명은, 다름 아닌 관저의 베일 뒤에서 구성되는 선동의 네트워크를 구체화하고 실제적인 효력을 발산하면서 국면 전환을 위한 실천적 계기를 도출해냈다. 즉, 법원 난입. 이는 다음과 같은 것들의 상호참조망, 혹은 행위·감응연계망 속에 있다: 체포 이전부터 "국민저항권"의 발동을 주장했던 교수·역술인·국회의원, 각각 이희천·천공·조배숙, 체포 이후 "효과 있는 죽음이 필요하다"고 말했고 구속 이후 "국민저항권"을 주장했던 목사 전광훈, 탄핵 이전부터 대통령이 즐겨 찾으며 슈퍼챗을 보내던 유튜버 채널들, 그 중 하나를 통해 체포집행 공수처 차량을 몸으로 막아주길 호소했고 구속반대 집회 벌금대납을 공언하면서 구속심사 당일 밤 서부지법 근처 호프집에서 청년들을 격려했던 변호사 석동현, 공무집행방해 입건자 관련 강남경찰서장과의 통화 및 훈방을 공지했던 국회의원 윤상현, 구속심사 직전 「대법원 앞에서 판사 3명 총 맞아 2명 사망·1명 부상」이라는 기사를 내보낸 『매일경제』[이는 이란 테헤란에서의 사건을 미끼로 삼은 것] 등등.

15일 체포에 뒤이어 19일 새벽 3시 서부지법에서 구속영장이 발부되자 불법의 불법의 불법은 법을 더욱 어둡게 했던바, 그 칠흑 속에서 '특히 우리 청년들'은 "좌파 판사 카르텔 척결"이라고 쓴 스케치북 한 장을 찢어 법원 벽에 붙인 다음, 유리창을 깨고 들어가 살기어린 눈빛으로 법원 7층의 판사실을 수색했다. 듣고 싶은 것을 말해주는 선동의 부채질이 사태의 제1원인 같은 것일 수는 없을 테지만, 법원 난입의 현장을 통해 분명히 실감하게 되는 것들이 있다. 결코 없을 것이라던 2차 계엄의 변형된 선포를 추동 중인 것이 간접화된 선동적 말들의 네트워크라는 점, 그것은 실효적·행동적 언어도단이 갖는 강력한 자기재생산 회로라는 점, 애국청년의 귓속으로 불어넣어지고 있는 선동이란 법률상$^{\text{de jure}}$의 내란 혹은 위헌·위법적 아나키의 폭력을 사실상$^{\text{de facto}}$의 내전(시민전쟁)으로 조바꿈하려는 필사적인 정치공학의 집적물이라는 점, 그렇게 그 내전은 위헌이냐 합헌이냐의 틀을 벗어남과 동시에 현행적 범죄구성요건들이 파기되는 정전^{正戰}(정의의 전쟁)으로 탈바꿈된다는 점이 그것이다. 법에 앞서는 사실, 법이 어떻게 규정하든 상관없이 법을 초과하여 법 위에 설 수 있게 하는 실제적 사실상태―예외상태. 이를 목적인 동시에 수단으로 설정하면서 내전의 앎[知]을 조성중인 것이 선동의 네트워크이며, 법원 난입은 그런 내전-학(시민전쟁의 정치공학)이 뚫고 나간 혈로 한 갈래이다. 지금 발현중이며 향후에도 발현될 법 위의 사실, 법원^{法源}으로서의 사실·사실화의 힘, 그 예외·예외화의 권능이야말로 n차 계엄령의 정당성 근거이자 실효적 방법이다.

그렇게 구축될 체제를 어떻게 명명할 것인가. 내전정체Bürgerkrieg-Verfassung, 호명·거래·동의·고양의 기술로 직조되는 행위·감응의 연계망이자 위기와 마주한 레종데타의 전방위적인 합삭술로 구축되는 영구적 전쟁법치의 체제. 예컨대 그것은 자연적 조에와 법적 비오스 간의, 사적인 것과 공공적인 것 간의 구획을 최고도의 임의재량성 안에서 조절할 수 있는 힘을 동력으로 삼아("예외상태 속에서 자연적 생명인 조에^{zoē}는 [합]법적-정치적 질서 속에 포함되며, 이와 닮은꼴로 오이코스$^{[(사적인)\ 집·가정]}$ 역시 내전을 통해 정치화됨으로써 폴리스$^{[도시·나라]}$에 포함된다."[아감벤, 『내전』]), 명목상의 국가구원과 공공적인 것의 구제를 위해 셀프-쿠하는 레종데타의 실제적인 축적체 구축을 표시한다. 그 체제에서 일상이 된 예외의 정언^{定言}이자 고전적인 법언^{法言}은 다음과 같나: 전시에 법은 침묵한다$^{Inter\ arma\ enim\ silent\ leges}$.

그 법어를 달리 표시하는 것이 법원 난입 당일에 나온 윤석열 변호인단의 입장문이다: "법치가 죽고, 법 양심이 사라졌다. 시위에 나선 국민들, 특히 우리 청년들과 함께 윤석열 대통령도, 그리고 우리 변호인단도 결코 포기하지 않을 것이다. 앞으로의 모든 사법 절차에 최선을 다해서 잘못을 바로잡고 대한민국의 자유와 정의를 반드시 지켜낼 것이다." 윤석열 측은 법치의 사망과 청년들에의 호명을 다시 한 번 조합하여 격문^{檄文}을 쓴다. 현행 법치의 제도 안에서 피의자 윤석열에게 보장된 거의 모든 이의신청·기피신청·적부심청구가 남김없이 기각되어 연전연패했음에도 사법 절차에서 최선을 다(하여 패)하겠다는 것은 법원 난입의 파급력을 확인한 윤석열이 (헌법재판소의 파면 인용에까지 이르게 될) 사법에서의 패전을 기폭제로 삼아, 법의 종말에 맞서 돌격하는 청년들의 투쟁을, 희망의 정예로 선별된 그들 엘리트 시민의 저항권 발동을 사실상의 내전으로 확대재생산하겠다는 것을 뜻한다. 그럴 때 그 내전이란 사법만이 아니라 국권 전체에 아나키상태를 창궐·전염·전파·전이시키는 바이러스·확산력으로 기능한다(히틀러의 집권 과정을 페스트의 창궐 과정으로 규정했던 것은 브레히트의 『아르투로 우이의 집권』이었고, 절대권력자의 존재방식을 페스트로 현시시켰던 것은 카뮈의 저 『계엄령』이었다). 그런 형질의 아나키를 통한 재집권 기획, 탈바꿈·조바꿈된 n차 계엄을 통해 설정되고 보위될 내전정체라는 최종목적. 이를 위해 주권의 주인으로 특칭되는 '특히 우리 청년들'이라는 명명법은 영구적 쿠데타의 폭력을 외주外注하는, n차 계엄을 하청下請받게 하는 유혈적 빠롤 수플레[불어넣어지는 말]의 통치술이다. 달리 말해 그것은 결단에 뒤따르는 위험과 책임을 회피하고 전가하는 숨은 비선으로써(서) 자기 뜻대로 실권을 가동시키려는 간접-권력potestas indirecta[간접화하는/간접화되는 (강)권력]의 기술을 가리켜 보인다.

그렇게 호명·외주·하청받는 청년들이 내전의 돌격대로 참전하면서 취득하고자 하는 것은 무엇인가. 달리 질문컨대, 그들은 어떻게 내전정체의 주인이 되는가. 윤석열의 손바닥에 새겨진 '왕'이라는 문자의 영험한 역술易術이 앞날을 미리 보여주기라도 한 것 같은 지금 여기의 왕정복고, 친위쿠데타 이후의 온갖 조롱과 야유를 견디면서 내전정체의 군주로 마술처럼 등극하려는 대통령 석열 보나파르트. 체포 당일 공개됐던 그의 자필 편지 한 대목은 다음과 같다. "부족한 저를 믿고 응원해주신 국민 한 분 한 분의 얼굴이 떠오릅니다. 최근 많은 국민들과 청년들이 우리나라의 위기 상황을 인식하고 주권자로서 권리와 책임의식을 가지게 된 것을 보고 있으면, 국민들께 국가 위기의 상황을 알리고 호소하길 잘했다는 생각을 하게 됩니다. 전체주의적 이권 카르텔 세력과 싸워 국민들에게 주권을 찾아드리겠다고 약속한 만큼, 저 개인은 어떻게 되더라도 아무런 후회가 없습니다. 헌법 수호의 책무를 부여받은 대통령으로서 당연히 저항하고 싸워야 하는 것이기 때문입니다. 국민 여러분, 힘내십시오. 이 나라의 미래는 밝고 희망적입니다." 사망한 법치체의 사지를 주무르면서 이권을 축적하고 있는 국권독점자들, 그 무법의 칠흑 속에서 사멸 중인 국가나 당은 주인일 수 없다는 것, 위기를 타개하기 위해 돌격에 나서는 애국시민과 그 전위에 선 청년들 하나하나만이 주인의 권리를 가질 수 있다는 것, 자신은 그들의 주인됨을 돕고 북돋고 되찾아주겠다고 약속한 헌법의 수호자로서 저항의 책무를 지고 있다는 것. 이는 합법적 국가·정당의 거짓 주인성으로부터 애국시민 하나하나의 각개적 주권을 해방시키는 직접-민주에의 호소인바, 그런 해방의 숭고한 수단이 내전의 독려, 시민 간 독전督戰의 선동이다.

그 모든 숭엄한 계엄적 일들에 "피를 토하는 심정"으로 임하고 있음을 강조하는 윤석열이 자기 하나는 어찌돼도 괜찮다는 고결한 희생의 뉘앙스를 흘리는 지짐에 주목하게 된다. 그 희생, 그것의 극점에 순교殉敎라는 죽음의 힘의 형식이 놓이는 것은 다름 아닌 '성전聖戰'이 내전의 정전화正戰化를 추진하는 동력이자 사실화되는 내전정체의 정당성 근거로 공표될 때이다.

법원 난입에 감정 이입된 어느 국회의원은 이렇게 써놓고 있다: "지난 47일간 윤 대통령은 한남동 관저를 성채로 삼아 자신만의 성전을 시작했다. 윤 대통령의 외롭고도 힘든 성전에 참전하는 아스팔트의 십자군들은 창대한 군사를 일으켰다. 감옥에 갇힌 윤석열이 괴수 이재명을 끌어내릴 것이며, 그날이 비로소 이 성전의 끝이다. 함께 거병한 십자군 전사들에게 경의를 표한다."[국민의힘 전 최고위원 김재원 페이스북, 2025. 1. 19]

이른바 반국가세력에 대한 돈 키호테적 '자신만의 성전', 그 시대착오적 '좋빠가(좋아 빠르게 가![윤석열의 후보 시절 슬로건])'의 계엄폭력은 시작되는 순간 끝을 알 수 없게 되는, 끝이라는 것을 항시 차연시키지 않을 수 없는 전前-종말론적 게발트의 형식으로 수행된다. 내전정체는 그 성전의 칼날 아래 흘리는 피를 통해서만이 설정되고 보위될 수 있으며, 그 핏값을 끝없이 치르는 과정 속에서만이 아스팔트 십자군은 주인일 수 있다. 관건이 되는 것은 그 주인이 폭력을 하청받는 사실상의 하수인이라는 점이 아니라, 주권의 소유에 대한 미래적 약속을 보장하는 피의 폭력을 매개로 주인과 하수인 사이에서 환상적인 동시에 실효적인 자리바꿈이 이뤄진다는 점, 그것이 유혈적 내전정체를 떠받치는 아스팔트 지반이 되고 있다는 점이다.

세례명 "암브로시오" 윤석열, 독방에서 성서를 읽으며 신적인 불멸Ambrosio을 은밀히 기도企圖 중인 그의 "신성한 책무"란, 이교·이단·반국가 세력을 일거에 척결하는 성전에서의 완승이었던바, 그 성전은 법치주의의 무대 뒤에서 반복되는 복화술腹話術적인 호명을 통해 여전히 지속되고 있다. 암브로시오 대통령의 불멸을 위한 숨은 신적인 호명과 그렇게 불어넣어지고 있는 성전에의 의지에 정확히 스스로를 합치시키는 청년 십자군의 대답. 그것은 다음과 같은 호명-응답에 비춰질 때 준별될 수 있다: "나는 신이 말씀하시는 음성을 들었다. '누구를 보낼 것인가. 누가 우리를 대신하여 갈 것인가.' 이에 내가 응답하였다. '제가 여기 있습니다. 저를 보내십시오.'"[「이사야」6장 8절] 신에 의해 선지자로서 호명되는 이사야, 신의 말/뜻에 대해 자진하여 자청하지 않을 수 없음을 감지하게 되는 이사야의 불가항력적인 응답/책임짐response(bility). 그 신을 절대적으로 다른 타자로 새기면서 제기되는 호명/소환의 테제를 인용한다.

"그 소환 속에서, 대명사 나je는 대격對格이다. 이것이 의미하는 것은 **제가 여기 있습니다**me voici이다. 이것은 마치 모든 격변화 이전에 격변화된 나, 어떻게든 주격으로 정립되기 이전에 격변화된 내가 타자에 의해 소유된 것으로 깨워지는 것과 같다."[레비나스, 「신과 존재-신-론」]

타자 없는 주체로서, 대격 아닌 주격으로서 소유하게 될 주권, 이를 지향점으로 삼아 실행되는 저 십자군 국민저항권의 폭력은 호명하는 자와 대답하는 자를 불순물 없이 매개하는 순수매질인 동시에, 무책임의 아나키를 통해 호명과 대답

사이의 타자·타자성을 제거하면서 이른바 '계몽령'이 그리는 순수계엄적 청사진을 실현하고자 한다. 순수한 상태 또는 척결된 상태를 위해 필요한 아나키, 그 무책임의 아나키 안에서, 혹은 아나키+경찰적 이성에 따라 설정되고 보위되는 내전정체를 거스르며 나아가는 힘의 한 가지 형식은 신적인 타자의 얼굴 앞으로 소환되는 [박]탈주격=대격의 "예-외" 상태로부터, 그런 대격화 과정으로 부과되고 있는 "책임의 비-상시"[「신과 존재-신-론」]로서 발현한다. 맞세워 말하자면, n차 계엄의 비상상태 VS. 책임짐의 비상상태. 달리 말해 타자의 얼굴 앞, 사실상의 법 바깥이라고 할 그 소환의 자리에 뿌리박을 때, 윤석열이 진정한 국민으로 주워섬기는 저 '국민 한 분 한 분의 얼굴들'은, '총을 쏠 수는 없나?'라는 물음에 '알겠습니다'라고 답하는 일률적一律的 문답을 자진하여 강제받는 기계적 가면의 복제된 무표정들로 폭로되며, 반공 백골단의 저 영세한 섬뜩한 부활에서 드러나듯 타자-차이 없애는 유혈적 일자一者 윤석열 자신의 도플갱어적 화상들이자 유령적 표상들Idol이라는 구체적 적대로 개시된다.

    얼굴을 향하는 일이 신적인 것의 개념을 향하는 일일 때, 성전의 지도자이자 불멸의 순교자로서 석열 암브로시오가 십자군 하나하나의 얼굴을 떠올리며 향해 가는 신적인 것은 어떤 형질을 띠게 되는가. 아르케주의[지배·시초·근원·원리중심주의], 지배적인 것과 시원적인 것의 상보성을 증강시켜가는 면책된 힘들의 네트워크로서의 아르케주의가 그것이다. 그것과 적대하는 힘의 이름이 무-아르케주의다: "책임지는 것, 그것은 모든 결단에 앞서 책임지는 것이다. 거기서는 모든 행위에 내재된 근원적 지향성이 실패하는 것과 같이, 초월론적 통각의 통일 역시 새나가며 실패하고 일그러진다. 마치 시작에 앞선 무언가가 거기 있다는 듯이, 이를테면 무-아르케가 거기 있다는 듯이."[『신과 존재-신-론』] 결단이냐 책임이냐, 결단에 대한 책임이냐 그것을 앞서 선취하고 그 한노 너머까지 포괄했던 것이 될 책임에의 결단이냐. 행위와 인식의 아르케주의적 운용을 무위로 돌리는 무-아르케의 발현이 그런 물음과 연동되어 있다. 'The BUCK STOPS HERE[모든 책임은 내가 진다]!' 대통령 윤석열의 집무실 책상 위에서 처참하게 왜곡되고 있는 그 명패 문구는 끝내 암브로시오 윤석열의 성전 및 호명 속에서 영접되는 신성과 합성되는바, 낡은 노모스와의 아기자기한 거짓 불화를 연출할 따름인 그 명패 문구, 그 자신만만한 책임에의 능동적·주격적·초월론적 의지는, 신적인 타자와 마주한 자의 대격상태=불모상태라는 불가항력적 수동태-책임짐의 비상시와는 반대로 유혈적 아나키의 창궐을 새로운 질서로 호도하는 아르케주의적 내전정체의 윤활유로 기능한다.

　무-아르케는 신 앞에 선 이사야의 유일한 응답을 통해, 특정 공동체의 종말을 알리는 신의 목소리를 대신 고지하는 이사야의 파송/소명으로 발현한다. 신의 목소리에 응답하고 그 목소리를 대언하는 이사야는 마치 자신이 무-아르케의 발현체로서 파송되기라도 하는 것처럼, 아르케화된 공동체 안에서 그 끝이 시작되게 하며, 그 끝이 다른 시작의 조건임을 확증한다. 그 선지자에게 신이 명한다. "너는 가서 그곳 사람들의 마음을 둔하게 하여라. 그 귀가 막히고, 그 눈이 감기게 하여라. 그리하여 그들이 볼 수 없고 들을 수 없고 마음으로 깨달을 수 없게 하여라. 그들이 보고 듣고 깨달았다가는 내게로 돌이켜서 고침을 받게 될까 걱정이다." 언제까지 그럴 것인지를 묻는 이사야에게 신이 답한다. "그곳 사람들이 흩어지고 사라져 집집마다 빈 집이 될 때까지, 그곳 땅이 온통 버려질 때까지." 그 무화無化의 결과에 대해 신이 말한다: "그러나 밤나무와 상수리나무가 잘릴 때에 그루터기는 남듯이, 거룩한 씨앗은 남아 그 땅에서 그루터기가 될 것이다."[『이사야』 6장 9~13절] 끝나야 할 공동체는 끝나야 하며, 또 끝나게 될 것인바, 임박한 그 최종일 앞의 공동체에 귀속된 사람들은 사실상 들을 수도 없고 볼 수도 없지만 보고 듣는다고 믿으면서 실재를 감득하지 못하는 상태에 있을 것이다. 만에 하나 실재의 감지가 허용되면 십중팔구 그들은 신에게 공동체의 잘못을 면제하도록 들고 일어날 것이다. 신에 의해 실재의 감지가 금지된 공동체, 그 공동체에 대한 불가역적인 종말의 고지와 도래할 그 소멸을 통과할 때만이 남게 되는, 신성한 씨앗[제라 코데쉬/성별(聖別)된 씨앗]. 무-아르케주의적 정치의 근원이자 목표가 바로 그 준별된 씨앗의 생성과 잔존 과정에 있다. 그 씨앗이란 아르케주의적 내전정체 안에서 그것을 정지시키며 새로운-신적인 노모스를 취득하는 힘의 해체불가능한 실질형태소로 남는 것이다.

"1·19 혁명" VS. 헌법수호 기관으로서의 5·18:
'마치 법의 소멸 과정과도 같은 법의 완성 과정'이라는

시금석

2025년 1월 20일

    서울서부지방법원 난입을 보도하는 뉴스들이 거듭 자료화면으로 사용 중인 '락TV'의 원본 영상을 비롯해 극우 유튜브 채널들을 찾아보다가 들었던 기이하고도 놀라운 말: "이게 민주화 혁명이야! 이게 5·18 저항이야!" 그렇게, 긴힐직으로 제기되다가 어느새 주류 논리가 된 '탄핵반대=국민저항권'에 대한 발화들과 "5·18이 별거냐?"라는 혁명적 정당성의 주장이 인터넷에서 합성됐던 지난 1월 6일의 특정 순간은, 글이나 말의 논리가 아닌 법원 난입의 폭력을 통해 현실에서 구현되었다.

    저 성공한 쿠데타 12·12와 잔존하면서 회귀하는 5·18에 대한 법정 판결의 문장들, 혹은 사법적 재현의 양태들 간의 차이를 법원 난입자들의 저항권에 대한 준별의 출발점에 놓게 된다. 반란수괴·반란모의참여 등으로 기소된 피고인 16인*에 대한 1997년 대법원 판결의 판시사항 (1)은 「군사반란과 내란으

---

* 다시 호명해 놓는다: 전두환·노태우·유학성·황영시·차규헌·박준병·최세창·장세동·허화평·허삼수·이학봉·박종규·신윤희·이희성·주영복·정호용.

로 정권을 장악한 경우의 가별성[可罰性] 여부」였으며, 이에 대한 다수의견과 반대의견의 대립 구도는 주목에 값한다. 먼저, 다수의견. "우리나라는 제헌헌법의 제정을 통하여 국민주권주의, 자유민주주의, 국민의 기본권보장, 법치주의 등을 국가의 근본이념 및 기본원리로 하는 헌법질서를 수립한 이래 여러 차례에 걸친 헌법개정이 있었으나, 지금까지 한결같이 위 헌법질서를 그대로 유지하여 오고 있는 터이므로, 군사반란과 내란을 통한 폭력으로 헌법에 의해 설치된 국가기관의 권능행사를 사실상 불가능하게 하면서 정권을 장악한 후 국민투표를 거쳐 헌법을 개정하고 개정된 헌법에 따라 국가를 통치하여 왔다고 하더라도, 그 군사반란과 내란을 통해 새로운 법질서를 수립한 것이라고 할 수는 없으며, 우리나라의 헌법질서 아래서는 헌법이 정한 민주적 절차에 의하지 아니하고 폭력으로 헌법기관의 권능행사를 불가능하게 하거나 정권을 장악하는 행위는 어떠한 경우에도 용인될 수 없다. 따라서 그 군사반란과 내란행위는 처벌의 대상이 된다."[「대법원 선고 96도3376」]* 이에 대한 소수·반대의견은 다음과 같다. "그 군사반란 및 내란 행위가 비록 형식적으로는 범죄를 구성한다고 할지라도 그 책임 문제는 국가사회의 평화와 정의의 실현을 위하여 움직이는

---

* 이 판결문의 세부 제목은 다음과 같다: 「반란수괴·반란모의침여·반란중요임무종사·불법진퇴·지휘관계엄지역수소이탈·상관살해·상관살해미수·초병살해·내란수괴·내란모의참여·내란중요임무종사·내란목적살인·특정범죄가중처벌등에관한법률위반(뇌물)」

국민의 정치적 통합과정을 통해 해결되어야 하는 고도의 정치문제로서, 이에 대해서는 이미 그것을 수용하는 방향으로 여러 번에 걸친 국민의 정치적 판단과 결정이 형성되어 온 마당에 이제 와서 새삼 법원이 사법심사의 일환으로 그 죄책 여부를 가리기에는 적합하지 않은 문제라 할 것이므로, 법원으로서는 이에 대한 재판권을 행사할 수 없다."

이 반대의견은 12·12 쿠데타에 이은 새로운 통치질서로의 변경 절차들을 수용하는 방향으로 국민적 의사가 형성되어 왔다고 볼 수 있는 이상, 그 쿠데타를 '이제 와서 새삼' 법정에 세우는 것은 부적절하다고 함으로써 이른바 '성공한 쿠데타는 처벌할 수 없다'고 하는 사후성의 면책론을 정초한다. 그런 식의 주권면책, 그 극점에서 법이 끝장난다고 보는 다수의견은 그같은 사후성을 인정하지 않았다. 12·12 쿠데타는 성공과 실패 여부에 따라 판결의 가부가 갈리는 게 아니라 제헌헌법 이래 한결같이 유지되고 있는 헌정질서라는 역사적 규범에의 합치 여부에 따라 유·무죄가 판결되는 것이다. 이런 준칙을 따를 때 12·12 쿠데타는 국헌 문란의 내란죄에 해당하는 것이지 '새로운 법질서'를 세운 게 아니다. 다수의견과 반대의견 사이의 그런 차이에서 방점을 찍게 되는 것은 바로 그 새로운 법질서의 수립이라는 대목이다. 대법원 판결 4개월 전, 서울고법의 1996년 12월 16일자 판결은 '성공한 쿠데타를 처벌할 수 있는지 여부에 대하여'라는 표제 아래, 헌법의 수호라는 문제적 관점과 5·18의 저항권을 연계시켜 다음과 같이 판결한다.

"형법이, 헌법에 의하여 설치된 국가기관을 강압으로 전복하는 것을 내란으로 단죄함을 특히 예시하고 있는 까닭은, 헌법에 의하여 설치된 국가기관이 법을 집행하는 일 이외에 헌법을 수호하는 더 중요한 소임을 가진 기관이므로 특히 그 보호의 필요성이 크기 때문이다. 그렇다면 헌법에 의해 설치된 국가기관 즉 헌법기관보다 더 중요한 헌법 수호의 임무를 가진 기관이나 집단이 있다면 이러한 집단이나 기관 역시 당연히 내란죄의 보호대상이 되어야 할 것이다. 이렇게 볼 때 민주주의 국가의 국민이야말로 주권자의 입장에 서서 헌법을 제정하고 헌법을 수호하는 가장 중요한 소임을 갖는 것이므로, 이러한 국민이 개인으로서의 지위를 넘어 집단이나 집단유사의 결집을 이루어 헌법을 수호하는 역할을 일정한 시점에서 담당할 경우, 그러한 국민의 결집은 적어도 그 기간 중에는 헌법기관에 준하여 보호되어야 할 것이다. 따라서 이러한 국민의 결집을 강압으로 분쇄한다면 그것은 헌법기관을 강압으로 분쇄한 것과 마찬가지로 국헌문란 내란죄에 해당한다고 봐야 한다."[「서울고등법원 선고 96노1892」]

5·18을 표시하는 이름으로서의 '헌법기관', 달리 말해 헌법기관에 준하는 시민공동체의 헌법 수호적 저항권. 고등법원의 그런 법적 재현을 현행 헌법에 명문 규정이 기입되어 있지

않다는 이유로 기각한 상급 대법원 전원일치 판결은 역사적 헌정질서의 규범, 즉 대의제 국민주권주의·자유민주주의·법치주의를 준칙으로 삼아 거기서 어긋나는 내란적 폭력으로서 12·12 쿠데타를 정죄했듯, 5·18의 저항권 혹은 혁명적 폭력을 동일한 준칙의 효력 및 완충기능 안에 한정시키고자 했다. 12·12와 5·18, 비상상태의 형질과 벡터를 둘러싸고 상충하는 그 두 사건적 게발트 모두가 대법원의 규범주의와 법치주의 앞에서 저지되는 것이다. 그럼으로써 수호되는 것은 다름 아닌 현상이다. 대법원의 그 현상유지status quo적인 최종심에 의해 보장되는 헌법의 수호력은 보장과 동시에 괴리되는바, 저 새로운 헌정질서의 분만이라는 상황의 구축은 대권 선거 시즌의 단골손님인 '개헌'의 권력관계 속에서 거듭 대체보충된다. 기각된 고등법원 판결에는 그런 대체보충 너머로의 계기가 들어 있다. 단, 고등법원 판결문의 액면적 구성관계를 그 자체로 따라서는 새로운 헌정질서를 분만하는 산파의 저항권을 장려하지 못할 것인바, 그런 한에서 필요하고 가능한 과업은 판결문 속에 소수적인 것으로 안겨 있는 '제헌적 헌법 수호력'을 살피고 살리는 일이다. 판결문 속에서 조건 없이 네 번 반복됨으로써 감가상각되고 있는 헌법수호의 정태적 강조 속에서, 그리고 두 번 피보호 헌법기관으로서의 저항시민에게 배분되는 수동태적 임무의 몫 안에서, 그것들을 거슬러 단 한번 제시되고 있는 제헌적 주체의 입론을 맞세움으로써 그 너머 새로운 질서의 분만을 가리키고 있는, 그렇게 실패의 위험을 무릅쓰고 있는 산파의 위기-비판적인 인식과 과제. 그것이 법의 소멸과 도 같은 법의 완성 과정을, 새로운 헌정질서의 수립 과정을, 진정한 헌법수호-비상상태 속에서 이뤄졌던 것이 될 새로운 노모스의 취득 과정을 추동한다. 그런 과정들을 부각시키기 위해 그 과정들에 다시금 비춰보게 되는 것은 다름 아닌 서부지법 난입이 '1·19 혁명'으로 명명되는 과정이다.

쿠데타가 고도의 정치적 행위라는 법리의 부활 속에서, 윤석열의 12·3 비상계엄령은 국가 구제를 위한 통치행위로서의 '계몽령'으로, 사법적 판결의 예외로 설정되며, 서부지법 난입 사태는 계몽령의 진정어린 대통령을 체포하고 구속한 불법세력에의 항거, 별다를 것 없는 5·18로서의 1·19 혁명으로 자리매김되었다. 지난 7일 국민저항권 발동을 주장한 판사 출신 국회의원 조배숙이 20일 법제사법위원회에서 서부지법 폭동의 배후조종자로 지목됐을 때 밝힌 입장 요지는 개념의 탈취 혹은 절취와 관련하여, 개념-피의 약탈·재배치와 관련하여 눈여겨 볼만하다: "헌법재판소가 헌법 수호의 기능을 제대로 하지 못했을 때 최종적인 법 수호기관은 주권자인 국민이다. 그것이 저항권 이야기의 맥락이었으며, 비폭력적 방법으로 해야 한다는 뜻이었다. 그 발언을 서부지법 사태에 연결시키는 것은 잘못이다." 이는 주권자 국민 혹은 헌법기관으로서의 저항시민이라는 고등법원의 판결문을 탈취하면서, 그들 시민의 죽음에 대한 법적 애도로 잔존하는 그 판결문의 취지를 절취하여 유혈적 n차 계엄에의 선전과 선동을 비폭력이라는 말로 분식한다. 헌법의 수호기관, 그것이 최종적이며 비폭력적인 힘의 발현이기 위해서는, 달리 말해 최종심급적이기 위해 비폭력적으로 되어야 할 힘을 표시하려는 것이라면, 그 힘은 5·18의 저항권에 대한 규범적·정태적·최소주의적·분식적 재현들을 넘어 마치 법의 소멸 과정과도 같은 법의 완성 과정을 추동할 필요에 뿌리박은 것이어야 한다. 오직 법의 그런 소멸=완성의 뜻에서만 그 필요 역시 유혈적 법을 갖지 않을 수 있으며, 그런 필요의 척도와 시금석을 따르는 한에서만, 인민의 목소리는 신의 목소리로, 신의 심판은 인민의 최종심으로, 시민저항권에 의한 헌법수호는 새로운 노모스의 취득을 위한 최종적-비폭력적 힘으로 발현할 수 있다.

"우리가 국가야!"의 폭력-이성: 셀프-쿠하는 레종데타(5)

2025년 1월 21일

 국가 종언의 호소에 대해, 지난 15일 내란수괴 피의자가 자신의 체포를 국법이 무너진 사태로 공표한 것에 대해, 그러니까 국가 수뇌의 구속을 저지하라는 육탄 발포신호에 대해 법치 바깥(으로)의 폭력으로 화답했던 사람들, 다름 아닌 "1·19혁명"의 이름으로 서부지법 앞에서 국가의 주인이 될 수 있었던 '한 분 한 분'의 국민들. 그 주인들 사이에서 터져나온 일반의지적 외침으로서의 "우리가 국가야!"라는 일갈은, 국가와의 직접적 일체화에 근거한 폭력의 연합체가 서부지법 난장의 갈채 속에서 인준되고 있음을 표시한다. 달리 말해 '우리가 국가야!'라는 그 갈채-일갈의 직접성은, 국가를 좀먹는 매개적 권력관계와 간접화된 이윤연관을 절단하면서 국가의 구원이 에누리 없이 자신들의 구원으로 환수되게 하는 직접적 교환이성의 구축을, 그런 구축에 필요한 법 밖(으로)의 의지를, 법치의 중단 속에서만 계산가능해지는 이윤에의 의지적 이성을, 그러니까 주인인 동시에 신민인 이들이 자청하여 외주받은 쿠데타의 폭력-이성을, 관저 커튼 뒤의 통치규방閨房·규방통치boudoir governancy 속에서 합성된 국가 구원적 레종데타의 폭력적이며 실효적이고 가시적이며 연극적인 발현을, 줄여 말해 서부지법 난입亂入의 돌격적 현장을, 정치적인 것들 간의 전장을, 그 투쟁의 전선을 집약한다.

"요컨대 쿠데타는 폭력적인 것입니다. 그런데 쿠데타가 다름 아닌 레종데타의 표명이라고 한다면, 적어도 국가와 관련해서는 폭력과 이성 간에 아무런 이율배반도 없다는 생각에 이르게 됩니다. 국가의 폭력은 소위 국가 자체의 이성의 난입적 표명이라고까지 말할 수 있겠습니다."[푸코, 『안전, 영토, 인구』]

쿠데타 속 이율배반Antinomie 없는 폭력과 이성, 그 이율二律이 서로를 배반背反하지 않는다는 것은 그 둘이 상충 없이 완미한 조화를 이룬다는 뜻으로 새겨질 수 없다. 쿠데타의 폭력과 이성이라는 두 율/법[nomie]은 서로가 서로에 대해 반발의 일격[Anti]을 가하는 방식으로써만, 서로의 문제점을 치명타가 되지 않게 가격하면서 서로가 지닌 구체적 효용의 가격價格을 공준받음으로써만 서로를 부양하고 활성화해갈 수 있는 적절한 선을 찾으며, 그런 적정선의 탐색 속에서만 레종데타는 외양의 변신과 속성의 조절을 자유자재로 할 수 있게 된다. 달리 말해 이율배반 없는 폭력-이성, 폭력율과 이성율로 이뤄지는 통치의 조율상태는 자유재량적 쿠데타의 근원이며, 그런 쿠데타야말로 레종데타와 나이가 같고 한 몸인 이위일체를 이룬다. 그럴 때 쿠데타는 국가의 소유권을 누군가로부터 탈취한다거나 몰수하는 차원이 아니라 국가 구제의 당위성에 대한 "레종데타의 단언"으로서, 국가이성의 난입적 폭력으로서, "국가 자체의 자기현시"로서 발현한다. 서부지법이라는 국체의 일부를 불태우려 했던 난입자들은 그렇게 스스로의 기관을 셀프-쿠하는 국가의 자체적 이성작용을, 인격화된 레종데타가 국가 구원의 필요에 따라 창출하는 무법적 궐위상태를 가리킨다. 자기를 상대로 셀프-쿠하는, "신속히, 직접적으로, 규칙 없이, 긴급성과 필요성 내에서 극적으로 자기 자신에 대해 행동하는 국가"[『안전, 영토, 인구』], 그런 국가 비상행동으로서의 셀프-쿠는 국가에 대한 난입의 폭력으로 친親(self)-위衛(coup)하는 국가이성의 발현인바, 레종데타의 그 극剋/極적인 자력구제Selbsthilfe를 통해, 그 긴급한 자기현시와 더불어 다름 아닌 독재자Selbstherrscher[자기-통할자(로서의 주권자)]가 거듭 재생된다. 다음 한 대목을 쿠데타와 레종데타의 상보적 호환관계 속에서 재생되는 국가게발트의 한 가지 형상으로서, 쿠데타 즉 셀프-쿠하는 레종데타가 스스로를 구제하고 보전하기 위해 분만하는 지배력의 구체적 형상으로서 새겨 놓게 된다: "주권자는 법을 제정하고 폐지하는 권한을 보유하고 있기에 자신을 난처하게 하는 법이 있다면 폐지해 버리고 새 법을 만들 수 있다. 즉, 주권자는 원하지 않는 법으로부터 언제든지 벗어날 수 있기에 처음부터 그 법의 적용대상이 아니다. 원하기만 하면 자유를 얻을 수 있는 자는 처음부터 자유로운 자다. 스스로를 구속할 수 있는 자는 스스로를 해방시킬 수도 있기에 그렇다. **따라서 오직 자기 자신의 구속만 받는 자는 구속받지 않는 자이다.**"[홉스, 『리바이어던』]

"헌법 위의 권위" VS. 역사적 저항권의 색인

2025년 1월 23일

목사 전광훈, 종교의 정치화를 통해 축적의 신이 되려는 이 사람을 보라Ecce Homo. "대한민국의 모든 권위는 헌법에 있지만, 그 위에 또 하나의 권위가 있습니다. 바로 국민저항권. 그것에 반발하는 반국가세력이 있다면 처단 받을 준비를 해야 할 겁니다!"[전광훈TV, 2025. 1. 18] 이 말 하루 전이던 1월 17일 내란수괴 측근 석동현 변호사의 말. "도저히 감내할 수 없다면 우리도 저항권을 행사해야 합니다." 그들의 말과 연동되는 서부지법 난입자의 외침. "이젠 내전이야. 국민저항권이야!" 다른 난입자, 일명 '녹색점퍼'로 회자됐던 청년 남성의 고함. "국가가 전복됐는데 왜 우릴 막습니까!" 이른바 "탄핵이야말로 내란이다"의 논리적 탈바꿈 속에서 그렇게 국가는 전복된 것으로 현상하는바, 그들 눈앞의 경찰들은 탄핵세력=내란세력의 하수인으로 규정되며 난입은 정당한 시민전쟁으로 확정된다. "경찰들! 오늘, 전쟁이야! 씨발, 오늘 내전이라고! 일어나셔야 돼요, 대통령님 구속영장 발부됐어요, 조지러 가야지."(유튜버) "깨어난 젊은이들이 법원 안으로 선부 들어갔어. 이젠·국민저항권밖에 없다고!"(유튜버) 그런 말들의 연쇄 속에서 n차 계엄세력의 철칙 중 하나는 다음과 같이 된다: 개념을 오염시킬 것, 혼돈 속에 처박은 개념의 피/힘을 탈색하고 탈취할 것.

그 철칙에서 발원하는 저 모든 실제적 헛소리들·개소리들의 실효력을 진단하면서 개념 탈취의 폭력목적을 준별하는 이정표로 꽂아놓게 되는 것이 있다. 정치철학자 조정환의 문장들이 그것이다: "저항권은 제헌활력(실질헌법)의 권리로서 제헌활력에 의해 제정되고 성문화된 헌법(형식헌법)의 명문들을 넘어설 수 있다. 하지만 그 넘어섬은 성문헌법 '속에서-대항하며-넘어서는' 저월subscendance이지 성문헌법 '위에서-지배하며-넘어서는' 초월transcendance이 아니다. 만약 저항권이 초월적으로 행사된다면 그것은 저항권의 이름을 빌린 폭란, 폭동일 것이며 그 실행자는 제헌적 다중이 아니라 헌법교란적 폭도일 것이다. 2025년 1월 19일 새벽 서부지방법원에서 출현한 것이 정확히 '저항권'이라는 가면을 쓴 폭도였다."[페이스북, 2025. 1. 22] 저항권 개념의 악독한 오염상태, 피 같은 개념의 약탈상태, 개념의 피를 짜고 빼는 불로소득상태에 맞서 그 개념을 보존하고 활성화하기 위해 긴요한 것이 저항권의 아나키-크리틱이다. 예컨대 여기 아래로부터의 저항권을 헌법 전문에 기입하고자 하는 헌법개정의 벡터는 그런 아나키 준별의 실제적 효력을 정초하기 위해 필요한 것이다. 그런 사정을 제7공화국 헌법의 발현 조건으로 새겨 놓으면서, 여기 12·3 시민-헌법수호기관들의 최종심급적 저항권이 1919년 3·1운동에서 2016년 탄핵에 이르는 역사적 저항권의 색인을 더 두텁게 하길, 반복 속의 차이로서 향후 거듭 기억·상기되고 회복·회귀될 사건적 시공간의 힘들을 더 증진시키게 되길 기다리게 된다. 계엄군의 장갑차 앞을 가로막고 꾸짖던 사람들, 총구를 손과 몸으로 밀쳐냈던, 그렇게 가슴과 머리가 총부리로 조준되었던 사람들, 단전된 국회를 예상한 상태에서 전투헬멧과 야간투시경을 장착하고 본회의장으로 달려든 특임단을 바리케이트로 막고 소화기를 뿌렸던 사람들, 윗선의 계엄령에 대한 비복종으로서 모종의 태업을 감행했던 계엄군-시민들, 남태령의 연대자들·직결자들을 다시금 떠올리면서, 그들 동료시민의 결단이 언제든 색인에서 뽑아내 펼칠 수 있는 진정한 비상상태의 결정력으로 재활용되기를, 기념비화·사문화死文化될 위기에 언제든 노출될 수 있는 성문화된 헌법 상태 안에서 그 너머를 가리켜 보이는 '불멸하는 입법'의 상태로 잔존하기를 기다리게 된다.

국민저항권의 아나키-크리틱: 신적인 비폭력을 위하여
2025년 1월 28일

'불법의 불법의 불법'에 의해 희생되고 있다고 선전하는, 그 희생의 끝에 '자유민주주의'를 위한 불멸할 순교가 있으리라고 스스로를 다독이는 형무소 독방의 대통령 암브로시오, 죄수 번호 0010번 내란수괴. 그는 자신의 선동으로 촉발된, 바라 마지않던 반향으로서의 서부지법 난입 사태에 음산한 쾌재를 부르고 있을 것인바, 독방에서의 그런 입질-손맛-맛들임에 따라 그는 난입 바로 다음 날인 20일, 성황리에 외주화될 n차 계엄적 내전정체의 구축을 위하여, 영구계엄적 아나키의 네트워크적인 지배를 위하여 향후 헌법재판소의 변론 기일에 빠짐없이 출석할 것이라고 공표했었다. 그때 그는 피 흘리게 하는 아나키의 숨은 화신化身/禍神으로서, 내전정체의 군주로 등극하기 위한 음습한 성전의 숨은 지도자=그림자라는 미래 희망의 청사진을 그린다. 그 희망은 더 나은 실패를 위해 우리가 시도했던 것이 될 포기 없는 절망의 갱신을 틀어막을 것이다.

그런 입틀막·숨막힘은 다름 아닌 개념의 절도와 횡령으로, 개념의 마모와 오염으로 배가된다. 이른바 "1·19 혁명"이라는 작명·조어를 외치면서 사법권의 결정에 불복하고 난입 중인 어느 유튜버의 다음과 같은 말은 그런 개념 오염상태의 아나키를 집약한다: "국민저항권 말고는 없어. 지금 여기에는 법이 없는 거야, 법이. 지금 이게 나라냐고." 불법의 불법의 불법의 비국가를 청산할 2차 계엄의 탈바꿈에 근거한, 내전의 사실화라는 조바꿈에 근거한 인지 프레임과 행동양식으로 결정될 무법상태, 법이 없으므로 나라가 아닌 상태. 그 무법·비국가 상태에서 유일하게 남아있는 권리·권한·권능으로서의 '국민저항권'이란 자신들의 내전 수행을 위해 조달해 와야 할 필수불가결한 정당성의 원천인 동시에 현행법을 무[효]화하면서 도래할 법을 앞당겨 맞이하기 위한 최후수단이다. 악惡에 받힌 욕설을 내뱉으며 난입하던 그들이 자신들의 행동을 두고 "이게 민주화 혁명이야! 이게 5·18이야!"라고 외친 이유가 그 언저리에 있다. 관건이 되는 차이, 차이화해야 할 관건은 현행적 법을 정지시키면서 도래하는 법, 그 법의 형질과 벡터이다. 난입자들에게 법이 없어진 이유는 다른 게 아니라 대통령이 구속됐기 때문이며, 그런 한에서 그들이 바라는 도래할 법이란 직무 복귀된 대통령의 법치, n차 계엄으로 운용될 자유재량적 狀-의-힘이다. "계엄의 천재"인 대통령[새미준(새로운 미래를 준비하는 모임)]이 곧 법이라는 그들의 지론, "대통령은 대한민국 체제 그 자체"[국회의원 윤상현의 말, 2025. 1. 2]라는 그들의 그 믿음은 생사여탈하는 절대군주적 대통령=태양에서 영양분을 얻는 징치적 광합성으로 생육되며, 대통령=태양을 중심으로 회전하는 신학적 천동설-이단처단의 회로를 따르는 것인바, 그런 정치종교적 믿음 속에서 지금 여기를 무법상태로 결정하는 법 위(법 바깥)의 힘이 그들의 국민저항권이다. 그것에 의해 도래할 법의 청사진은 저 5·18과는 반대로, 그리고 12·3 계엄 당일 밤 국회의사당 진입로에서 군용 장갑차의 공권력을 맨몸으로 막아섰던 시민의 저항권과는 반대로, 무법상태에 관한 결정이유[결정이성]의 절대주의적 평면성·왕정복고성, 계엄적-자유재량적 법과 상호 연계되는 폭력이유Violence Raison의 임의성·유혈성으로 이뤄져 있다.

애국시민의 각개 내전을 통해, 정당 같은 매개권력이 아니라 참전 중인 시민 하나하나가 주인일 수 있게 되는 일, 그들의 그 민주화 혁명에 긴급히 조달되어야 할 의로운 폭력, 정당한 시민전쟁. 줄여 말해, 법원 난입의 저항권 발동. 법이 무너졌다고 선언하는 그들 법 바깥의 무법자들(아웃로outlaw), 아나키의 난장亂場을 열어젖히고 들어가는 그 난입자亂入者들의 저항권은, 정치의 사법화라는 이름 아래 정치에 대한 최종심급화의 행로를 밟아온 사법부(예컨대 향후 헌법의 수호자로서 판결할 헌법재판소를 정점으로 하는 사법부)를 현행적 법치상태의 책임세력으로 간주하고 '무효화'하려는 벡터를 띤다는 점에서 분명 '신적인 폭력'의 외양을 부분적으로 띠고 있지만, '폭력의 해체' 아닌 자유재량적-임의적 법폭력의 구축을 지향하고 있다는 점에서, 그러니까 「계엄포고령」 제1호 1항을 원상회복하여 제헌근원으로서의 인민의 입을 틀어막고 단지 받아쓰기dictate만 하도록 혼자 말하는 자dictator[녹재자]――그러니까 계엄권력의 기둥머리capital이며 축적의 수도/정점capital이자 모세적 선지자의 정수리――로 하여금 비상입법권과 예외행정권을 취득할 수 있게 한다는 점에서, 그런 최종목적에 봉사중인 유혈적 친위 수단이 되고 있다는 점에서 난입자들의 신적인 저항권(신성화된 국민저항권)은 자유재량적-신화적 법폭력의 '유령적 혼종교배 상태'로 코드화되어 있다. 그런 코드화(간섭·견인·합성) 속에 내전의 그림자=지도자 윤석열의 희망적 미래 청사진으로 찍혀 있는 내전정체가 있는바, 그것은 저들 난입자의 국민저항권이라는 실행력을 통해 구축될 예정이다. 피에 주린 그런 예정조율의 상태, 비상입법권과 예외행정권을 독점한 독재상태는 위임·매개·외주·하청의 간접화 기계를 일반화함으로써 시민 하나하나를 평탄화된 애국시민으로 순치하는 동시에 비국민의 불온성을 선별하는 일벌백계의 효율적 공포 속으로 정치 전체를 합성해 들인다. 필요하고 가능한 질문은 다음과 같이 된다: 그런 공포-정치의 체제를 어긋내면서 시민 한 사람 한 사람이 진정한 주인일 수 있게 하는 법은 어떤 조건에서 발현하는가.

이에 답하기 위해 새겨보게 되는 것은 '법을 폐지하러 온 게 아니라 법을 완성하러 왔다'는 메시아의 말이다. 그 말 곁에서 다시 말하자면, 거절해야 할 것은 법의 폐지(무법적 아나키)를 별도의 최종목적을 위한 기능적 수단으로 이용하는 일이며, 관건으로 삼아야 할 것은 법의 완성을 통한 법의 폐지, 이를테면 법의 완성을 향한 과정이 마치 저촉될 법 자체의 소멸 과정과도 같은 상태로 발현되게 하는 일, 마치 법 없이도 살 수 있게 되는 상태를 창출하고 보전하는 일이다. 벤야민의 말을 인용해 달리 말하자면, 완성됨으로써 "집행되지 않게 되는 법", 즉 법의 완성과 법의 소멸을 연접시키기 위해 "오직 궁리될 따름인 법."[「카프카: 그의 10주기를 맞아」] 법의 소멸과도 같은 완성을 지향하는 지고한 법의 형질이 그렇게 표시될 수 있는바, 최종목적 없는 목적으로서의 그런 지향 속에서만이 유혈적 폭력의 해체와 그 폭력에 대한 "정당방위권"[벤야민, 「폭력비판을 위하여」] 발동으로서의 "핍진실적wirklichen 비상상태"[벤야민, 「역사철학테제」]가 발현할 것이다. 이런 개념의 배치를 지속하기 위한 사례로서 예컨대, 혹은 그런 개념의 연쇄가 끊어질 위험을 무릅쓰고 예컨대, 모든 국민이 "법[nomos] 앞에 평등[iso-]하다."[대한민국 헌법 11조 1항]라고 하는 오래되어 낯익은 번역어-법어를 궁리하면서 그 원어 이소노미아의 본원적 지향점이자 완성태를 무-지배no-rule――지배의 소멸, 무-아르케; 안티-아르케――로 해석하고 결정해 가는 과정은 법의 소멸과도 같은 완성 과정과 동시적이며 동질적이라고 할 수 있을 것이다('노-룰'은 이소노미아에 대한 아렌트의 번역어다[『혁명론』]).

그런 한에서 다시금 무릅쓰고 예컨대, "3·1운동으로 건립된 대한민국 임시정부의 법통과 불의에 항거한 4·19 민주이념을 계승"한다고 천명하는 시민 의거義擧의 저항권 발동이 민주공화국 헌법제정권력의 원천임을 명문화한 헌법의 머리말·전문에 대한 궁리 속에서, 그리고 그 헌법 제1조 1항과 2항("대한민국은 민주공화국이다; 대한민국의 주권은 국민에게 있고 모든 권력은 국민으로부터 나온다")에 대한 궁리 속에서 제기되고 있는 하나의 이정표──1980년 5·18의 저항권을 다름 아닌 헌법의 수호자로서 시민에 의해 발동된 것으로, 그 시민을 '헌법기관'으로 해석하고 그것을 폭력적으로 진압한 군부정권의 수장 전두환을 국헌문란의 내란죄로 판결한 서울고등법원 1996년 12월의 판결·판례──를 통해 헌법 전문 및 제1조의 발현을 완성시켜 가는 과정이란, 그 과정을 억제하는 쪽으로 해석·결정되려는 (하위)법들에 대한 브레이크를 그 해석·결정 앞에 장치해 놓는다. n차 비상계엄의 숨은 독재와 적대하는 진정한 비상상태의 형질이 그렇게 표시될 수 있을 것이다.

그런 예시와 더불어, 법의 소멸과도 같은 법의 완성이라는 메시아적 구원의 과정은 저 법원 난입의 폭력적 저항권을 통해서는 이뤄질 수 없는 비폭력적인 힘의 연계로 구성된다고 해야 하는바, "메시아는 폭력으로 세상을 변화시키는 게 아니라 세계를 약간 바로잡을 따름"이기 때문이다. 비폭력적 메시아, 그것은 폭력적 수단 또는 수단적 폭력으로 발현되지 않으므로 **"약한schwach 메시아적 힘"**[「역사철학테제」]으로 명명될 수 있는바, 그것은 최종목적-수단의 위계기계로 가동되는 권력배치·이윤장치·축적관계를 정지·전위시키는 비폭력적인 힘의 형식이다. 그것은 '도래 중'이라는 시간형식 속에서 발현한다. 메시아적 비폭력은 법의 완성=소멸이 확정된 것처럼 공인되는 듯 보일 때 그것이 아직yet 도래하지 않은not 미래적 사태임을 고지하고, 법의 완성=소멸이 결코 도래하지 않을 것이라고 결정하는 현행 법치의 대체보충적/종말억지적 연관을 끊고 그 너머에서 이뤄지는 새로운 노모스의 취득이 벌써 이미already 도래하고 있는 사건임을 표시한다. 낫-옛과 얼레디, 그 양방향에서의 칼날에 의한 절단·어긋냄·비복종·비동의, 그 두 방향에서의 비폭력적 종말·끝날의 발현 곁에서, 그런 비폭력적 정당방위권의 고지告知/高地를 위해 벤야민으로 하여금 다음과 같이 말하게 해야 하는 것이다: 도래중인 세계에서 신적인 비폭력은 신적인 폭력보다 지고하다.

십자가-궐위crux-interregnum: 세이브코리아의 국가비상 기도회와 케노시스의 정치기독학

2025년 2월 4일

엊그제 2월 1일 비 내리는 부산역 앞을 버스로 지나다가 차창으로 보이는 어떤 광경 때문에 차에서 내릴 마음을 품게 되었다. 전광훈 곁에서 간간히 눈에 들어오던 부산 세계로교회 담임목사 손현보와 60억 연봉을 포기했다고 선전되던 일타강사 전한길의 '세이브코리아 국가비상 기도회'가 광장의 인파 속에서 성황리에 열리고 있었다. "나의 기도가 이 나라를 살릴 수 있다면 나는 결코 이 기도 멈추는 죄를 짓지 않으리"라는 노랫말이 울려 퍼졌고,「사무엘」에서 따온 그 합창의 가사가 무대 전광판 자막으로 뜨는 와중에, 내 눈길은 연단 무대 위의 태극기 바탕무늬 걸개 플랜카드에 머물렀다. 거기에는 구국을 위한 신의 호출을 집약하는 하나의 문장이, 사람 머리만한 글자들로 인쇄된 구약성서의 한 문장이 있었다: "오직 정의를 물 같이, 공의를 마르지 않는 강같이 흐르게 할 지어다!"[「아모스」5장 24절」] 그 한 문장을 중심으로 광장은 "국가의 위기", "하나님", "들이주소서", "믿습니다", "부정선거", "국가의 구원", "우리들의 대통령 윤석열", "우리 청년들", "죄인 이재명", "국가를 좀먹는", "헌법재판소 해체", "선관위 해체", "종북 좌파", "멸공", "기업 세금갈취", "바퀴벌레", "척결", "일어납시다", "쳐부수자", "때려잡자"로 이뤄진 검은 성좌가 된다. '짐을 짊어진 자'를 뜻하는 이름 아모스, 여기 부산역 광장 연단에 걸려 있던 그 예언자의 말은 세이브코리아, 한국의 구제를 위해 발기한 그 단체 결성취지문의 처음과 끝을 장식한 것이기도 했다: "지금은 하나님을 두려워하며 나라를 사랑하는 우리 그리스도인들이 대한민국을 구하기 위해 일어서야 할 때다. 하나님의 뜻에 따라 일어선 우리는 이제, 국가의 반역자들에 맞서 싸워나가야 한다. 그리하여 1948년 기도로 세워진 대한민국에, 다시 한 번 하나님의 정의와 공의가 강물처럼 흐르게 만들 것이다."[「세이브코리아 취지문」, 2025. 1. 1]

신의 뜻으로서의 구국을 위해 들고일어나 국가 안의 반역자를 적으로 지정한 다음 전쟁을 벌이는, 그렇게 다시 부활하는 십자군. 그들이 수행하는 성전으로서의 내전, 합법성 너머 그것의 절대적 정당성이 세이브코리아의 신을 통해 조달된다: **"전쟁은 야훼께 속한 것이나, 저희가 하나님 편에 서길 원합니다."**[「세이브코리아 공식 기도문」, 2025. 1. 1] 국가비상시의 그 기도문은 "하나님의 통치와 질서가 임하는" 자유남한, 그렇게 구원되는 신국으로서의 한국을, 1948년 신이 설정한 제1공화국 국시로서의 반공의 회복을, 국가폭력적 기도新禱/企圖로서의 멸공의 재생을, "공산독재 북한"에 대한 계몽력과 흡수력으로 "통일한국·선교한국"으로 나아가는 '코리아' 르네상스를 성립하고자 한다. 그것이 코리아를 세이브하는 십자군의 목표다. 빗속을 뚫고 연단 아래를 내려다봤던 연단 위의 여러 발언자들, 그

중 하나가 성호를 긋고 성부·성자·성령의 이름으로 반공·종북좌파·반국가세력 척결과 자유대한민국의 질서·국부·구원을 위해 함께 나서자고 외칠 때, 그리고 그 공동의 외침 끝에 연단 가장 가까이에 있던 회중이 "무너진 법치, 깨어진 질서, 흔들리는 자유의 가치를 바로잡기 위해, SAVE KOREA AGAIN, 다시 이 나라를 위대하게 만들 자, 공의와 정의 강같이 흐르는 나라 되도록 일어나자"[「세이브코리아 주제가」, 2025. 1. 1]라는 노래를 다함께 합창할 때, 그들은 다음과 같은 전쟁 승리의 외침을 반복한다: "그들 질서당은 옛 사회의 표어인 **재산, 가족, 종교, 질서**를 자신들의 군대에, 그 **반혁명의 십자군**에게 군호로 지정해 주면서 '너희의 전쟁은 이 군호 아래서 승리를 거둘 것이다!'라고 외쳤다."[맑스, 「루이 보나파르트의 브뤼메르 18일」]

내전에 필요한 그 공동의 군호란, 황제/카이사르 콘스탄티누스의 로마군이 전쟁에 나가기 직전 하늘에 현시됐던 '**십자가 형상**', 즉 '**너희의 전쟁은 신의 이 표징 아래서 승리를 거둘 것이다!**'라는 승전의 외침 속 바로 그 신의 표징과도 같은 것이다. 다시 말해 반혁명 십자군의 지휘부 목자들이 지정한 저 군호들은 여기 내전에서의 승리를 약속하는 신의 십자가-성호^{聖號}였다. 그러나 그 십자가란 무엇인가. 그 십자가·십자군과 더불어 전쟁하는 신이란 어떤 힘의 형질을 띠는가. 다름 아닌 주인기표, 아무리 채워도 채워지지 않는 결여 속에서(그런 결여 상태로서) 전염되는 눈먼 권력의지의 재생산력. 그렇게 그 십자가-성호 아래서 내전을 다짐하는 십자군의 신은 "역사의 주인이신 하나님"이자 "대한민국의 주인이신 예수님"[「기도문」], 주인·수뇌의 자리에 앉은 성부와 성자의 이위일체인바, 그들 십자군은 그 이위일체의 성령으로 불어넣어진 신적인 신인神人으로 행(세)한다. 그러나 다시 반문컨대, 십자가란 무엇이며 그 위에 매달린 메시아는 어떤 힘의 형질을 띠는가. 바울의 문장들: "그리스도 예수는 신과 본질이 동일했지만 신과 동등한 존재가 되려고 하지 않았으며 오히려 **자기를 비워** 종의 신분을 취했고 우리와 같은 인간이 되었습니다. 그렇게 인간의 모습으로 나타나 자기를 낮추고, 끝까지 순종하였으니, 곧 십자가에서 죽었습니다."[「빌립보서」 2장 6~8절] 다름 아닌 케노시스 κένωσις, 즉 자기 비움·물러남·공위화·궐위화의 현장인 한에서 진정으로 신적인 전장인 십자가, 달리 말해 국가의 구제 즉 수뇌부의 구제라는 모조구원적 자기축적에의 의지와 기도를 거슬러 이위일체 전체의 자기 비움이 행해지는 현장으로서의 십자가, 이를테면 십자가-궐위의 전장.

케노시스의 그리스도를 십자가에 못 박는 여기 광장 십자군의 행동들과 예수의 말은 다음과 같다: "'아버지, 저 사람들을 용서해 주십시오. 저 사람들은 자기네가 무슨 일을 하는지 알지 못합니다.' 예수를 십자가에 못 박은 자들은 주사위를 던져 예수의 옷을 나누어가졌다."[「누가복음」 23장 34절] 십자가에서 주검으로 내려진 예수의 그 옷, 성화된 그 표상의 사적 소유에 골몰하는 십자가 아래의 물신숭배자들, 물신적 전리품으로서의 십자가. 그것이 십자가-궐위를 통해 개시開示/開始되는 윤리적-정치적 비판력의 대상이다. 달리 말해 케노시스, 즉 자기/힘의 텅 비움^{emptying}이 행해지는 안티-아르케적 장소들이란, 광장의 십자군이 「기도문」으로 봉행하고 있는 "역전[逆轉/逆戰]의 하나님"이, "전능하신 하나님"이, "불[火]병거[兵車]의 권능"으로 완전히 충전된 자기축적의 신이 무위로 돌려지고 있는 십자가-궐위의 현장들이다. 신의 자기 비움으로서의 십자가, 그것은 자기축적의 지고한 동력원으로 환속화된 신의 취소를, 그 신의 페르소나·신격들·신위들에 대한 공위화를 가리킨다. 세이브코리아의 이윤과 그 코리아·국가의 안녕이라는 이름 아래 행해지는 폭(권/위)력의 정당성을 근저^{Grund}로부터 나락의 심연^{Abgrund}이 되게 하는 십자가-정치기독학. 그것은 저들 십자군의 주인기표적 신 혹은 신정-정치적 주인기표에 일격을 가하는 신의 셀프-쿠를, 신 안에서 그 신을 가격하면서 그 신 너머를 향하는 신을, 신 안에서 친위쿠데타적 내전을 수행하는 신을, 그 신의 게발트에 대한 인식·촉발·증강을 이끄는 환원불가능한 차이화·성별화^{聖別化}의 힘을 표시한다.

p. s. 1. 국가비상시의 기도로 부활하는 성부와 성자, 십자가-성호 위에서 성부·성자의 이름으로 날인되는 축적의 일반공식: "가치는 이제 상품들[W]의 관계를 표현하는 것이 아니라 이를테면 자기 자신과의 사적인[자기증식적인] 관계를 맺는다[G—W—G']. 그것은 최초의 가치[처음에 투하된 가

치]로서의 자신[G]을 잉여가치로서의 자기 자신[ᐊG]으로부터 구별한다. 이는 성부Gott Vater가 성자Gott Sohn로서의 자기 자신으로부터 스스로를 구별하는 것과 마찬가지다. 비록 부자는 둘 다 나이가 같고 또 실제로는 둘이 한 몸이지만 말이다."[맑스, 『자본』]

p. s. 2. 국가비상 기도회 연단 걸개 플랜카드의 「아모스」 인용문, "오직 정의를 물같이, 공의를 마르지 않는 강같이 흐르게 할 지어다!"는 2017년 박근혜 탄핵결정문의 '보충의견'으로서 이른바 보수 성향 헌법재판관 안창호가 인용한 것이기도 했다. 그는 2012년 새누리당의 추천으로 헌법재판관이 되기 전에는 공안 검사의 길을 걸으면서 대검찰청 공안기획관으로 있었고 독실한 기독교인이었다. 헌법재판관으로서 그는 다름 아닌 공안의 이름 아래 박근혜 탄핵 판결에 「아모스」를 인용했다. 그런 그는 윤석열에 의해 정권의 방패 역할로 발탁되어 2024년 9월부터 오늘 현재까지 국가인권위원회 위원장으로 재직하고 있으며, '인권의 이름으로 즉 공안의 이름으로' 인권을 구속하고 있는 김용원·이충상 상임위원과 온전히 동조되고 있다. 그런 형질의 공안과는 다른 공공적인 것의 보호, 쉽지 않고 간단치 않은 그 길로서, 마찬가지로 「아모스」의 동일한 문장을 인용했던 이는 저 루터 킹 목사였다.

"오직 아나키만이 세계 위로 풀려난다"

2025년 2월 10일

    법이 무너져 세상이 암흑으로 변했다고 말하는 체포 직후의 대통령, 여기의 내란수괴 피의자. 그렇게 포고되는 무법적 아나키를 통한, 그 종말론적 아나키로부터의 이윤을 위한 십자군들의 내전에서, 즉 서부지법 난입과 세이브코리아 국가비상 기도회에서 미래의 희망을 본 대통령 암브로시오. 그런 방식과 목적에 따라 도래할 희망은 피의 폭력 없이는, 피 같은 것들의 사찰과 선별로 수탈되는 이윤의 배분광고 없이는, 거짓기만에의 자발적 동의와 동원을 위한 동기화 기술의 연계 없이는 불가능한 것이다. 그 지점에서 상기하게 되는 칠흑 같은 시, 한 편의 아나키론이 있다. 1919년의 계시록, 시인 예이츠의 「재림The Second Coming」이 그것이다.

    점점 더 넓게 소용돌이치며 날아오르는 매는,
    자신을 부리는 이의 소리를 듣지 못한다;
    모든 것들이 산산이 부서져 내린다;
    중심은 지탱할 수가 없다;
    오직 아나키만이 세계 위로 풀려난다Mere anarchy is loosed upon the world.
    피로 물든 물결이 퍼져나가면서, 도처에서

순수의 의례는 익사한다.
최선의 것은 일체의 확신을 결여하게 되며, 최악의 것은
강렬한 격정으로 가득 차게 된다.
필시 어떤 계시가 임박해 있다.
필시 재림이 임박해 있는 것이다.
재림! 이 말 내뱉기 무섭게
막대한 이미지 하나가 세계령世界靈에서 나와
내 시야를 어지럽힌다: 사막의 모래 위 어딘가
사자의 몸통과 사람의 머리로 된, 태양처럼
감정 없이 무자비한 눈빛의 그 이미지는
자신의 허벅지를 느리게 끌어 움직이고 있으며, 그 주위를
성난 사막 새들의 그림자가 어지러이 맴돈다.
다시 칠흑 같은 어둠이 내린다. 그러나 나는 이제 안다.
굳어진 돌처럼 깊은 잠에 빠진 이 2천년이란,
흔들리는 요람으로 인하여 악몽에 시달리고 있는 것임을.
바야흐로 때가 왔다는 듯, 또 어느 난폭한 야수가
스스로의 탄생을 위해 베들레헴 쪽으로 몸 굽히고 있는가?

　선한 자들은 신념을 잃고 우유부단에 빠지는 데 반해 최악의 인간들은 격정 너머 광신적 활동력을 자랑한다는 것. 이는 예이츠적 아나키-궐위상태에서 구성되는, 혹은 석열 암브로시오적 n차 계엄에의 의지 속에서 이뤄지는 적대의 구체화된 양태이다. 그 아나키, 그것은 선한 자들을 걸려 넘어지게 하

는 걸림돌skandalon[스캔들]이며 악한 자들을 도약케 하는 디딤돌이다. 아직 오지 않은, 도래중인, 임박한 메시아의 재림이란 그 걸림돌과 디딤돌의 기능을 바꾸는 힘의 발현이다. 비유컨대 그것은 저 이사야가 신의 말에 응답하지 않을 수 없었던 것처럼, 날아오른 매가 매꾼의 목소리에 응답하지 않을 수 없게 되는 역전적·전위적 사태일 것이다. 그렇게 역전되지 않고 있으며 전위되지 않고 있는 아나키-궐위상태 속의 인간을, 격정적이며 맹목적 계산으로 추동되는 말세末世-의-세인世人으로서, 사막 스핑크스 아래 이집트에서의 노예상태로서 지속되게 만드는 폭력의 형상. 그것이 메시아의 시원지 베들레헴에서 탄생하려고 하는 난폭한 야수이며 다름 아닌 적그리스도이다. 구원의 본원점인 베들레헴에서의 탄생을 참칭하는 피의 참주, 그 탄생에 따른 구원적 상황을 진짜 그리스도보다 더 진짜 같이 연출하는 적그리스도·안티메시아는 어떻게 통할하는가. 아나키+경찰, 이를 통한 구원[에어뢰중]/최종해결[엔트뢰중]. 그 플러스(+)와 슬래시(/)의 통치술은 아나키의 참주 적그리스도가 스스로를 본질이자 본원으로 설정하고 보위하는 양두구육의 술수로, 정당성이 조달된 기만적 축적의 기술로 기능한다. 이를 밝히고 계시하는 메시아의 재림parousia, 파루시아란 무엇인가. 우시아(본질이자 중심ousia)의 파격破/隔/par, 메시아적-제헌적 안티아르케의 힘이다. 모조구원적인 체제로부터의 엑소더스·클리나멘, 자유재량적 법제로부터의 신적인 탈존·외존, 줄여 말해 신적인 노모스의 취득이다. 여기 궐위 속의 우리에게 긴급히 필요한 것은 적그리스도적인 아나키-궐위상태가 경찰적 폭(권/위)력의 신성화된 체제를 배양하고 상연하는 요람·무대로 정립되지 않게 하는 비폭력적 메시아의 무-아르케적인 힘이다.

5장 "텅 비울 것", 그리고 "광장을 창출할 것"

2025. 2. 16.   권위를 만드는 증언:
              의인義人/義認이라는 제헌의 조건
2025. 2. 17.   진실위조의 체제 VS. 파레시아스트 즉 파루시아스트
2025. 2. 22.   전광훈과 손현보의 광장, 헌금자본의 일반공식
2025. 2. 25.   '계몽령'의 계몽 비판: 다시, "과감히 알고자 하라"
2025. 3. 1.   제7공화국 헌정의 한 가지 조건:
              비-주권과 자가-공동-면역
2025. 3. 6.   '해체적 성격'의 어셈블리:
              광장을 넘는 깃발 혹은 물활력物活力

궐위를 만드는 증언: 의인義人/義認이라는 제헌의 조건
2025년 2월 16일

지난 11일, 감사원장 탄핵 변론의 증인으로 헌재 법정에 나온 김숙동 감사원 특별조사국장. 윤석열 정부에서 이례적으로 고속 승진한 그의 안하무인과 오만불손한 말·표정·눈빛·손짓·거동들, 그것에 뒷받침된 동문서답들. 다름 아닌 강변強辯의 단순한 빌미로서만 들먹거려질 뿐인 국가와 국민, 볼모잡힌 공공적인 것. 반복되면서 격심해지는 그 강변의 형식과 내용을 견디며 마주하기란 쉽지 않은 일이었다. 헌재소장 권한대행 문형배는 김숙동의 강변을 차단했고, 왜 질문과 직접 관계가 없는 답을 하느냐고 말한 뒤, 다음과 같이 지적했다: "여기는 증인의 충성심을 증명하는 자리가 아닙니다." 안하무인眼下無人의 증언, 안상일인眼上一人에의 충성. 그 일자·지존의 부당·불의한 계엄령을 장식하기 위해 공공적인/공통적인 것을 볼모잡고 있는 계엄세력에의 현재적 가담자, 공공적인 것의 정의 혹은 정의의 공공성을 표방하면서 불의不義에의 충성심을 증명하고 있는 자, 의인을 참칭하는 불의한 자. 그런 한에서 그 충성심이란 궐위 속에서의 병적 징후들을 집약하는 정신/행동의 주요 벡터라고 할 수 있을 것인바, 이를 거슬러 맞세우게 되는 또 하나의 증언이 있었다. 지난 13일 대통령 탄핵재판 8차 변론의 증인으로 나온 수도경비사령부 제1경비단장 조성현의 법정 진술이 그것이다.

수방사 사령관 이진우가 내린 지시의 "정확한 워딩"이 어떻게 되느냐는 재판관 정형식의 질문에 조성현은 답했다. "국회 본청 내부로 들어가서 의원들을 끌어내라." 헌재의 유일한 직권 증인으로서 조성현은 형사재판을 이유로 증언을 거부한 사령관들(이진우·여인형)과는 달리 시종일관 침착한 태도로 진술을 이어갔다. 그런 태도를 부정하기 위해, 그 태도로 인하여 형성된 재판정의 수긍적 분위기를 혼란시키기 위해 윤석열의 변호인 윤갑근은 특수통 검사 출신이자 자유한국당 국회의원 공천자 출신답게 최종심문에서 발언했다. 그것은 뒤늦은 발악伏惡이었다. "지금 증인은 이진우 사령관으로부터 받은 지시가 불법이므로 이행하지 않은 것처럼, 의인처럼 행동하고 있습니다. 이미 증인은 명령을 부하들에게 하달했으며, 그런 한에서 증인은 지금 여러 측면에서 다른 목적을 가지고 허위로 진술한다고 볼 수밖에 없습니다. 따라서 증인에 대한 진술조서는 증거로 사용할 수 없습니다." 다른 목적을 가진 윤갑근의 말, 궁극적으로 n차 계엄에 이바지하게 될 그 강압적 변론에 대해 조성현은 다음과 같이 답했고, 조용한 그 응답은 이번 비상사태의 복마전伏魔殿 같은 말들 속에서 쉬 찾기 어려운 드문 숙연함과 귀한 엄정함을 가진 말이었다: "저는 의인이 아닙니다. 저는 1경비단장으로서, 제 부하들의 지휘관입니다. 제가 아무리 거짓말을 해도 제 부하들은 다 알고 있습니다. 그렇기 때문에 저는 일체 거짓말을 할 수도 없고, 해서도 안 된다고 생각합니다. 저는 제 역할을 수행하는 것이며, 당시 제가 했던 역할들을 진술할 뿐입니다. 이상입니다." 이 증언으로부터 조정환은 "조용히 암시되고 있는 대안적 제헌 원리"를 감지하면서 그 세부 내역을 다음과 같이 제시한다: "복종의 헌법이 아니라 불복종의 헌법. 충성의 헌법이 아니라 (들뢰즈적 의미의) '배반'의 헌법. 정지의 헌법이 아니라 창조의 헌법. 소인의 헌법이 아니라 의인의 헌법."[페이스북, 2025. 2. 15] 이 구별의 의지, 오늘 여기 필요하고도 가능한 그 준별의 의지를 달리 반복해 보고 싶다.

의인처럼 행동하고 있다는 합법기소적 강변에 맞서 의인이 아니라고 말하는 의인. 경비단장직을 맡은 직업군인이지 의인이 아니라고 말하는, 다른 누구 아닌 부하들의 지휘관이라고 말하는, 부하들의 눈·귀·입·생각·행동이라는 아래쪽으로부터의 규정력을 따라 사실·진실을 밝히지 않을 수 없는 의무를 갖게 된다고 말하는 자, 아래쪽-규정력을 따르는 위쪽에서만 명령이라는 것이 성립될 수 있음을 아는 자, 그런 식의 명령일 때에만 아래쪽이 차원 높은 복종과 동의를 표할 것임을 아는 자, 그런 사정을 알게 된 자, 직업-사명에의 각성 과정 속에서 사령관의 일방적·불법적 명령 부과를 거슬러 정신과 행동의 준별축을 설정할 수 있게 된 자, 줄여 말해 의인, 의인이라는 규범적 의식 없이 존재하는 의인. 달리 말해 아래쪽-규정력과의 공동협업이 불가항력적인 것이며 필수불가결한 것임을 알게 된 자, 그런 사정을 알아가고 있는 지금 여기의 의인.

직업군인 조성현의 최후진술은 아래쪽-규정자들과의 피할 수 없는 대면을 원천으로 하는 공통적 질서의 구축 계기를, 새로운 헌정질서의 분만 과정을 가리키는 윤리적-정치적 이정표와도 같다. 그것은 이를테면 주군·왕에의 계약체결적·일방향적·신민적·선민적 충성 아닌 원原계약적·상하상호적·공통적·모색적 제헌에의 충실을 가리킨다.

의인을 참칭하는 김숙동 조사국장과는 반대로 자신은 의인이 아니라고 말하는 조성현 경비단장. 그가 윗선의 불법적 명령을 거스를 수 있는 '참된 군인'일 때, 그 불법성을 거부하는 아래로부터의 절대적 인지력을 공유할 줄 아는 상관일 때, 그렇게 아래쪽 부하들의 상급 지휘관이라는 천직-소명beruf에 충실한 상태일 때, 달리 말해 신적인 소환-부름beruf에 응답하고 있을 그때 그는 (의인이 아니라고 말하는) 의인이다. 이를테면, 베버+이사야적 기획으로서의 '제가 여기 있습니다.' 그런 의인의 응답을 통해 발현하는 새로운 헌정질서의 분만력, 그런 응답의 의인義認을 통해 발현하는 신적인 노모스의 취득력. 정의[義]를 인정[認]받는다는 것, 그것이 진정한 제헌적 힘의 정당성 근거를 이루게 될 때, 임의재량적 법의 구축에 이바지하는 n차 계엄적 유사국민저항권의 정당성은 준별된다. 신적인 소환-부름에 아래로부터 응답하는 직업-군인 조성현을 통해, 그 의인을 통해 표시되며 고지되고 있는 공통적 정의의 인정을 위해 돌아보게 되는 것은 다음과 같은 바울적 근원물음이다: 법이냐 믿음이냐. "우리가 그리스도를 믿는 것은 그 믿음으로써 신의 의롭게 해주심을 받고자 하는 것입니다. 율법을 지키는 행위로는 아무도 의롭게 될 수 없기 때문입니다."[「갈라디아서」 2장 16절]

바울의 이 문장들은 바울에게 믿음을 통한 정의의 인정이라는 것이 법에 의한 죽음과 더불어 이뤄질 법으로부터의 해방을 조건으로 삼는다는 점과 연동한다. 여기의 한 가지 사례이자 범례로서 예컨대, 12·3 친위쿠데타의 밤에 있었던 모종의 메타노이아적(회심적) 순간·시간, 윗선의 명령을 거슬러 국회 통제 관련 후속조치 부대에 서강대교를 넘어 오지 말라고 대기명령을 내렸을 때 조성현은 (군)법의 손에서 이미 죽은 목숨이었으되 그 죽음과 동시에 지배적 법의 연관으로부터 풀려나기 시작하며, 아래로부터의 응답·믿음을 통해 신(적인 힘) 안에서의 삶·생명을 시작한다. 그것은 법이냐 믿음이냐는 물음 곁에서 법의 소멸 과정과도 같은 법의 완성 과정을 가리키는바, 바울은 신이 내린 법이라는 것을 장차 오게 될 메시아에의 믿음이 아직 이뤄지지 않은 상태에서의 삶에 대한 '후견자(감시자)'이자 '개인교사'로 비유하면서, 지금 그 메시아/믿음이라는 것이 이미 도래하고 있다고, 더 이상 우리는 법이라는 개인교사 아래에 있지 않다고, 우리는 신적인 정의의 인정과 정의에 대한 신적인 인정 안에 있다고 고지한다. 그것은 일반화된 소외상태의 끝이 시작되게 한다: "유대 사람이나 그리스 사람이나, 노예나 자유인이나, 남자나 여자나 차별이 없습니다. 그것은 여러분이 메시아 안에서 모두 하나이기 때문입니다."[「갈라디아서」3장 28절] 바울+조성현적 기획으로서의 의인, 그 정당한 응답·증언·믿음으로 발현하는 신적인 비폭력은 낡은 법폭력의 그물망·케이블타이·야구방망이·거짓말 속에 일그러진 채로 잉태되어 있는 새로운 법질서를, 낡은 법폭력의 저격·수거·폭사 기획 앞에서 재갈물린 채로 매장되고 있는 신적인 노모스를 풀려나게 하는 산파이다.

p. s. '직업군인'이라는 낯익은 낱말을 낯설게 감지하게 된 계기, 상하상호적인 진리구성에 뿌리박은 제헌력의 조건이자 계기로서 천직-소명과 신적인 소환을 언급한 것은 베버가 말하는 '직업/소명'과 '정치가' 사이의 관계에서 촉발된 것이기도 하다: "누구든 정치가가 되려면 '대의'에 대한 헌신으로서의 열정을 가짐과 동시에 바로 이 대의에 대한 **책임의식**을 그의 행위를 이끄는 결정적인 길잡이로 삼아야 합니다. 그리고 이를 위해 필요한 것이 **현실감각**입니다. 이것은 정치가의 매우 중요한 심리적 자질로서 내적 집중과 평정 속에서 현실을 수용하고 판단할 수 있는 능력, 그러니까 사물과 인간에 대해 **거리를 둘 수 있는 능력**을 말합니다. 그렇게 정치가에게는 세 가지 자질이 결정적으로 중요하다고 말할 수 있는바, 열정-책임감-현실감각이 그것입니다. 이 가운데 열정은 즉물성이라는 의미를 갖습니다: 다시 말해 하나의 '대의'와 그것의 명령자인 신이나 데몬에 대한 열정적인 헌신을 말합니다."[『직업으로서의 정치』]

진실위조의 체제 VS. 파레시아스트 즉 파루시아스트
2025년 2월 17일

    수방사령관(윗선·비선)의 명령에 불복종했던 군인의 소명, 그 신적인 부름에 응함으로써 이뤄지는 의인됨의 상황. 이를 새로운 노모스의 분만 즉 산파의 비폭력적 소명이라는 관점에서, 그리고 '법이냐 믿음이냐'라는 물음 곁에서 다시 살필 때, 헌재 법정에 섰던 증인 조성현의 '의인'되는 증언은 다음과 같이 달리 명명될 수 있다: 파레시아스트의 파레시아.

"파레시아는 일종의 발언 행위이며, 그 속에서 화자는 솔직함을 통해 진실과 일정한 관계를 설정하고, 위험을 통해 자신의 삶과 일정한 관계를 수립하며, 자유 및 의무를 통해 법과 일정한 관계를 수립하고, 자아비판이나 타자에 대한 비판 같은 여러 비판들을 통해 타자와 일정한 관계를 수립합니다. 정확히 말해 파레시아는 발언 행위인데, 이 행위 내에서 발언자는 생명의 위험을 감수하고 진실과 자신이 맺는 개인적인 관계를 표명합니다. 왜냐하면 그는 타자를 개선하고 돕기 위해 진실을 말하는 것이 자신의 의무라고 생각하기 때문입니다. 파레시아 안에서 발언자는 자유를 활용하고, 거짓 대신 진실을 선택하며, 생명과 안전보다는 죽음을 택하고, 아첨 대신 비판을 택하며, 이득이나 이기심 대신 의무를 택합니다."[푸코, 『담론과 진실』]

 아래쪽·부하들이 표출했던 것이 될 정의의 규정력, 그 힘과의 불가항력적인 공동협업을 의무로서 예감하지 않을 수 없었고 실제로 수행하지 않을 수 없었던, 그렇게 합법과 불법의 통상적인 분할의 폭력을 해제하고 다른 법의 형질을 묘출할 수 있었던 증언자 조성현 대령, 파레시아스트의 파레시아. 그것은 여기 대통령의 손바닥에 새겨져 있었던 '王'이라는 글자, 그 왕·머리 없이 권력관계를 묘사하는 방법이자 그 왕·대권의 영속적 군정을 없애는 힘의 관계를 표시하는 과정을 표시한다. 그것은 현상유지적인 제정권력의 그물망 안에서 항상 이미 태동하고 있는 제헌적인 힘의 저변을, 위로부터 부과되는 법질서 안에서 그 너머를 설정하는 상하상호적인 제헌력을, 진리구성적 제헌력의 발현 조건을 가리킨다. 파레시아스트의 파레시아, 그것은 n차 계엄의 지속 안에서 창궐하고 횡행하는 말들, 거짓 증언들, 간계를 품은 법어들, 협박과 혐오의 말들, 처벌의 거래와 회유의 말들, 위험을 우회하고 자유를 호도하며 안전과 아첨과 이득을 택하면서 진실·삶·법·타자와의 관계를 위계적 보호-복종의 교환 속에서만 설정하는 말들, 그런 말들의 체제를, 그런 말들로 된 체제를 끝내는 일격의 발화이다. 그것은 저 포고령 1호 아래서 합동수사본부 및 합동수사단과 1심·2심의 사법권을 이양 받은 군사법원을 통해 구축될 진실위조 체제로서의 계엄국가에 대한 일격이다(현재 대통령령으로 정해진 「계엄사령부 직제」 9개조 중 2개조가 "합동수사기구"의 합법성을 정초하고 있다).

여기 「계엄법 제10조」(1949년 11월 24일 제정되고 당일 시행된 이 조항의 최초 형태는 다음과 같다. "경비계엄의 선포와 동시에 계엄사령관은 계엄지역내의 군사에 관한 행정사무와 사법사무를 관장한다"), 즉 '비상계엄 하의 군사법원 재판권'에 관한 규정이 명시하고 있는 13개의 죄 가운데 네 번째 "공안公安을 해치는 죄", 그것이 여기의 진실위조 체제를 죄의 체제가 아닌 것으로 면죄할 것이었다. 그런 면죄·구제의 영구적인 체제, 환속화된 특권적 위조은총의 체제에 끝을 도래시키는 진리 재구축적인 임재(파루시아)의 힘, 그것이 파레시아의 정의와 더불어 발현한다. 이를테면, 파레시아스트 즉 파루시아스트. 그는 법이냐 믿음이냐 사이의 양자택일을, 그 둘 사이의 관계 재설정을 요청하고 또 인도하는 힘의 표시라고 할 수 있다: "파레시아스트는 신뢰할 수 있는 자입니다. 왜냐하면 그는 그의 믿음들이 진실인 사람이기 때문이죠. 그의 믿음은 진실입니다. 자기 자신에게만 진실인 게 아니라 그 자체로 진실입니다. 바로 그것이 파레시아입니다. 파레시아스트는 진실을 말하도록 되어 있습니다. 그가 믿는 바는 진실이고, 그가 믿는다고 말하는 바를 우리는 믿어야 하는데, 그 이유는 그것이 진실이기 때문입니다."[『담론과 진실』]

전광훈과 손현보의 광장, 헌금자본의 일반공식
2025년 2월 22일

파레시아스트가 지니고서 말하게 되는 믿음이라는 것의 형질과 관련하여 생각하게 되는 것이 있다. 법이냐 신앙이냐, 법 위의 신앙, 법을 초월하는 신에의 앙망, 법을 엉망의 아나키 상태로 해체함으로써 특권적으로 재구축하려는 환속화된 신적인 힘으로서의 신앙, 그런 신앙에 뿌리박은 증언의 다른 형식이 그것이다. 그러니까 신의 증인, 신에 대한 증언자, 다름 아닌 목사 전광훈과 손현보의 광장에서 그려지는 거짓 그리스도적 청사진, 이를 향한 광신적 갈채를 매개로 성황리에 치러지는 성스런 정치-사업. 말하자면 신을 매개로 삼은 증언의 형식, 축적의 신에 볼모잡힌 하위 신의 노동.

헌금["1년에 1천억"], 신용카드["선교카드"], 알뜰폰["유심(USIM)이 애국심"], 종신연금["제3의 국민연금"], 자유일보, 쇼핑몰["광화문몰"], 공동체["자유마을"], 자유통일당. 그러니까 가입·구독·구매·판촉·등록·입당을 신앙의 주요 표식으로 삼는 환속화된 신법 안의 목자, 현행법 밖의 신적인 인간(아웃로), 일명 "이사야 같은 신지자 전광훈."[국회의원 김기현, '문재인 퇴진 국민대회'에서의 발언, 2019. 11. 30] 광장의 연단에 서서 혼자만 말하는 확성기로 저 광야로부터의 계고(啓告)를 참칭하는 참람한 자. 그런 전광훈과 손현보가 분점한 광화문과 여의도의 광장은 오늘 여기서 이윤을 축적하기 위해 선택된 최적의 일반공식을 그리스도의 이름으로 가동시킨다. 명명컨대, 헌금자본^{Opfergeldkapital}의 일반공식(G=G′).

상품자본(G—W—G′)과 이자 낳는 자본(G—G′)보다 더 순수한 자본, 희생^{Opfer}을 기꺼이 감수하면서 신의 제단에 헌상된 돈^{Geld}을 합법적 성금$^{誠金/聖金}$으로서 단지 거둬들이기만 할 뿐인, 그것 이외에 아무런 공정을 따로 필요로 하지 않는, 그렇기에 무교환적·무저항적·무매개적·직접적·비자금적·무회계적 증식회로를 구축할 수 있게 되는 헌금자본(전광훈의 광장=교회는 "매년 1천억짜리 사업"이었으며, 손현보 10·27 기도집회의 목표는 "1일 200만 집회, 200억 헌금모금"이었다). 탄핵·공산주의·차별금지법 반대투쟁으로 채워진 광장이라는 교회는 약육강식의 경쟁 끝에 더 이상의 성장이 불가능해진 한국 개신교계의 유력한 축적모델로 자리잡았다. 그런 한에서, 축적하라는 명령을 반복하는 모세-선지자를 따라 일반화된 소외상태 속의 삶을 질료로 삼는 목사들의 정치종교적/사목권력적 축적 현장으로서의 광장=교회는 맑스적 모세-율법의 손에 의해 탄생하고 성장한 불의의 지성소^{Sanktuarium}이다. 그들이 믿는 성스러운^{Sankt} 잉여가치 즉 성자·메시아(ΔG)란 달리 말해 이윤축적의 시공간에서만 발현하는 이위일체적 신, 축적을 보장하는 신, 축적으로 보위되는 신, 축적을 보호하는 법의 재구축력으로서의 신이다.

그런 신, 그 신화적 축적폭력의 네트워크를 정지시키는 힘이란, 오직 최저선과 최소한도에서만 죽은 듯이 살게 만들고 축적의 필요에 부응하지 못하는 생명은 죽게 내버려두는 상태를 거슬러 맞세워지는 후생의 정치를 통해, 그런 삶/죽음의 배분상태를 체계적으로 운용·재생산할 때에만 가능해지는 축적의 계기들·조건들·기반들을 공통적인 취득·사용·나눔이 가능한 상태로 전위시켜 나가는 과정을 통해 발현할 것이다. 그런 과정을 스치거나 관통해 가는 접선들 위에, 지금 여기의 궐위상태를 기반으로 실험될 수 있을 진정한 제헌력의 지향과 행로가 있을 것이다. 이를 달리 집약하는 문답이 있는바, 그것은 법이냐 믿음이냐의 물음에서 발원한다. "그렇다면 신은 왜 율법을 주셨을까요? 신이 약속한 미래 세대가 도래할 때까지 죄를 밝히시려고 덧붙여 주신 것이 율법입니다. 그것은 신에 의해 천사들을 거치고 중개자들의 손을 거쳐 제정되었습니다. 그러나 율법과는 달리 신의 약속은 중재자를 내세우지 않고 신 한 분의 생각으로 하신 것입니다."[「갈라디아서」 3장 19~20절] 죄를 밝히는 기소적 매개력으로서의 법, 법적 매개의 유혈성, 임시가설적으로 덧붙여지고 여러 중개를 거쳐 제정되었기에 본원적으로 간접화되어 있으며 그렇기에 무책임한 법과는 달리, 도래할 메시아에 대한 신의 언약, 그러니까 법의 소멸과도 같은 법의 완성 과정으로서 도래힐 메시아에의 언약은 유일하고도 직접적이며 그렇기에 원천적으로 책임 부과되어 있다. 진정한 제헌력은 그런 형질의 법에서 신의 언약으로 향해 가는, 그런 법이 신적인 언약에의 믿음으로 탈구축되어 가는 벡터로 구성된다. 그 제헌의 벡터를 정면에서 거스르는 정치신학적 축적의 테제, 그것은 오늘 전광훈의 국민저항권론과 한 몸을 이룬 어제 전광훈의 유명한 말이다: "하나님 꼼짝 마. 하나님 까불면 나한테 죽어."['청와대 집회'에서의 발언, 2019. 10. 22] 이 말은 오늘 전광훈이 자신의 왕정적王政的 광장=교회에 1천만 신민臣民/信民이 가맹할 때를 상정하여 1년 20조원의 잉여가치-그리스도를 계산해 낼 때, 그렇게 잉여가치라는 이위일체-신을 왕명의 법치로 산출해낼 수 있게 될 때 실제적 힘을 발휘한다. 매개·중개되는 임시적이며 무책임한 법, 축적으로 수렴하는 법역, 간접화하는 그 광장=교회의 법 앞에 볼모로 잡혀 있는 신.

여기 친위쿠데타의 계엄령에 투사하여 그려내는 온갖 정치적 청사진은 광장=교회라는 홈 패인 반석 위에서 이뤄지는 축적의 회로도 내부에 기능단위로 배치되는 것인바, 국민저항권을 하나의 정점으로 지속중인 n차 계엄이란 그 축적 회로의 원동력이자 생산물로서 볼모잡힌 신의 법에 의해 명령되고 보호되는 중이다. 그런 한에서 필요한 것, 구성해야 할 것은 볼모잡힌 신을 내파하는 다른 신, 낯선 신이며, 그 낯선 신에의 믿음 속에서 그 신과 한 몸으로 발현하는 메시아적 전위轉位의 힘이다. 그런 힘을 증식시켜 가는 자는 간접화된 소외상태를 깨고 나오는 직접적-신적 삶의 형식을 취득했던 게 될 것이다. 줄여 말해 신(적인 노모스)-취득, 이를 집약하는 바울의 다음과 같은 한 문장은 여기의 궐위상태가 반복·교체되는 자유위임적 1인 우두머리로 메워져서는 안 된다는 점을, 간접권력적 수뇌부의 통치가 끝나기 시작하는 삶·정치의 형식을 표시해 준다: "이제는 내가 사는 것이 아니라 메시아가 내 안에서 사는 것입니다."[「갈라디아서」 2장 20절]

"계몽령"의 계몽 비판: 다시, "과감히 알고자 하라"
2025년 2월 25일

오늘 헌법재판소 최종변론에서 피청구인 대통령 측 대리인단의 변호사 김계리는 말했다: "저는 계엄 직후 곧바로 법조문을 확인하였습니다. 민주당이 다수당인데, 금방 해제가 될 텐데, 대통령이 검사인데, 그 사실을 모를 리 없을 텐데, 도대체 이게 무슨 상황인가. 역시나 금새 국회의 해제의결이 있었고 계엄은 해제되었습니다. 담화문을 찬찬히 읽어보았습니다. 제가 임신과 출산과 육아를 하느라 몰랐던, 민주당이 저지른 패악을, 일당독재의 파쇼행위를 확인하고는, 아이와 함께하려고 비워둔 시간을 나누어 이 사건에 뛰어들게 되었습니다. / 저는 계몽되었습니다. 체제전복을 노리는 반국가세력이 준동하고 있습니다." 다름 아닌 '계몽', 즉각적으로 '계몽령啓蒙令'을 떠올리게 하면서 계엄지지 세력의 규합에 영합하는 그 낱말이 내란수괴 피의자 대통령의 파면 여부를 결정하는 최종법정에서 생방송되고 있다는 점이 낯간지러웠고 낯뜨거웠다. 그 모종의 수치심 속에서 떠올랐던 흐린 문장들을 낯빛 고쳐 정색하고 옮겨보게 된다.

"계몽Aufklärung이란 인간 자신의 자업자득[자기죄책]으로 인한 미성숙성Unmündigkeit[미성년 상태] 밖으로 나가는 것이다.

미성숙성이란 타인의 지도 없이는 자신의 이성을 활용할 수 없는 무능력이다. 그 미성숙성의 원인이 이성의 궁핍에 있는 게 아니라 타인의 지도 없이 이성을 활용하고자 하는 결단과 용기의 궁핍에 있는 것이라면, 그 미성숙성은 다른 누구 아닌 **스스로가 책임져야** 하는 것이다. **과감히 알고자 하라!**Sapere aude! 자신의 이성을 활용하려는 용기를 가져라! 그것이 계몽의 표어다."[칸트, 「질문에 대한 회답: 계몽이란 무엇인가?」]

다름 아닌 자업자득에 따라 '미성숙' 상태 속으로 기어들어가는 자, 오직 타인의 지도 혹은 그 극한을 지령하는 노상원의 수첩을 선망하면서 한 줌의 이성조차 스스로 활용할 줄 모르게 된 무능력 상태를 최대치의 능력으로 오인하는 자, 그런 오인 속에서만이 배타적 자기 증식의 환상적인 행복을 구가할 수 있는 자, 과감히 알고자 하라는 계몽의 표어에 '과감히 갈망하라! 총통에 의한 구원을!'이라는 선민의 신앙고백을 맞세우는 법 앞의 문지기, 영원한 미결수·미결단자.

오늘 마찬가지로 최종변론에 나선 청구인 국회 측 대리인단의 변호사 김진한은 말한다: "저는 헌법 재판소, 그리고 2025년 우리 시민들에게 필요한 진실과 용기라는 주제로 말씀드리려고 합니다. 헌법 재판소는 대한민국의 헌법질서를 지키는 최후의 보루입니다. 하지만 권력자나 다른 국가기관을 압도할 수 있는 힘을 갖고 있지는 못합니다. 헌법 재판소가 갖는 재판의 권한도 사실 다른 권력기관이 갖는 힘과 비교할 때 그 힘은 미미합니다. 판단하는 힘이라기보다는 오히려 질문하는 힘에 가깝습니다. 헌재가 갖는 유일한 힘은 바로 그 질문하는 힘, 그리고 그 질문이 갖는 설득력입니다. 헌법 재판소는 그동안 이런 질문의 힘을 공정하고 정의롭게 사용해 왔습니다. 그 덕분에 우리 사회는 한 걸음 더 성장할 수 있었습니다."

헌법재판소의 힘, 그 '질문하는 힘'은 과감히 알려고 하라는 표어의 안티-아르케적인 발현과 상호작용할 수 있는 자질을 띤 것이다. 단, 그 상호성의 조건은 통치비밀적 법제·국제國制에 빛을 비추는 계몽enlightenment의 향방과 명도明度에 걸려있다. 그런 계몽의 밝기를 증대시키고 그 방향을 조정할 필요의 힘에 따라 헌법재판소의 질문하는 힘은 헌법재판소로부터 탈구·박탈·전유되어 재활성화되어야 할 수도 있는바, 헌재를 헌법 수호 '최후의 보루'로 설정하는 제도합법주의적 경로의존은 바로 그 합법제도의 틀 안에서 보장된 그것의 예외로 발효됐던 12·3 비상계엄 및 n차 계엄적 폭력 앞에서 여전히 계몽 아닌 미성숙성으로의 일방통행로를 깐다. "헌법재판소가 조만간 내려주실 결정"에 따라 "우리의 민주주의는 더욱 강해질 것이며 우리 국민들은 그 결정 속에서 희망을 발견하게 될 것"이라는 김진한 변호사의 간곡한 최종변론은 이렇게 마무리된다. "우리 대리인단 모두는 숨죽어 헌법 재판소의 판단을 기다리겠습니다. 그리고 국민들과 함께 간절한 마음으로 헌법재판소의 정의로운 판단을 기도하고 염원하겠습니다." 읍소泣訴, 눈물로 호소함. 헌정의 진정한 수호를 위한 계몽의 구성은, 헌법재판소를 향한 기도와 염원 속에서 이뤄지는 것이라기보다 헌법재판소라는 최후·최종적 제도심급에서 간접화된 형질로만 발현하는 결정적 질문의 힘을 공공적인 것의 증강력으로, 새로운 사회의 분만력으로 직-접 기능하게 만드는 장치들의 제작과 배치 속에서 이뤄질 것이다. 저 미성숙·미성년의 상태를 유지함으로써 축적하는 계몽령의 그 계몽에 대한 비판은 그런 '직-접'력의 요소들·자질들·발현들을 향한 앎에의 과감한 의지에, 계엄적 특권의 이윤을 거스르는 계몽에, 줄여 말해 계몽에 근거한다.

제7공화국 헌정의 한 가지 조건: 비-주권과 자가-공동-면역
2025년 3월 1일

아무 일도 일어나지 않았다고, 내란 프레임을 만든 자들이 호수 위의 달그림자를 쫓고 있다고 진술하는 윤석열을 보면서 다시금 상기하게 됐던 것은 12·3 계엄의 밤을 함께 했던 시민들이다. 계엄 방송 직후 지체 없이 국회의사당 쪽으로 운집하지 않을 수 없었던 사람들, 하달된 군령을 소극적으로 수행하던 비복종 계엄군들(예컨대, 허리 숙여 '죄송합니다'라고 말하면서 철수하던 계엄군-시민), 비상계엄을 어처구니없는 것으로 간주하면서도 실시간 라이브 영상으로 현장을 예의주시하던 도처의 사람들. 그들의 그런 행위와 정서를 윤석열의 정치적 거짓말들에 맞세워, 그러니까 '전두환 대통령이 정치 하나는 잘 했다'는 지론을 가진 윤석열의 군정적 의지에 맞세워 재생시켜 보게 된다. 그럴 때 12·3의 시민을 구성하는 즉각적 반응과 체질적인 정서는 1980년 5월 18일의 계엄 이후 여기 시민의 집합적 신체 속에서 반독재 DNA라고 할 만한 것으로 배양되고 있었다고, 민주화의 이름 아래 이뤄진 그런 배양 혹은 체질화의 시간은 반민주적 헌정파괴의 독소 합성에 맞서 시민들의 정치체 안에서 일어난 알레르기 반응(거부/축출)의 역사였다고, 말하자면 그것은 모종의 정치적 집단 면역화가 진행되는 과정이었다고 (비유)할 수 있지 않을까 한다. 영구집권을 위한 역행적 계엄령, 그 시대착오적 계몽령—바이러스의 전파·전도·전염에 따른 정치체의 마비·괴사·기능부전에 맞서 여기 면역화의 프로세스는 현행 헌법과 그 헌법에 기반한 민주적 삶의 최종적인 수호를 근원항체로 삼고 있다. 그 연장선에서, 윤석열의 헌재 최후진술 속 '직무 복귀 후 개헌' 운운을 면피적이며 사사화私邪化된 개소리로 결정짓고 그 최후진술 전체를 도래할 헌법이성에 따른 파면이유로 추가하기 위하여, 나아가 제7공화국 헌정의 발현 조건을 살피기 위하여 고안해본 질문들은 다음과 같다: 여기 우리의 집단 면역화 상태는 어떤 자가면역 질환을 야기하고 있는가, 현행적 헌정 질서는 어떤 타자=항원抗原을 착취/축출의 대상으로 삼으면서 수호되고 있는가, 달리 말해 여기 궐위상태로부터 구성될 새로운 정치체·헌정체란 어떤 면역계를 가진 것이어야 하는가.

이런 면역계여서는 안 될 것이다. 즉, 찬성 204표 대의제 턱걸이 탄핵 이후 여기의 궐위 속에서 이뤄졌던 예외적 만장일치의 면역화, 그 예외 안에서 내란옹호당과 내란종식당과 소수적이지 않은 소수당들이 강렬한 전체로서 표출했던 합일된 목소리, 지난 2월 27일 국회 본회의에서 재석 274명 찬성 268표로 가결된 출입국관리법 일부개정 법률안. 그것은 강제되거 명령을 받았거나 난민 심사 중인 외국인에 대해 무제약적인 감금을 가능케 했던 출입국관리법 제63조 1항에 대한 헌법재판소의 위헌 결정 이후 2년 만에 통과된 개악법이다(헌법소원 제청자는 이집트 출신 미성년 난민신청자였으며, 헌재

재판관 9인 평의 결과는 6:3이었다). 2007년 여수외국인보호소 화재 참사, 2021년 화성외국인보호소 새우꺾기 고문 등 신체의 자유에 대한 극심한 제약과 그런 제약에 대한 중립적 통제 기관의 부재를 지적한 헌재 판결에 따라 이번 개정법은 수용 기간을 최장 20개월로 명시하는 외양을 취했지만 재연장이 가능하도록 했으며, 중립적 기관 아닌 법무부 산하 외국인보호위원회에 관리를 일임하도록 했다. 그들 외국인, 즉 이방의 병원균=타자는 여기의 대의제 만장일치에 따른 합법적 면역계 속에서, 그런 대의제-궐위상태 아래의 보통 시민들에게 고지되는 방역 집행의 가이드라인이자 정치적 배제 허용의 시그널로서, 다름 아닌 사실상의 계엄상태 아래로 수용되고 처분된다. 특정 정치체 내부에서 그 신체에 부작용을 일으키는 이질물로서의 타자=항원antigen은 신체 자신의 고유성을 유지하는 대사작용에 반항적으로 기능하는 안티-자기anti-self의 발생적 원천이며, 이를 규제함으로써 수행되는 자기 보호화의 메커니즘이 면역화인바, 개정된 출입국관리법의 집행은 계엄 이후 새로운 사회의 분만을 향한 광장의 직접적 의지 이후에도 잔존하게 될 계엄적인 것의 사례이자 범례이다. 그것은 광장의 그 집합적 의지라는 것이 언제든 비-자기에 대한 대항면역체계의 항체로 기능할 위험 속에 있음을 표시한다. 이방인에 대한 계엄은 우리에게 내려진 계엄과 동질적이다. 우리의 계엄이 해제됐듯이 그들의 계엄도 해제되어야 한다. 우리의 계엄이 해제됐음에도 그들의 계엄이 해제되지 않는다면 우리의 계엄 해제는 미완의 것이며 위험스런 것이다. 해제되지 않은 그들의 계엄이 우리의 방조와 묵인 속에서 지속될 것이기 때문이며, 끝내 그들의 계엄 아래로 우리의 삶이 수거될 수 있기 때문이다. 필연이 된 계엄의 항존을 양분으로 삼는 다른 괴물들이 윤석열이라는 탄핵된 괴물로 인해 거듭 일깨워질 것이기 때문이다. 일깨워진 괴물들과 우리가 저 만장일치의 필연 아래서 적대하면서도 이윤을 사이좋게 분점할 것이기 때문이다.

출입국관리법 개정안, 그 면역화의 법률, 법외法外·예외구역으로의 타자 집중수용의 법률은 이른바 비오스의 상태 즉 특유한 삶의 형식을 조에 즉 목숨만 붙어있는 삶의 상태로, 법적 보호복이 벌거벗겨진 법 밖의 인간으로, 비-인간으로 재량껏 변환시키며, 그렇기에 계엄적인 것인바, 그런 계엄적 변환과 전위를 통해서만이 취득될 수 있는 축적의 홈 패인 시공간에 봉헌한다. 그런 한에서 저 268표의 국회의원들이 한결같이 집전하는 만장일치의 (고해)성사는 축적하라는 명령의 고충들을 처리하면서 최고도 면역화 상태로서의 잉여가치-그리스도와 합일해 가는 중이다. 말하자면 면역적 경제기독학, 그 축적의 유혈적 절대성과 구원적인 테크닉이 수용 가능한 것과 축출해야 할 것을 나누며, 그 나눔이 타자 수용의 개악된 법률을, 계엄 이후의 계엄적 법들을, 새로운 사회의 구태의연과 폭력을 증강시킨다. 수용할 것과 축출할 것의 나눔, 자기와 안티-자기의 배분을 결정하는 면역관용immune tolerance의 작용 여하에 따라 다른 면역화가 이뤄지는바, 그것은 외부적 이물질이 아니라 자기 내부의 면역계 자체를 타자로 규정하고 파괴함으로써 자신을 다시 설정하고 보위하는 자가-면역의 과정이다.

자기성 혹은 자기의 고유성을 보호하는 면역계를 깨면서 자신을 달리 면역시키려는 내발적 행위역량으로서의 자가-면역은, 정치체의 지속을 보장하는 면역계로서의 헌법·헌정을 자기 속의 이질적인 비-자기$^{non-self}$로 설정하고 파괴하면서 다른 면역화의 공정을 가동시키려는 친위-쿠데타의 목적·운동·경로와 비견될 수 있다. 말하자면 자가-면역$^{auto-immunité}$으로서의 친위-쿠데타$^{auto-coup;\ self-coup}$. 그것은 특정한 정치체를 주권이라는 제1목적을 위해, 주권의 예외주의적 발현을 위해, 예외상태를 창출하는 주권의 자유재량적 발동이 정치체의 제1동인으로 정초되도록 하기 위해 수용 가능한 것과 축출해야 할 것을 나누는 면역관용의 단선적 체제로 변환시킨다(그런 한에서 관용은 주권적 면역계의 대사법칙이자 면역적 주권계의 계약시초다). 그런 변환의 벡터 속에서 기존의 체제근거는 병원체로 간주되고 해체되며, 그렇게 설정되는 영구집권(영속적 방역권력)은 정치체에 독으로 작용한다. 이와 달리 자가-면역이 갖는 또 하나의 벡터는, 낡은 세포를 제거함으로써 새로운 세포가 생성되도록 할 때처럼, 낡은 제정권력을 무위로 돌림으로써 새로운 제헌력의 발현이 가능하도록 하는바, 그 과정은 정치체를 쇄신하는 약으로 작용한다. 자가-면역의 독/

약, 그 둘 사이의 환원불가능한 차이를 검토할 수 있게 하는 하나의 출발선에는 데리다의 문장들이 있다: "자가-면역의 파르마콘[약/독] 없이는 급작스레 출현할 그 어떤 기회도 갖지 못할 것입니다. 비-주권non-souveraineté이라는 것에 대해 생각하게 만드는 바로 그 지점에서, 자가-면역은 어떤 다른 역사, 아마도 자기성의 내부로부터 자기를 파괴하는 어떤 신의 역사일 것입니다."(J. Derrida, *Voyous*; 『불량배들: 이성에 대한 두 편의 에세이』)

자기성ipséité이라는 것을 다음과 같은 상태들로 새겨 놓는다. 면역적 고유성·유일성의 상태, 자기 안으로의 수용·내부화와 자기 바깥으로의 축출·타자화의 재량적 배분 및 경계획정 상태, 유혈적 면역관용을 통해 환속화되고 있는 일자=신의 기적 같은 계엄상태. 적대의 구도는 다음과 같이 된다. 대문자 신Dieu 즉 아르케(지배/원리)로서의 자가-면역적인 친위-쿠데타 혹은 주권면제적인 예외성 VS. 그것 안에서 그것을 파괴해 갔던 것이 될 소문자 신dieu, 즉 완전히 다른 자가-면역계 속에서 발현하는 신적인 제헌력의 역사. 신 안의 대문자 신을 파괴하면서 새로운 소문자 신으로 생성되는 신, 자가-면역하는 신, 말하자면 신 안에서의 영속내전. 비-자기의 재생산을 둘러싼 데리다적 적대 구성의 이념형이라고 할 수 있을 그 신 안의 내전상태로부터 주목하게 되는 것은, 지기 안에서 자기를 파괴함으로써 그 너머의 전적으로 다른 자기를 발현시키는 힘으로서의 신, 그렇게 자가-면역하는 신(그리고 그런 신의 정치적 세속화 상태로서의 공화국, 또는 『리바이어던』의 홉스가 말하는 국가 즉 "필멸할 신mortal god[필시 파괴될 신]")의 그 전적으로 다름이라는 것이 주권의 반복이 아니라 불시에 출현하는 비-주권의 취득 기회에 달려 있다는 점이다. 비-주권, 그것은 신 안의 내전상태에서, 대문자 신과 소문자 신 사이의 차이에서, 그 갈라지는 균열과 간극에서 발현하는바, 그것은 주권적 면역계의 관용-대사작용으로 걸러지지 않고 잔존하는 비-복종의 힘이자 항존하는 비-환원적인 힘이며, 주권적 면역계를 공유하면서 그것의 재생산 모델로 구축되는 대항주권이 아니라 주권 자체의 탈정립/탈구축을 행하는 소문자 신적인 제헌력의 형식이다. 그런 비-주권이 당위적인 것으로 주어져 있는 게 아니라 불시의 기회인 까닭은, 그것이 적대의 끝이라는 종말론적 가상을 전제하지 않는, 모조구원적인 종전과 평화시·정상상태의 천년왕국을 전제하지 않는 위기-비판상태에서의 발생적 사건이기 때문이다. 다시 말해, 신 안에서의 영속내전을 통해 기립하는 사건적 발현이기 때문이다. 그런 내전에서의 적대, 그 간극·탈구·어긋나있음, "그 간격이란 암묵적으로 신정정치적인 기관들 내부로 환원될 수 없는, 도그마도 없으며 종교도 없는, 엄밀한 비판으로서의 어떤 신앙의 이성적 공간을 열어주는바"[*Voyous*; 『불량배들』], 비-주권은 주권주의 없는 주권적인 것으로, 메시아주의 없는 메시아적인 것에의 (무속)신앙 아닌 신앙으로, 비판/준별의 시금석으로서의 신앙을 통해 기능하는 제헌이성으로 발현한다.

나눠져서는 안 될 주권, 그 자기일체성을 수호하는 주권적 면역계를 무위로 돌릴 비-주권의 취득. 이를 위해 가동되는 자가-면역의 사건적 벡터 하나를 예시하면 다음과 같다. "무조건적인 것을 조건들 속으로 다시 기입해야만 합니다. 정치적, 법적, 윤리적 책임들이 발생한다면, 이는 그처럼 무조건적인 환대와 조건적인 환대 사이의 타협 속에서입니다. 그 타협은 사건과도 같이 매번 유일하고도 독특하게 일어납니다."[데리다, 「자가-면역」] 주권직 면역계의 작동을 표시하는 저 출입국관리법에의 만장일치, 그 개악된 타자 수용의 법률은 면역계 속에서 보호되는 환대(=관용)의 법들 중 하나이며, 그 조건 딸린 환대는 절대적 환대 혹은 '환대의 무조건적인 법'에 의해 필수적인 것이자 구성적인 것으로서 요청되고 또 소환된다. 그것이 비-주권으로 향하는 사건적 타협 과정의 속성이며, 그런 한에서 그 타협의 과정/소송은 사건성과 메시아성을 갖는다. 비-주권의 발현체 안에서 이뤄졌던 것이 될 법의 고사枯死와도 같은 법의 완성 과정은 그런 사건적 타협의 준칙이자 산물이다. 이런 사정을 집약하여 명명할 수 있게 하는 개념이 '자가-공동-면역'인바, 그것은 비-주권적 제헌력의 원리이자 방법의 다른 이름이다. 자기성의 면역계를 어긋내는 공통적 행위와 공공적 정서, 그것에 뿌리박은 무조건적 환대의 벡터를 조건적 환대(=수용)의 법들에 틈입시킴으로써 차이화하는 간극을 구성해 가는 일, 달리 말해 면역적 주권의 분할 불가능한 자기일체성을 내파하고 나눠가는 비-주권에 뿌리박는 일, 소문자 신과 공화국과 타자를 응대하는 동료시민의 충실성이라는 행위역량을 함께 증강시켜가는 일. 그것이 자가-공동-면역계의 가동 준칙이다. 다시금 저 만장일치로 개악된 타자 수용의 법률에 견주어 예컨대, 절대적이므로 불가능한 환대의 벡터를 틈입의 시금석으로 삼아, 유혈적 면역관용으로서의 환대 속으로 개악되어 기입되는 법들을 탈구하고 차이화하는 일, 그 과정에서 이뤄지는 사건적 타협을 갱신해 가는 일, 그것이 자가-공통적[코뮨적]-면역계의 프로세스를 구축해가는 과정일 것이다. 그럴 때 적대의 구성은 다음과 같이 다시 표시된다. 비-주권을 사유하고 실험할 수 있게 하는 자가-공동co-면역 VS. 일자一者의 자기성의 재생산을 목적으로 하는 자가-일자One-면역으로서의 영구주권적 친위-쿠데타.

그런 한에서 여기 궐위상태는 자가-면역이라는 파르마콘의 두 벡터(독, 약; 자기 보호, 자기파괴를 통한 자기 너머; 대문자 유일신, 전적으로 낯선 소문자 신; 자가-일자-면역, 자가-공동-면역이라는 두 벡터)가 차이화되고 있는 시공간이다. 2016년 겨울과 2017년 봄 사이 궐위상태에서의 중심 과제였던 정상국가의 회복과 겹치면서도 결을 달리하는 오늘의 궐위는 헌법의 재량적 전용·오염·파괴 문제와 헌정 질서의 최종적 수호 문제에 직결되고 있으므로, 정상의 회복과 복원 너머에서 그 정상성을 다시 정의하고 탈구축해야 할 과제가 좀 더 선명하고도 긴급한 것으로 부각되고 있다. 회복·회귀해야 할 그 정상적 질서로부터 합법적으로 발동되는 비상시, 일상이 되고 있는 비상시의 유혈적 면역관용을 검토하고 무위로 돌릴 수 있는 자가-공동-면역계의 구축. 소문자 신적인 제헌력이 지향하는 전적으로 다른 면역계의 속성이 그와 같다. 그런 속성의 구체적 발현을 가리키고 있는 하나의 이정표를, 한국 태생 대만 국적자이자 화교이며 성소수자인 동료시민 한 사람의 말 속에서, 그 이방인=타자의 로고스/노모스를 따라 세워놓게 된다.

"제게 한국은 태어나서 계속 자란 곳이고, 화교로서, 성소수자로서, 여러 차별을 경험하기도 한 곳이죠. 제 친구들, 제가 애정을 가진 사람들이 살아가는 곳이고, 그래서 제가, 우리가 살고 있는 이 나라를 좋은 곳으로 바꾸고 싶다는 마음에서 계속 함께 싸워왔던 투쟁의 공간, 투쟁의 터전이기도 하고요. 그래서 이번 탄핵 국면에서도 거듭 광장에 나갔던 겁니다. 평소에 '조국' 같은 말을 정말 싫어했는데, 광장에서 오히려 한국이 나의 조국이다, 투쟁의 조국이다, 나는 이곳을 좋은 곳으로 바꾸고 싶다고, 이곳을 민주적이며 평등하며 다양성과 인권이 보장되는 곳으로 만들고 싶다는 생각을 하게 됐어요. 그런 뜻에서 저는 분명 한국인이기도 한 것 같아요. 하지만 동시에 어떤 정상성이나 순수성을 추구할수록 남아있는 사람들은 더 적어질 수밖에 없지 않을까 합니다. 내가 고립감과 불안을 느끼는 그 지점이 사실 타인과 연결될 수 있는, 우리가 서로 연대할 수 있는 지점이라고 생각해요. 우리가 혐오와 차별의 선동에는 휘말

리지 않아야겠지만, 다양한 사람들의 다른 삶과 의견과 가치와 지향들에는 기꺼이 이 광장 안에서 서로 휘말려들면서 좋은 영향을 주고받았으면 좋겠다고 생각합니다."[「극우 세력의 중국(인) 혐오 선동: 광장은 무엇을 할 수 있을까」, 인터뷰: '화교·화예(華裔) 당사자 활동가의 경험과 고민들', 2025. 3. 4]

국민이나 조국 같은, '나눠질 수 없는 특이점'을 내부로부터 나눠가고 있는, 비-주권적인 탈구축의 힘. 이원 씨의 인터뷰를 통해 살필 수 있고 살릴 수 있는 그 힘은 자기와 비-자기의 구획을 정지시킴으로써 전적으로 다른 면역계로서 도래중인 헌정을, 새로운 노모스의 형질을, 유혈적 면역관용의 대사작용이 정지되면서 분만되는 소문자 신적인 노모스의 비가역적인 선-취득을, 여기 제7공화국 헌정의 발현 형질을 표시·고지하고 있다.

'해체적 성격'의 어셈블리:
광장을 넘는 깃발 혹은 물활력物活力

2025년 3월 6일

    제7공화국 헌정의 발현, 그것의 구체적 양상을 검토하기 위해 주목하게 되는 것은 광장의 사물들 중 하나다. 출현한 뒤로 이내 퍼져나가면서 사람들의 이목을 끌었던 광장의 깃발들이 그것이다. 뭇입에서 뭇입으로 회자되기 시작하던 투쟁의 표시들, 그렇게 광장을 흘러넘침으로써 광장 아닌 곳과 광장에 있지 않은 시간을 광장의 연장체로 변용시켰던 삶의 갖가지 벡터들·이정표들로서의 깃발들. 그 선언들과 유머들이 떠올리게 했던 것, 펄럭이고 치켜들린 그 고지告知/高地들의 이채로움을 눈여겨보게 함으로써 광장의 연장선에 접선되도록 이끌었던 것은 깃발에 대한 어떤 비유였다: "해체적 성격은 어떤 시그널이다. 마치 삼각 깃발이 스스로를 사방의 바람으로 드러내보이듯, 해체적 성격은 사방의 소문에 스스로를 내맡긴다. 그를 그 소문으로부터 보호하려는 것은 무감각적인 짓일 따름이다."[벤야민, 「해체적 성격」; W. Benjamin, »Der Destruktive Charakter«. "파괴적(zerstörerisch)"과 구분하여 "해체적"으로 옮김. 이하 원문에서의 인용은 'DC'로 표기] 여기 리바이어던의 왕관 쓴 주권자-머리를 더디지만 함께 자르고 있는, 그렇게 그 머리의 형상·형질을 어처구니없는 것으로 여기고 있는 사람들, 그런 식으로 광장에 새겨지고 있는 연결적 반골反骨들의 벡터들, 회합적 주권-골상학의 지표들. 이를 표시하면서 전개시키고 있는 것이 깃발이다. 사물행위자로서의 깃발, 달리 말하자면 (응원봉·스마트폰과 더불어) 광장물Agorading로서의 깃발과 접합됨으로써 확상·고지·증강·현시되는 광장인Agoramensch의 해체적 성격이란, 여기 광장의 물-인Ding-Mensch이 연접된 총總보이콧의 속성 혹은 해체적 동맹의 벡터인바, 그 해체의 신호·경고·계고가 발신되고 전파되는 과정은 다름 아닌 '사방의 소문' 속에서 길을 찾는 과정과 이어져 있다.*

획정되지 않고 사방으로 들고나는 소문이란, 나아가 그걸 들을 수 있는聞 유동적 시공간所이란, 공식적 거짓정보의 인식망과 행위망을, 피폐해진 삶의 개선제로 선전되는 모조 직접민주제의 폭력선동을, 관저의 커튼 뒤로부터 발송되는 선물Gift=독Gift을 거슬러 솔질한다. 철통보안된 축적의 비화祕話를 녹아내리게 하는 뭇입들의 중구삭금衆口鑠金, 비화(폰)의 철칙

---

* 여기 광장의 깃발들, 소문 속의 길들을 천 개 넘게 수집해 놓은 사이트가 있다. https://flaaags.com/. 기획 및 디자인은 최중원 씨, 웹 개발은 조현석 씨. "왜 깃발인가요?"라는 물음에 다음과 같은 문장들이 응답으로 제시되어 있다: "집회에서 만났던 깃발들은 모두 개성이 넘쳤습니다. 실제하는 정당이나 정치단체의 깃발도 있었지만 '매복사랑니협회'나 '민주묘총'과 같이 개인이 만든, 그리고 보자마자 웃음이 나오는 깃발들도 많았습니다. 모두가 한목소리로 구호를 외치고 노래를 부를 때에도 이 깃발들은 집회에 모인 사람들이 다채로운 개별자들이라는 것을 드러내고 있었습니다. 우리는 사람들이 자신의 정체성, 성향, 정치적 입장을 깃발에 담아 표현하는 방식이 재미있고 멋지며, 아카이빙될 가치가 있다고 생각합니다."

을 분식하고 호도하는 유혈적 빠롤 수플레의 참칭어僭稱語들을 하나씩 차단해가면서 위로부터의 통치비밀을 개시하는 저변의 유언비어流言蜚語들, 고착되거나 페티쉬적이지 않고 흐르면서 비등하는 말들. 그것은 광장의 서로를 서로에게 내맡길 수 있게 하는 '증언'의 연결망을, 윤리적이고 정치적인 공생감각의 저류-집요저음을 이루는 힘의 기저 동인이다. 그렇게 광장인·광장물의 동맹, 그 "해체적 성격의 활동은 끊임없이 증인될 사람들에 의해 둘러싸여 있지 않으면 안 되는"바, 이는 광장 저변 뭇입들의 공통적 지성과 인지력 안에서 이뤄지는 일이며, 그런 한에서 소문의 해체적 신호에 대한 차단과 관리는 감각적인 것을 유도·합성·무화하는 치안력으로 기능한다. 기저 소문이 그런 치안적 경찰력의 자유자재하는 임의재량성을 거스르는바, 그 거스름을 표시하는 이름이 '해체'이며, 그것은 해체적 (회합·어셈블리의) 성격에 새겨진 고유한 슬로건과 과업을 통해 수행된다.

"단 하나의 슬로건: 광장을 창출할 것Platz schaffen. 단 하나의 과업: 텅 비울 것räumen[구멍을 낼 것]."[DC]

광장의 창줄, 혹은 "자유로운 공간"의 터잡기를 위해 파열시킬 것platzen, 텅 비울 것, 궐위화하는(공위화되는) 시공간을 정치적인 것의 발현을 둘러싼 투쟁의 전장으로 삼을 것. 광장의 창출과 현행적인 힘들의 비움, 예컨대 그것은 해체적 성격이 꺼려하는 "조물주적인schöpferisch 일", 그러니까 '충만과 번성' '공포와 지배'[「창세기」 9장 1절]로 이어지는 가산적加算的-위계적 창조가 아니라, 기피하는vermeiden 신처럼, 감축하는vermindern 신처럼, 그렇게 "외딴 고독을 찾는 조물주처럼" 물러남과 감퇴와 절감을 통해, 비움과 축소와 퇴위를 통해 피조된 것들의 다른 생을 가능케 하는 장소의 취득을, 텅 비워진ª- 없는ᵘ 장소topos를, 새로운-신적인 노모스의 취득을 가리킨다. 신이 자신의 창조세계로부터 스스로를 감축하면서 비우고 물러나듯(저 '케노시스'를 앞지르는, 유대 카발라 전승·전수 속 창세기 해석에서의 신의 '침쭘Tzimtzum[감축]'과 더불어), 해체적 성격은 피조된 것들[res]로 하여금 그런 신적인 공위화 속에서 가능해질 감산적 공생체[publica] 구축으로서의 광장 창출과 자유의 터잡기에 연계될 수 있도록, 깨지고 뚫린 세계의 정의와 지복을 위한 '세계[Olam]의 수선·개선·교정·복원[Tikun]'(침쭘 속에서의 '티쿤 올람')에 연계될 수 있도록 한다. 그렇게 연결되는 광장인·광장물은 감산적-무위적無位的 동맹 속에서 서로 간의 목격증언을 통한 공통화[푸블리카]-되기의 과정을 취하는바, 저 해체적 슬로건과 과업의 수행이란 광장인·광장물 간의 상호적 공위화에서 시작된다: i) "해체적 성격은 젊고 청량하다. 파괴는 젊어지게 만드는바, 그것이 우리들 연공[서열]의 궤도를 비워 없애기 때문이다. 파괴는 청량하게 만드는바, 그 파괴에 있어 모든 걸 치워버리는 일이란 완전한 퇴삭Reduktion[제련/환원]을, 심지어 우리들 현행 상태의 송두리째 근절을 뜻하기 때문이다."ii) "사물을 불가침의 것으로 만들고 또 오래도록 보존함으로써 그 사물을 전수하는 몇몇 사람들과는 달리 해체적인 사람들은 사물들이 안성맞춤으로 사용되게 하고 또 깨끗이 청산되게liquidieren[정리/처분되게] 함으로써 상황들을 전수한다."[DC]

해체적 성격을 구성하는 청년성-물활성物活性[휠레-비오스], 그것은 연공年功의 누적과 살아온 나이테로 획정되는 현행적이며 경로의존적인 자기성의 말소를, 어떤 얼굴성의 해체를, 모종의 지각불가능하게-되기를 이루는 힘의 내실이면서 사물의 패티시적인 물화·질료화상태를 깨고 나오는 힘의 형식이다. (신성)불가침화되는 것들 혹은 물신物神화하는 힘을 갖게 된 것들에 따라 사물은 교환가치와 전시가치의 조명을 받는 관람물이 되며 인간은 일방향적인 구경꾼으로, 그런 한에서 경배 중인 예속의 상태로 고정된다. 해체적 성격은 사물의 박제화와 인간의 신민화를 거슬러 사물을 교환-전시 바깥에 안성맞춤인 형질을 띤 것으로 자유로이 사용-발현되도록 함으로써, 그렇게 사물의 민활력敏活力을 증강시켜 연접될 수 있게 함으로써, 축적에 봉사하는 가치화 일반의 공정工程/公正을 정지시킨다. 달리 말해 해체적 성격은 사물의 물화Verdinglichung로 취득되는 이윤들을 청산함으로써, 또는 주인·원청사용자에 고용되어 하청살이Verding하는 사물·(비)인간의 경직화된 장소들을 비움으로써 다름 아닌 상황을 전수한다. '텅 비울 것'을 과업으로 하는 해체적 청년성이란, 명명컨대 물-활(력)Ding-Potenz적인 동맹보이콧(일반화된 파업)을 통해 피의 폭력체·축적체를 깨면서 그 파편들로 이어진 다른 방도 창출의 상황들을, 그 상황들의 역사성을 전수傳授/傳受하는 감축적 게발트의 다른 이름이다. 관건은 사물의 보전이 아니라 사물의 구제를 통한 상황의 전수, 혹은 전수專修인바, 광장에서의 연결적 소문-증언을 통해, 그러니까 우리 곁의 복합타자·중층하위성(한국 태생 대만 국적 외국인, 화교, 성소수자, 여성)을 범례적으로 동시에 표시하는 이원 씨의 또 다른 광장어를 통해, 저 해체적 깃발과의 접선으로 묘출되는 증인의 형상을, 상호 촉발중인 광장인=목격증언자가 수행중인 상황 전수의 이미지를 그려보게 된다.

> "누군가의 깃발에 적힌 성소수자 관련 낱말들을 본 어느 시민이 무슨 뜻인지를 물었고, 설명을 듣고는 '그렇구나, 알아두겠다'라고 얘기했다는 걸 전해 들었어요. 뭔가를 위해서라면 이러저러 해야만 한다거나, 어떤 것들은 배제하면서 더 뾰족해져야 한다는 식의 자세보다는 알아두겠다고 하는 그 태도가 저는 참 좋았습니다. 성소수자가 계엄을 둘러싸고 무엇을 느끼는지, 민주주의에 대해 어떤 지향을 갖고 있는지, 이주노동자나 외국인 유학생들이 미얀마의 민주주의를 요구하는 동시에 왜 한국사회의 광장에도 나서고 있는지 등등의 이야기들이 문제의 논점을 흐리는 게 아니라 평등과 다양성의 가치, 민주주의의 가치를 더 풍부하게 만드는 과정이라고 생각해요. 그래서 서로 다르더

라도, 판단하지 않고 알아두겠다고 하는, 그렇게 함께 가자고 하는 그 태도가 참 좋고 필요한 것 같아요."[「극우 세력의 중국(인) 혐오 선동: 광장은 무엇을 할 수 있을까」, 2025. 3. 4.]

깃발로 고지되면서 공개되고 가시화되는 소수적인 것의 존재·목소리, 말하자면 깃발의 윤리적·정치적 행위효능 속에서 그 목소리의 의미를 둘러싼 낯섦을 유지하면서 판단 아닌 물음으로 시작하는 자, 자기의 연공에 따른 경로의존적 궤도를 괄호 칠 수 있게 되는 자, 그렇게 자기합치적 판단을 유보하면서 '그렇구나'라고 수긍하고 '알아두겠다'라고 각인하는 자, 타자와의 낯선 연계를 통해 자기 너머로의 확장이 시작되고 있는 자. 달리 말해 깃발 아래 증언적 상황을 전파·전수하고 있는 광장인, 나눠질 수 없는individual 동일성의 개체·포만상태가 깨지고 있는, 나눠질 수 있음dividual을 통해 젊어지며 청량해지고 있는, 그렇게 깃발 아래서 파생破生되고 있는 해체적 나눔-체Teilung-Ding, 연결적 해체력의 회집체. 이는 저 슬로건과 과업(광장을 창출할 것, 텅 비울 것)으로 표현되고 추동되면서 '다양'한 것들의 자유로운 활동으로, 그 속에서의 '평등'한 주인됨으로 발현한다. 그렇게 자유와 평등이 "조화의 극적인 광경"[DC]을 이뤄갈 때, 수긍하면서 알아두겠다고 하는 판단정지(에포케) 속에서의 차이공생적인 '풍요'의 벡터는 자기포만적인 개체화상태의 코나투스를 깨고 나온다. 그것은 달리 말해 '절대적 실체로서의 신'[스피노자] 안에서 이뤄지는, 그 신

'해체적 성격'의 어셈블리 **211**

의 나눔-체들로서 서로를 인지해 가는 연접 과정에서 존재역량의 상호 증강이 '시작'되게 하는 계기로 기능한다. 해체적 성격에게 그런 실체로서의 신은 스스로를 감축하면서 비우고 있는 것인바, 그런 침쯤의 신이 아니라면 절대적 실체를 구성하는 역량들·세계들의 확장과 증강은, 그 정치적 연계망과 윤리적 연루망은, 젊어지며 청량해지는 오늘 여기서의 티쿤 올람은 일어나지 않을 것이다. 그런 한에서 말하자면, 모든 생성은 '청년-되기devenir-jeune'와 더불어 시작되며 청년-되기를 통과해간다. 그 과정에서 모든 소수적인 것은 말하고 들리며 드러내고 보인다.

광장에서 깃발과 한 몸이 되고 있다고 느끼는 사람들, 그렇게 광장인과 광장물 사이의 연합을 표시하는 그들=깃발들은, 해체적 청년성의 이념에 대해 저 공위화하는 드물고도 귀한 순수게발트의 관점에서 다시 생각하도록 하는바, 그런 사정은 다음 한 문장으로 달리 표시될 수 있다: "해체적 성격은 다름 아닌 신탁Orakel[예언]이 그런 것처럼, 신탁 같은 해체적 국가기구들이 그랬던 것처럼 오해를 도발한다."[DC] 사건적 오해 혹은 클리나멘적 오해의 발발, 그것은 표상의 정상적 질서화상태에, 규범적 의미연관의 통용상태에, 일상이 된 비상상태의 연장에 필수적인 알고리즘으로 기능하는 이해理解/利害관계의 해체를 기도한다. 그렇게 "해체적 성격은 현존하는 것을 파편으로 만드는데, 그것은 파편 그 자체를 위해서가 아니라 그 파편을 통해 이어지는 길을 위해서다." 차단벽들에 가로막힌 곳에서 투과적으로 길들을 보는, 그렇기에 어느 한쪽 길을 정답으로 맹신하지 않고 교차로에 서는, 그 교차로에서 보이는 길들을 파편으로 해체하고 그 파편들로 다른 세계의 길을 조성하는 해체적 성격. 조성하는 해체, 해체를 통한 조성, 그 티쿤 올람의 형질을 표시하는 용어로 주목하게 되는 것이 있다. "아폴론적인 파괴자의 이미지"가 그것이다. 그것은 델포이 신탁 혹은 델포이의 아폴론 성소에서 내려지는 신의 말과 더불어 만물·만사의 조화로운 상호접변[=아폴론적인 것]을 꾀하는 해체의 역설적 과정을 가리킨다. "아폴론적인 파괴자의 이미지는 세계라는 것이 파괴될 만큼의 품격을 가졌다고 할 수 있는지 따져보는 그때 좀 더 확실히 통찰된다. 이는 현존하는 모든 것들을 의좋게 껴안는 거대한 연결띠이다. 그것은 해체적 성격에게 심원한 조화의 극적인 광경을 제시하는 시계視界이다."[DC] 깃발이 '나'인지 내가 '깃발'인지 알 수 없이 연결띠로 엮이고 짜이는 광장인-광장물, 확장해 말하자면 구획의 서열과 경계가 깨지는 자기동일성의 퇴각과 아-노모스적 비상상태 속에서 기쁨과 용기의 회집이, 티쿤 올람이 일어난다. 그 연장선에서 광장 이후의 해체적 성격은 다음과 같이 묘사된다: "[광장 이후] 자신의 삶을 뒤돌아보는 누군가는, 그가 겪어냈던 거의 모든 심원한 연접들Bindungen[엮임들/짜임들]이라는 것이 모두가 동의하는 '해체적 성격'의 사람들과 맺은 관계로부터 비롯했음을 인식할 수도 있을 것이다."[DC] 해체적 성격의 어셈블리를 표시하는 거대한 연결띠 혹은 심원한 연접들이란,

세계는 파괴될 만한 것인가라는 종말론적-정치적 물음을 조건으로 구성되는 세계 수선의 연계망이다. 그것이 해체적 성격의 청년성-물활력의 근저이다.

세계는 파괴될 만한 것인가라는 유일한 물음 속에서 신의 감축과 더불어 증강되는 세계-존재의 연루망, 말하자면 신적인 딩-플라츠Ding-platz[의회-광장 혹은 물-장(物-場), 물-망(物-網)]와 관련하여 되돌아볼 장소는 다시금 광장의 소문 속이다. 말하자면 그 소문과 그것에 스스로를 내맡긴 해체적 성격 역시 유령적인 것이라고 하겠는데, 왜냐하면 "영속적인 것을 알지 못하는" 해체적 성격은 형태변환되며 항존하는 경찰적 차단벽들을 투과하여 어디서든 길을 보고 있기 때문이다. 그러하되 해체적 성격은 "벽과 산을 앞두고도 어디서든 길을 본다는 바로 그 이유에서 그 모든 길을 비켜나 교차로에 서지 않을 수 없다." 여기 광장의 깃발들, 혹은 깃발-행위의 연접신호들은 치안적 폭(권/위)력의 해체를 위해 소문 속의 길들로부터 거리를 두면서 그 길들·방도들이 비교·실험·재조성될 수 있도록 전파·촉진·기폭하는바, "매번 날것 그대로의 게발트roher Gewalt로 그리는 게 아니라 때로 귀하게 정련된 게발트veredelter Gewalt로 그리한다."[DC] 드물게 정련되고 순정화되는 폭(권/위)력, 연접되어 개선되고 향상되는 게발트. 다름 아닌 '교차로'에 기립해 있는 그것은 정권·집권執權/集權으로 수렴되거나 회수되지 않으며 대권大權으로 합성되거나 귀착되지 않는 순수한 힘, 법의 문이 권력의 대체보충적 회전문으로 열리고 닫히는 합법적 정상상태의 부정의를 해체하는 드문 힘이다: "해체적 성격은 파괴된 것의 자리에 무엇이 대신 들어서는지 전혀 알고 싶어 하지 않는다. 적어도 한순간 그가 원하는 것은, 텅 빈 공간leere Raum, 그러니까 사물이 서있었고 희생자들이 살았던 광장이다. 그 빈 공간을 채우지 않고서 그 자체로 필요로 하는 누군가가 반드시 있게 될 것이다."[「해체적 성격」; DC](이 문장들이 해체적 성격의 '귀하게 정련된 게발트'와 [여기] 괴벨스들의 "귀하게 정련된 민주주의veredelter Demokratie"를 가르는 약한 조건이다[괴벨스의 친-위, 셀프-쿠를 표시하는 그 두 낱말은 1934년 바르샤바 연설 「유럽평화 중심요인으로서의 국가사회주의 독일」에서 조합되었다. *Warmbrunner Nachrichten. Herischdorfer Tageblatt*, Jg. 50, Nr. 136, den 15 juni 1934])

파괴된 것의 자리, 그 텅 빈 공위의 위격을, 예컨대 여기 1인 주권자-머리가 잘려 나간 궐위의 상처-실재를 응급처치와 수습과 복구의 대상으로 자리매김하는 여기의 민주정, 잘린 주권의 자리를 채울 다른 머리와 수뇌부가 정치의 영구적인 안식처로 낙찰되는 여기 민주주의의 정상화 규범력. 그 대의적 간접화의 철칙 안에서 그것을 거슬러 그 너머로 향하는 힘의 이름으로서 해체적 성격이 바라는 드물고도 귀한 것은 다름 아닌 '텅 빈 공간', 해방적 벡터로 조성되는 공위, (예컨대 법 없이도 살 수 있게 될, 혹은 "무-지배[안티-아르케]"의 상태로 살 수 있게 될) 그런 벡터 설정을 둘러싼 전장으로서의 궐위인바, 그것은 대체보충의 회전문을 통해 다시 붙여지고 거듭 채워지는 영속적 대의주권계, 아나키+경찰적 이성의 폐쇄회로적인 게발트와 적대한다. 달리 말해 과업으로서의 빈 공간, 해체적 성격에 따른 공위와 궐위란, 사물들이 교환-전시가치의 바깥에서(그런 바깥으로서) 존속했던 자리의 회복을, 척도로서의 축적가치에 종속된 사물들의 용도 청산을 가리켜 보이면서, 축적의 위기를 초래할 희생자들의 거주지를, 그렇기에 신속히 헐리고 소리 소문 없이 매장되는 피폭의 장소를 개시하며, 그런 경찰적 관리와 통합의 영역들 바깥으로의 클리나멘적 이탈과 탈구의 현장을, 그렇게 비워지는 장소를, 아토포스적-감축적 노모스의 창출을 표시한다. 텅 비울 것이라는 과업, 혹은 광장을 창출할 것이라는 공위의 슬로건을 대의체제로의 매개를 위한 수단이 아니라 그 자체로 필요로 하는 익명들이 꼭 있을 것이다. 텅 빈 공간을 재현으로 채우고 대의로 복구하는 힘을 거슬러 탈구하고 비우면서 필연적으로 도래하는 공생적 거주자들에게 텅 빈 공간은 위기와 애도와 궐위로부터의 힘을 인식하고 그 힘에 연접되게 하는 불가피한 제1현장이며, 그런 현장 상황의 전수를 위한 최적의 로두스이다. 비움·퇴삭·감축의 신적인 상황 전수로 조성되는 귀하게 정련된 게발트 혹은 "순수매개/순수수단의 정치Politik der reinen Mittel"[W. Benjamin, »Zur Kritik der Gewalt«]의 발현 속에서 증강되는 광장인-광장물의 네트워크. 그것이 차이들의 코뮨으로 공통화되는 삶, 무-지배(이소노미아)의 상태로 영위되는 삶의 한 가지 조건일 것이다.

6장 법의 공백에 대한 해석과 결정

2025. 3. 7.   내란수괴 구속취소라는 예외적 결정의 근거
2025. 3. 9.   미래의 선지자 검찰:
              법조의 임의재량적 (무)해석과 결정(포기)
2025. 3. 12. 법복 입은 귀족정의 공안（公安）주의
2025. 3. 16. 유물론적+메시아적 헌정의 상황 구축
2025. 3. 21. 끝날의 날끝: 김건희의 파울 클레
2025. 3. 26. 헌법재판소 "5:3 데드락"의 수치:
              사법형식적 타협의 '폴리크라티' 비판
2025. 3. 28. 도래중인 총파업의 네 가지 이념
2025. 3. 30. "헌법재판소의 주인"이 설정한 적대:
              '악'의 미결징력 VS. '예'냐 '아니오'냐
2025. 3. 31. 대통령의 헌법수호 선서:
              "맹세하지 말라"라는 그리스도의 말
2025. 4. 1.   "헌법재판소에 콘클라베를 적용하라!":
              헌재 재판관의 법복에 새겨진 법의 정신

내란수괴 구속취소라는 예외적 결정의 근거
2025년 3월 7일

　탄핵반대 태극기 집회에서 '화교'의 이름을 가진 자로 낙인찍혔던 내란죄 1심 재판관, 고쳐 말해 윤석열 구속취소 판결 이후 즉시 구국의 영웅으로 칭송됐던 서울중앙지법 형사합의 25부 부장판사 지귀연. 합의된 그 판결의 부연설명을 위해 오늘 언론에 배포한 문서에서 그는 구속 기간을 날이 아니라 시간으로 계산하는 것이 타당하다고, 그렇게 (형사소송 70년 역사를 혁명적으로 거슬러) 계산하면 윤석열은 9시간 45분 동안 불법적으로 구속되어 인권을 침해당한 피해자이므로 석방되어야 한다고, "그렇게 해석하지 않으면 불합리가 발생"한다고, 그러나 정확히 동일하게 계산하여 체포적부심에 걸린 10시간 32분이 구속 기간에 포함되지 않는다는 해석은 "명문의 규정이 명확하지 않기 때문에 불가능 한 것"이라고, "그럴 경우에는 헌법과 형사소송법이 정한 신체의 자유와 불구속 수사의 원칙에 비춰 문언대로 피의자에게 유리하도록 엄격히 해석하는 것이 타당하다"고 썼다[「서울중앙지법 사건번호 2025초기619 구속취소사건 설명자료」]. 헌법의 준수를 방패삼아, 내란수괴 피의자-최고통령권자에게 전례 없이 최초로 베풀어지는 특례적 판례의 입법. 이것이 법률의 공백 안에서 특정하게 운용되고 있는 판결의 실제적 효력이다. 이 효력의 근저를 표시할 수 있는 것은 낯설지 않은 법학격언이다: "법률 없이는 범죄도 형벌도 없다Nullum crimen, nulla poena sine praevia lege poenali[선행적 형법 없이는 (범)죄도 처벌도 없다]."

그 법률 없음에 대한 지귀연의 해석은 구속 기간에 대한 명문 규정이 없다는 점 이외에도 고위공직자수사처의 내란죄 수사권과 관련해서도 "법률상의 아무런 근거가 없음"을 이유로 의문을 표한다. 그럴 때 재판장 지귀연은 그 자신이 정확히 표명하듯 윤석열 변호인단의 논리에 대해 전면적이며 적극적인 해석을 베풀면서, 윤석열이 체포된 직후 내세웠던 아나키의 법리론을, 저 서부지법 난입사태의 n차 계엄이 거듭 촉발될 수 있게 하는 '불법의 불법의 불법'론을, 그 피에 주린 무법론을 정당방위권적인 힘의 형태로, 위법성을 소멸시키는 진정한 합법상태로 정초한다. 말하자면 지귀연의 재판부, 사실상 입법하는 사법. 이 법기술의 탈주극적인 연출력에 힘입어 웃음을 되찾고 다시금 어퍼컷을 날릴 수 있게 된 윤석열은 "불법을 바로잡아준 재판부의 용기와 결단에 감사드린다"는 찬사를 남기고선, 관저-요새에서의 간접화된 메신저 통치로 원대복귀했다. 법률 없음에 뿌리박은 불법의 입법, 법률의 공백을 수단으로 합법화되는 불법부당한 폭력의 입법. 그렇게 입법하는 사법의 유령직 이중교배 상태는 나튬 아닌 사법부가 탄핵반대의 거대한 인파를 수신자로 하여 법보다 주먹이 먼저라는 시그널을 발신하고 있는 역설적 상황 속에서, 이를테면 사법의 자-해를 통해서, 사법적 셀프-쿠의 성공을 위해서 관철되고 있다. 그런 한에서, 사법적 친위쿠데타를 감행한 지귀연 재판부의 예외주의적 용단에 맞세울 수 있는 근본질문은 다음과 같이 된다: "누가 해석하는가Quis interpretabitur?, 누가 결정하는가 Quis judicabit?."[슈미트, 『정치신학 2』]

체포적부심과 구속적부심을 비롯해 내란수괴 피의자에 대한 처분의 합법성이 선행 재판들에 의해 거듭 결정되었음에도, 지귀연 재판부는 이렇게 쓴다. "관련 법령에 명확한 규정이 없고 이에 관한 대법원의 해석이나 판단도 없는 상태로서, 절차의 명확성을 기하고 수사과정의 적법성에 관한 의문의 여지를 해소하는 것이 바람직하므로 구속취소를 결정하는 것이 상당하다." 법의 공백에 대한 해석의 포기, 결정의 유보, 그 무해석·무결정은 동시에 법의 공백에 대한 적극적인(나아가 법파괴적인) 해석과 결정의 근거이자 수단이었던바, 그 수단이 목적으로 삼아 관철시킨 것이 내란수괴 피의자의 인권 침해 해소와 구속취소라고 하는 예외이다. 지귀연은 법이 공백상태일 때라면, '문언 그대로', 즉 해석 없이, 헌법과 형소법의 원칙에 따라 윤석열에게 유리하게 해석해야 한다고 적시했던바, 그렇게 해석 없이 해석하고 결정 없이 결정하는 임의재량적 (무)해석·(무)결정의 이율배반술을 통해 지귀연은 유일자·지존에 대한 특례를, 예외주의적인 판례-법을 정립한다. 지귀연의 (무)해석·(무)결정으로 관철되는 법정립적 폭력이 기댄 헌법과 형소법의 상위원칙 준수론은 어떤 헌법인가라는 물음과 어떤 형소법인가라는 물음을 견뎌낼 수 없는 것인바, 지귀연 재판부의 판결이 위헌적인 이유는 헌법 제11조 법 앞의 만인 평등 규정과 특권 불인정 규정을 위반했기 때문이며, 지귀연 재판부의 판결이 위법적 범죄에 해당하는 이유는 형소법 66조 구속 기간 산정의 날수 아닌 시간 규정을 무시했기 때문이다. 법의 공백을 악독하게 악용하여 악덕을 퍼트리면서 해석 없이 특례적으로 해석하고 결정 유보 속에서 특권의 인정을 결정한 그들 합의재판부는 탄핵되어야 하며, 직무유기죄와 도주원조죄 혐의로 기소되어야 하고(형법 제147조「도주원조」"법률에 의하여 구금된 자를 탈취하거나 도주하게 한 자는 10년 이하의 징역에 처한다"), 그들의 위헌·위법적 법교배술을 지시한 자는 범인도피교사죄로 처벌되어야 한다.

지귀연 재판부의 설명자료는 다음과 같이 끝난다. "만약 이러한 논란을 그대로 두고 형사재판 절차를 진행할 경우 상급심에서의 파기 사유는 물론, 한참 시간이 지난 후에도 재심 사유가 될 수 있음(예를 들어 최근 김재규 사건의 재심결정 등)." 자기 이름 석 자로 내려지는 판결이 파기되거나 재심의 대상이 되는 것은 그 판결이 재판관의 "양심에 따른 독립적 심판"(헌법 103조)인 한에서 판결 이후의 사후적 사태이지 회피해야 할 수치나 과오가 아니다. 응당 이뤄져야 할 당대적 법해석과 결정을 자신의 몸보신을 위해 미래의 미시상태에 서낭잡히는 재판관으로 인해, 정의/법의 여신 유스티티아가 형평의 저울을 내던지고 자신의 가린 눈을 피에 주린 칼로 찌르게 되는 사태야말로 명백한 과오이자 수치다. 그런 수치스런 재판관, 미래의 선지자이길 바라는 판관을 우리는 원치 않는다. 해석과 결정에 대한 회피의 알리바이와 임의재량의 근거를 만들어내는 재판부의 탄핵을 원한다. 오늘 지귀연 재판부의 구속취소 결정은, 전례 없는, 기적적인 은사권恩赦權처럼 베풀어진 재량적 (무)해석·(무)결정의 폭력으로, 마치 신화와도 같이 사람들의 입길에 길(길)이 새겨지게 될 법적 이종교미의 수치로, 유령적 추문으로 남겨질 것이다. 그것은 평면적 법기술에서 그치지 않는, 법기술자의 일차원적 처세술 너머에서 법폭력의 신화로, 혹은 신화적 폭(권/위)력으로 특례적이며 특권적인 법률을 정립하는 동시에 예외의 (무)법을 보위하는 유혈적 게발트로 새겨질 것이다.

구속취소 판결에 대한 검찰의 이의제기, 7일을 기한으로 자신들에게 맡겨진 즉시항고권을 둘러싸고 대검 수뇌부의 그 뇌는 어떻게 작동할 것인가. 달리 묻건대, **누가 어떻게 해석하는가, 누가 왜 결정하는가.**

미래의 선지자 검찰:
법조의 임의재량적 (무)해석과 결정(포기)
2025년 3월 9일

지귀연 재판부의 구속취소 판결 이후 27시간 뒤, 검찰 수뇌부는 다음과 같이 공지했다: "검찰총장은 법원의 구속취소 결정을 존중하여 특별수사본부에 윤석열 대통령의 석방을 지휘하였음. 즉시항고는 제기하지 않는 것으로 결정하였음." 검찰은 (피의자의 친족 장례나 건강 악화 등의 이유에 따라 조건적·제한적으로 구속을 해제하는) 법원의 구속집행정지 및 보석판결에 대한 즉시항고가 이미 위헌으로 판정됐음을 근거로 피의자를 제약 없이 석방하는 구속취소에 대한 즉시항고 역시 위헌이라고 해석한다. 그렇게 심우정과 그 수뇌부는 헌법재판소의 위헌 심의가 시작조차 되지 않았음에도 미래의 결정되지 않은 위헌 여부를 선결정함으로써, 그렇게 미래의 선지자가 되어 광야에 홀로 선 자들로서, 헌법의 영장주의 원칙과 피의자 인권을 방패삼아 윤석열의 도주를 원조한다. 다름 아닌 검찰 자신에 대한 셀프-쿠, 검찰 조직 자신의 혼란·자해·해체를 가속화하면서 말이다. 그렇게 심우정 수뇌부와 지귀연 재판부는 동질적이며 동형적인 해석과 결정을 통해 법폭력의 신화적 폐쇄회로를 합작한다. 그런 한에서 지귀연 재판부의 파면근거와 범죄이유는 심우정 수뇌부에도 그대로 적용된다. 말하자면, 법조의 임의재량적 (무)해석과 결정(포기). 이는 지귀연 재판부가 윤석열 변호인단의 주장을 수용하고 있을 때, 심우정 수뇌부가 윤석열의 대언자 석동현 변호사의 즉각항고 위헌 주장과 접선되어 있을 때 필연적으로 뒤따라 나오는 법폭력의 형식이다. 여기 법조의 그런 폭력회로는 12·3 이후 여전히 지속중인 n차 계엄의 사법적 공통 버전으로, 저 불법의 불법의 불법이라는 선동적 법리의 해방과 동시에 언제든 촉발될 수 있는 법예외적 폭력을 합법화하는 세탁경로로, 축적을 위한 내전정체 기획의 법리적 경호처로 기능하고 있다.

법복 입은 귀족정의 공안公安주의

2025년 3월 12일

　형사합의 부장판사 지귀연과 검찰총장 심우정의 찰떡같은 합작으로 보란 듯이 풀려나는 내란수괴 피의자를 보면서, 석방판결 관련 사상조유·기절초풍의 근거 즉 일수日數아닌 시분時分계산법이라는 특례 설정·적용의 제약 없는 재량권을 거듭 떠올린다. 그 와중에 함께 또 강하게 상기됐던 것은 12·3 친위 쿠데타 바로 다음날 아침의 대법원장 조희대였다. 당시엔 많은 이들이 눈여겨볼 여력이 없었던 탓인 듯, 이른바 삼부요인이자 국가 의전서열 3위 대법원장의 그날 아침 발언은 뭇사람들의 입길과 눈길을 피해갈 수 있었다. 12월 4일 오전 출근길 조희대는 계엄선포 절차의 미준수에 따른 법적 문제를 질문한 천하의《조선일보》기자에게 이렇게 답했다: "차후, 계엄이 어떤 절차를 거쳤는지 지켜봐야 할 것 같습니다." 비상계엄이 탄핵 사유가 될 수 있다고 보는가라는 질문에는 이렇게 답했다: "이후, 나중에 다시 말씀드리겠습니다." 대법원장의 이어지는 대사는 다음과 같은 것이었다. "사법부 본래 역할인 재판을 통해 국민의 자유와 인권을 보장하는 일에 한 치의 소홀함이 없도록 최선을 다할 터이니, 국민들은 걱정하지 않으셔도 됩니다."[「조희대 대법원장 "계엄, 어떤 절차 거쳤는지 지켜봐야"」, 2024. 12. 4] 12·3 당일 국회 앞 점거에 즉각적이고도 즉결적으로 나섰던 시민들의 인식 및 행동과는 상반되게, 헌법적 가치들을 지키는 최종보루로서의 대법원 수장 조희대는 헌정파괴 계엄에 대한 입장을 차후, 이후로, 뒤로 거듭 미루면서, 밀려나는 헌정수호에 대한, 지연되는 책무에 대한 무책임을 시현한다.

계엄 바로 다음날이니 대법원장의 직책에서 그리 말하는 것은 당연한 일인가. 12·3 비상계엄 선포 및 포고령 1호 발포와 동시에 대법원에서는 천대엽 법원행정처장(대법관)과 배형원 차장을 필두로 향후 대책을 위한 간부회의가 열리고 있었다. 이후 공관에서 보고받던 조희대가 참석했고, 그는 연이어 회의를 주재했다. 그것은 국회 계엄해제 결의안이 통과되기 전의 일이었다. 예컨대 12월 4일 오전 0시 46분 《조선일보》는 그 대책회의 관련 "대법원 관계자"의 말을 다음과 같이 전한다: "비상계엄에 따라 사법권의 지휘와 감독은 계엄사령관에게 옮겨가는바, 계엄사령관의 지시와 비상계엄 매뉴얼에 따라 향후 대응을 마련할 것." 기정사실화되고 있는 계엄령 아래의 사법권, 혹은 그 사법권의 비상시적인 배치 및 자동 매뉴얼적인 기능의 인정에 대한 주석으로서 기자는 이렇게 앞질러 써놓고 있다: "계엄법에 따라 비상계엄사령관의 지시를 불이행하거나 내란·외환의 죄, 공무 방해나 공안을 해치는 죄, 국가보안법 위반죄 등의 재판은 군사법원이 맡게 된다."[「대법원, 비상계엄 관련 긴급 심야 간부회의 진행」, 2024. 12. 4]

오늘 현재까지 조희대는 계엄 그 자체에 대해서도, 즉 헌정을 유린하면서 사법부의 독립상태를 깨고 계엄법의 재량적 해석자(계엄사령관 및 그 상위 독재자)를 따르는 군사법정에 1심과 2심의 판결권 일체를 위양하는 사태에 대해서도, 1·19 서부지법 난입에 대해서도 어떤 공식적 책무를 수행했는지 선명히 찾을 수가 없는, 베일에 가린 대법원장이다. 그는 이현령비현령耳懸鈴鼻懸鈴 전가의 보도와도 같은 '공안[공공의 안녕]'을 명목상 표방하면서 '공안의 보호 즉 계엄의 보호'를 실제상 수행하고 있다. 그렇게 정치화된 사법권을 조형하고 있는 조희대 대법원은 성공한 친위쿠데타의 처벌 기계를 최종 보장하는 독재 하급심으로 기능하길 여전히 마다하지 않고 있다. 그렇게 여기 민주정 아래 사법권 전체를 주재하는 조희대 대법원(장)은 n차 계엄을 시도하는 최근의 가장 결정적인 기관, **법복 입은 귀족정**의 수뇌가 되고 있다.

유물론적+메시아적 헌정의 상황 구축

2025년 3월 16일

    법철학자 라드부르흐의 고전적인 구분법, "법률적 불법과 초법률적 법."[『법철학』] 예컨대 지귀연 재판부의 구속취소 판결과 심우정 검찰수뇌부의 즉시항고 포기 결정은 법률적 불법에 가까울 것이다. 이에 맞세워지는 초법률적 법과 관련하여, 나는 그 초-법의 효력첨점을 스치며 지나는 힘들 가운데서 결정적인 것은 거듭 미정형적이며 여전히 형질변이 중이고 이미 도래중인 법소멸상태로 발현하는 것이라고 새겨놓게 된다. 그 이유를 말하기 위해, 그 결정적 힘과의 접선을 위해 필요한 일로서, 지귀연·심우정의 사법 셀프-쿠에 대한 비판으로 조형되고 있는 오늘 여기 정치철학의 특정 행로를 취해보려고 한다. 내게 그 행로는 법의 공백상태에 대한(법의 공백이라는 궐위상태의 중심 성분에 대한) 해석과 결정의 문제계를 재설정하도록 이끄는 첩경인바, 그것은 계엄적 폭력과 마주한 현장, 즉 혈로의 기로에서 발원하는 새로운 노모스 취득의 협로를 열어 보인다. 지난 8일부터 13일까지 페이스북에 올라온 조정환의 문장들·현장들, 그것은 법에 현직 대통령의 구속과 관련된 구체적 규정이 없다는 진단에서 시작하는바, 그 법의 공백으로부터 생각의 독려를 위한 출발선으로 잡게 되는 것은 다음과 같은 한 구문이다: "법을 발명하면서 법을 적용해야 하는 어려운 상황." 법의 미비·공백과 마주해 시도되는 법의 발명과 적용, 그것은 사법·법조의 특례적 해석과 결정을 정당화하는 법의 공백 속에서, 그 법률적 불법의 법조기술적인 입법력으로 초래되고 있는 사실상의 무법상태를 무위로 돌리는 과정이며, 전적으로 다른 법의 상태를 정초하고 보위하는 제헌력의 발현 과정이다. 그것은 마치 법의 소멸 과정과도 같은 법의 완성 과정인바, 달리 말해 그 과정을 추동하는 상황적·사건적 힘의 구축이 현행적 법률관계를 민주적 법치의 배치로 달리 기능하도록 만들기 위해 현행 법제에 권리상 기입되고 사실상 틈입해 가는 과정이다.

천연덕스런 법조의 셀프-쿠에 빌미가 되거나 양분이 되어주는, 그들 사법의 친위-쿠데타에 의해 가공되거나 합성되고 마는 현행적 법치상태와는 다른 법치. 이를 위해 조정환은 법치주의 바깥으로의 길이 아니라 법치주의 안에서 그것을 넘어서는 길을 전략적으로 택하며, 그런 넘어서기의 과정으로서 모종의 자연법을, 초법률적 법을 거점으로 삼는다: "여기서 나는 '부당한 법은 법이 아니다'(자연법)에 기초한 법치주의 쪽으로 마음이 끌린다. 부당한 명령은 명령이 아니듯이 말이다. 이 이끌림에 따라 이제 나는 주권자 국민의 명령에 반하여 권력자를 위해 봉사하는 법은 부당한 법이며 부당한 법은 법이 아니라고 생각할 것이다. 그러므로 나의 법치주의는 '모든 법은 부당하다'(비판법학)고도 '모든 법은 정당하다'(법실증주의)고도 생각하지 않고 부당한 법은 법이 아니라고 생각하는 법철학일 것이다." 모든 법은 부당하다고, 법이란 결국 지배의 도구로 귀착된다고 보는 비판법학과 모든 법은 정당하다고, 악법도 법이라고 보는 법실증주의는 법실체주의·실체법주의의 고정성·정태성을 공유하면서, 폭력적 지배로부터 생명을 보호하는 법의 실증 가능한 벡터(예컨대 실정법에 따른 국회의 계엄 해제 결의안 통과)를 차단하거나 악법을 폐기하려는 비판적 힘의 운동(예컨대 비상계엄권을 거슬러 군용 장갑차를 막아선 시민들의 자연법적 행동)을 억지한다. 역사적 배치로서의 법, 구체적·집합적 힘의 사건성·상황성에 따라 기능적 변환과 전용이 가능해지는 배치 속의 법, 그 법적 배치는 활력적인 탈구축의 가능성 앞에 내놓여 있는 것이다(조정환은 다름 아닌 목사 전광훈이 그런 가능성을 실제로 현시했던 사람이라고 본다: "1천만 국민저항권 발동으로 우리는 대통령을 감옥에서 데리고 나올 수 있습니다!"['광화문 전국 주일 연합예배'에서의 발언, 2025. 1. 19] 법치주의의 확고한 정태적 틀을 믿었던 이들 중에 윤석열의 탈옥이 가능하리라고 본 사람은 없었을 것이지만 전광훈은 달랐다. 그는 법의 안팎 경계에 동시에 자리잡고 있었기 때문에 다를 수 있었고 법을 유동적 배치상태로 볼 수 있었다).

바로 그런 가능성에 내기를 거는 것이 저 '부당한 법은 법이 아니다'의 자연법적 법치주의다. 그런 법철학은 석방에의 분노와 헌재 판결에의 불안 속에서도 저변에서 공유되고 있는 공통감각이라고 할 수 있으며, 그 감각의 공통화 역량을 따르고 있는 동안이라면 우리 동료시민은 권력/집권을 위한 정치공학적 계산을 거절하면서 법의 안과 밖 경계에, 전광훈의 집회가 걸쳐 있는 법의 경계와는 다른 경계에, 법 안에서 대항하며 그 바깥을 향하는 벡터 속에 자리할 수 있을 것이다. 그 자리·자리함의 형질을 표시하는 것으로서, 조정환은 법조 셀프-쿠 이후의 (헌)법을 둘러싸고 궁리하며 공부중인 파면 촉구 집회의 비상행동에 대해, 그 앙상블·어셈블리에서 발원하는 힘의 비상상태적 형세에 대해 말한다: "달리던 차량을 멈춰 세우고 도로를 광장으로 바꾸는 가두시위는 국민-다중이 그 무엇에도 우선하는 나라의 주인임을 보여주는 물질적 헌법의 사건이다. 그것은 새로운 정치적 상상력이 발이히는 텃밭이며 사람들이 무엇이 진실이고 무엇이 윤리이며 무엇이 정의인지를 다르게 생각하기 시작하는 다중지성의 학교이다. 그것은 또한 쳇바퀴 도는 착취와 수탈의 자본주의적 일상을 벗어나는 축제이다."

자본주의적 물류, 축적 로지스틱스의 직통과 가속을 위한 홈 패인 공간으로서의 도로가 저 자연법철학적 해석과 결정에 근거한 정치적인-법치적인 것이 발흥하는 시공간으로서의 광장으로 탈바꿈되고 조바꿈되는 일, 모종의 메시아적+유물론적 형질변환 혹은 메시아적=유물론적 전위轉位의 상황 구축. 이는 법조의 쿠네타에 의해 관리되는 성문법 속에서 사실상 사문화되고 있던 민주공화국의 명목상 주권자를 명실상부한 주권자로 다시 정초하는 과정과 맞물려 있으며, 그 과정은 '물질적 헌법의 사건'이라는 명명 속의 바로 그 물질성에 근거해 있다. 달리 말해 도로에서 광장으로의 가시적인 공간물질적·신체적·경험적·감각적 전위와 편위(클리나멘=어긋남)의 발생, 유물론적이므로 과학적인 그것은 법을 낯설게 감각하게 만들고 그 낯섦의 지속과 그것의 제도화 사이의 불가피한 간극을 생동하게 만드는 유물론적 헌정체의 구성에 뿌리박고 있다. 현재 그 광장의 유물론적+메시아적 헌정체는 비선권력적 주술통치술, 까불면 죽게 될 신을 통한 정치경제적 축적술, 신화적인 법교배술 간의 네트워크를 밝히고 벗겨내는 힘으로, 비밀화된 간접권력적 내전정체의 아나키+경찰 실세를 무위로 돌리는 힘으로 발현중인바, 그 발현이란, 유물론적인 것의 힘이 그 힘의 메시아성 안에서 보위되고 메시아적인 것의 힘이 그 힘의 유물론적 심급을 통해 구체화되는 과정이다. 그런 과정 속에서 점거되고 있는 땅, 거기서 가꿔지고 일궈지는 정치적-유물론적 상상력의 '텃밭'은 축적을 위한 신화적 쿠데타의 권모술수와 논공행상에 의해 탈취·착취·수거·파괴되지 않는 신적인 노모스로서, 세속화된 신법적 치외법권으로서, 현행 법치관계 안에서 그 배치를 거슬러 그것 너머로서 취득되고 영위되는바, 그럴 때 법·정의·폭력·안전·후생은 서로 간의 상황적 공부를 기꺼이 교환하는 진정한 주권자들 사이에서 달리 해석되고 다시 결정될 것이다. 그들의 그 사이는 법 안에 일그러진 채로 편성되어 있는 법 바깥, 새로운 사회의 씨앗이며 뿌리다: "신국(의 법)은 너희들 사이에 있다."[「누가복음」 17장 21절]

기록된 메시아의 그 말, 현행적 법체제의 역사에 기입됐던 것이 될 그리스도의 그 로고스/노모스를 따르는 진정한 주권자는 법 안에서 그 바깥으로[ek] 부름받아 모여드는[caleo] 신적인 소명의 일반담당자이며, 그런 한에서 그들은 법 안의 바깥, 법 안으로부터 어긋냄과 탈구를 행하는 법 바깥의 생명(아노몬anomon)이다. 도로에서 형질전환된 저 광장이라는 회집체는 아노몬들 사이에서 공동으로 교환되는 교학상장敎學相長의 앙상블·어셈블리로서의 교-회ek-klesia[敎-會]이며, 그것은 유물론적+메시아적 제헌력의 원천, 신적인 헌정취득의 반석이다. 그 위에서 비가역적인 민주주의의 표시로 전용하게 되는 짧은 한 문장을 다름 아닌 자연법적 힘으로 법의 공백을 채워가는 광장의 아노몬들이 스치며 지나는 중이다: "신은 나다Gott ist Ich."[C. Schmitt, *Glossarium*] 신=나, 그 일반화된 이위일체적 상황은 축적하라고 명령하는 모세적 예지·선지先知로부터의 탈구 상태인 동시에, 자본주의라는 종교와 신정정치적인 법치의 합성 및 연동을 위해 선결되어야 할 앎에 맞서 미지·미래의 앎을 위한 실험을 행하는 '축제'이다. 도로가 광장이 되는 과정과 더불어 도래중인 앎, 그 미결정적인 비-지非-知의 일반경제적인 흘러넘침의 사태는 누가 해석하고 결정하는가라는 물음에 대한 응답의 형질을 거듭 설정해 가는 기반이다. 그것은 현행 법제에 기입되어야 할, 그럼으로써 현행 법제의 형질변환을 끌어내는 인계철선으로 기능하게 될 어떤 평의회의 속성을 통해 다시 표시될 수 있다.

법의 공백에 대한 사법권력의 해석+결정 혹은 법조기술

적인 집행+입법에 대항하는, 그 분립 없는 이종교미의 법폭력에 대항하는 위와 같은 진정한 비상상태의 형세(자연법철학적-유물론적-메시아적 힘의 연계망) 속에서 우리들 동료시민과 대의기관원(국회의원)은 2016년 박근혜 탄핵 국면에서의 궐위상태를 통해 일시적으로 설정된 탄핵명령-복명실행의 관계와는 달리 "실질적 협력관계"를 맺는바, 조정환에게 그것은 12·3 계엄령의 폐지와 내란의 종식이라는 공동과제의 협업 경험에 근거해 있는 것이었다: "그런 협력관계는 향후 다중의 직접민주주의와 대의민주주의 사이의 미래적 관계 가능성을 시사한다. 3월 10일의 촛불집회는 시민의 발언과 야당 국회의원의 발언이 한 장소에서 아무 거부감 없이 당당하게 교차하는 새로운 평의회의 초안 혹은 밑그림을 보여준다. 새로운 헌법은 이 새로운 평의회의 밑그림 위에서 그려져야 할 것이다." 현행 헌법·헌정의 질서는 되돌아 갈 수 있는 안온한 고향일 수 없다. 왜냐하면 12·3 비상계엄과 그 이후 지속되고 있는 n차 계엄의 폭력적인 계기들, 헌법재판소의 선고 지연을 포함한 그 모든 폭력의 기계들은 여기 87년 헌정체의 부산물이며 반영물이기 때문이다(87년 체제로 되돌아갈 수 있고 되돌아가야 한다고 믿는다면, 그리고 그런 믿음이 향후 조기 대선의 집권중심주의와 결부된다면, 그것은 '안락의 전체주의'를 되돌릴 수 없이 만연되게 할 것이며 '비-파시즘적인 삶'의 가능성 자체를 체계적으로 마멸시킬 것이다). 상황 속에서 발굴되고 있는 저 새로운 평의회의 속성에 주목하게 되는 까닭이 거기 있다.

　새로운 평의회評議會를 '평-의회平-議會'로 다시 쓰면서, 그리고 그 평[등]-의회를 저 메시아적+유물론적 교회[에클레시아]와 용접하면서, 그런 용접이 행해지는 장소를 새로운 헌법의 머리말로 설정하면서, 대의하는 자와 대의되는 자 사이의 대등한 관계구성을 통해 삶·생명을 두텁게 해 갈 신적인 (비)폭력의 권리장전으로서의 제7공화국 헌법을 그려보게 된다. 그 새로운 헌법은 누가, 왜, 어떻게 해석하고 결정하는가에 대해 답한다. 도래중인 헌정의 근원이 그 문답의 상황 구성력 속에 있을 것이다. 누가? 대의규범 아닌 활력적 인격과 물격이. 왜? 법 앞에 만 명만 평등한 상태를 깨는 민주적 법치의 효력 증강을 위해, 마치 이소노미아[no-rule]와도 같은, 법의 소멸과도 같은 법의 완성 과정을 추동하기 위해. 어떻게? 법의 예외를 향한 추구·추종이 아니라 법치 안에서 대항하며 그 너머로 향하기의 방법으로. 어떤 해석+결정? '얼레디[벌써 이미]'와 '낫 옛[아직 아닌]' 사이에서만 도래·발현중인 진정한 비상상태를 민주주의와 그 적敵의 관계에 대한 진단의 시금석으로 삼아 수행되는 인민의 구제에 관한 해석, 인민의 구원이 최고의 법이라는 매번의 자연법적 결정.

끝날의 날끝: 김건희의 파울 클레

2025년 3월 21일

    김건희의 석사논문 「파울 클레 회화의 특성에 관한 연구」(숙명여대 교육대학원 미술교육학과, 1999), 표절률 최대 55%. 오늘 현재 36개월째 검증 중인 대학교. 그 대학의 총장에게 선거 운동 시기 자신이 정의롭게 내세웠던 문구를, 학생 포함 총장 직선제 1·2차 투표에서 1위로 선출될 수 있게 했던 그 문구를 되돌려줘야 한다: "지연된 정의는 정의가 아니다."[이는 저 「마그나 카르타」, '자유 대헌장'에까지 이어져 있다. "짐은 누구에게도 정의와 사법(司法)을 팔지 않으며 누구에 대해서도 정의와 사법을 지연시키지 않는다."(40항)] 논문 표절, 예컨대 축적을 위한 학벌學閥 입지전의 시초이자 총알·화기. 27세 청년 대학원생 김건희의 '클레 연구'는 결코 연구할 수 없는 클레의 문장을 인용한다: "시초Anfang가 있는 곳, 결코 무한Unendlichkeit이 있을 수 없음. 그 통찰."[P. Klee, *Pädagogisches Skizzenbuch*] V1 대통령을 수렴청정垂簾聽政하는, 최고통령의 집무실 베일 뒤에 자리잡은 비선명령자 V0 영부인令夫人, 그녀의 그 시작점에 이미 고지되고 있었던 것이 될 끝·종지부. 그 끝날의 예리한 날끝을 감지하지 못하는 김건희의 표절에 맞서, 그 입지전의 폭력과 공공성의 참절로 구축될 김건희 식의 세계에 맞서 클레는 "현재적 형태의 그 세계가 유일하게 가능한 세계는 아니다"라고, "자연이 눈앞에 펼쳐놓은 완성된 형태들을 투시적인 눈으로 살피면서 시야를 현재에서 과거로 확대시키고 자연의 이미지나 완성품의 이미지보다는 창조 자체의 본질적 이미지를, 천지창조의 행위가 과거에서 미래로까지 뻗어 있음을 본다"라고, "영원한「창세기」가 그것"이라고 말한다[클레,『현대미술을 찾아서』]. 뒤이어 클레는 다른 누구 아닌 벤야민의 입을 빌려 창세 이미지에 대한 자신의 관점을 집약한다: "화가 클레처럼 복잡한 예술가는 갓 태어난 아기처럼 소리를 지르면서, 이 시대 더러운 기저귀 위의 벌거벗은 동시대인들에게 눈을 돌리기 위하여, 전승되어온 장중하고도 고결한 인간상을, 과거의 온갖 제물들로 치장한 인간상을 박차고 나온다."[벤야민,「경험과 빈곤」] VO 김건희는 누구인가. 그 더러운 기저귀를 함께 깔고 누운 우리의 동시대인이다. 우리는 우리의 기저귀 위에서의 입지전들을 앞질러 간 김건희라는 동시대인과 정확하게 마주하기 위하여, 전승된 장중함과 고결함을 둘러쓴 인간·제도가 아직 오지 않은 새것과 완전히 가지 않은 낡은 것 사이 궐위 속에서 후광 받으며 여전히 발현 중에 있음을, 바로 그 후광어린 스펙터클을 깨고 나와야 하는 것이 필수적인 과제라는 점을 광장 속에서 알아가고 있다.

헌법재판소 "5:3 데드락"의 수치:
사법형식적 타협의 '폴리크라티' 비판
2025년 3월 26일

파면 여부 선고기일의 차일피일하는 지연사태 속에서 불가피하게 예감하게 되는 폭력을 예방하기 위해, 여기 헌법 수호의 자명하고도 낯익은 기관을 낯설게 하기 위해, 가차 없는 법제도로 고정되고 선택의 여지없이 불가항력적으로 부과되고 있는 오늘 최종적 헌법 수호력으로부터의 탈구를 위해 그어보게 되는 출발선/사선은 다음과 같다: "헌법의 수호자를 사법의 권역 안에서 창설하는 일이란 과연 얼마만큼이나 가능한 것인가? 헌법의 수호자가 맡는 기능은 기저원칙적으로 또 일반적으로 사법형식이라는 것을 통해 인지될 수 있는 것인가? 헌법 수호의 그런 활동이 사법형식성의 외양적 가상으로 에워싸여 있을지라도 그것을 두고 거듭 사법이라고 말할 수 있을는지, 그러니까 사법형식성이란 다른 어떤 성질을 띠고 있는 것, 그게 무엇이든 고도의 정치적 권한을 오도하는 변장에 불과한 것은 아닐 터인가?"[C. Schmitt, *Der Hüter der Verfassung*. 이하 '*HV*']*이 문장들은 몰라서 던지는 의문문이 아니라 이미 가

---

* 국역본(2000)은 헌법학자 카와기타 요타로의 일역본(1989)을 기계적으로 중역한 것이다. 이하 국역본에서 인용할 때에도 그 한글 문장은 일역본 번역자의 역량과 수고에 먼저 빚진 것임을 밝혀둔다.

진 답의 조건을 달리 확정하기 위한 강조문이다. 사법형식 혹은 사법권의 절차주의적 정당성이라는 결정형식에의 기대와 내맡김을 통해서는, 그러니까 오늘 여기의 헌법재판소와 같은 미결정적 사법형식에의 경로의존인 요망과 기다림 속에서는 헌법의 수호력에 대한 근원적인 인식과 구성이 불가능하다는 것. 슈미트의 그같은 답을 집약하는 근본물음은 이런 것이다: "**누가 결정하는가?** quis judicabit?"[HV]

그 물음은 사법형식적 결정의 사이비 주권성에 대한 비판, 정치화된 사법권의 거짓 규범적 힘에 대한 비판을 중심에 두고 있다. 그런 비판들이 적으로 규정하고 있는 것은 통치와 질서의 정상상태를 보전하기 위해 1인의 수반首班 혹은 우두머리가 가져야 할 고도의 정치적 권한(예컨대 초기 슈미트가 중시했던 바이마르 공화국 헌법 제48조 '대통령 비상대권'이나 '예외상태에 관한 결정권')을 사법형식이 합법적으로 참칭하고 타협적으로 참절僭竊할 수 있도록 설정된 국권 연관의 홈 패인 프로세스이다. 그런 참칭·참절을 분석·세탁·호도하는 사법권의 자기 정당화와 자기 오인을 표시하는 헌법사적 용어로 슈미트는 뱅자맹 콩스탕의 '자유재량적 판결'을 거론하는바, 자유주의-시민적 법치국가론의 고전적인 대표자로서의 콩스탕이 『장관책임론』[1815]에서 논한 탄핵재판소의 본질적 한계를 요약하면서 슈미트는 절차형식주의적인 사법 판정권이 고도의 정치적 권한으로 분장하고 있음을, 그런 권한을 빌미로 결정적 주권성을 오도·전유·탈취하고 있음을 적시한다(그것은 바이마르 당대 국사재판소에 부여된 "자유재량freiem Ermessen", 그 무제약적인 권한이 결정의 근원적인 불가능성을 노정하는 사태를, 달리 말해 사법형식적 타협의 "폴리크라티Polykratie[다발성(多發性) 지배]"[HV]라는 폭력 형식을 적대로 삼은 것이었다*). 슈미트는 이렇게 쓴다: "재판소의 **임의재량**arbitraire은 형식의 장엄함, 토론의 공개성, 여론의 호응, 재판관의 기품, 형벌의 특질에 의해 중화된다."[HV]

사법형식의 장중함은 '(성문형식화된) 법률 없이는 범죄도 형벌도 없다'고 하는 법언 곁에서 형벌의 특질 혹은 고유성과 접합되는바, 그것은 사법적 해석 및 결정의 근본적인 한계 영역이자 제약 조건으로서의 법의 공백을 가리키면서, 그런 공백이 자의적/임의재량적 법치형식론의 근거로 활용될 때의 유혈적 폭력성을 표시한다. 한편, 여기 헌법재판소의 8인 밀실 평의에 한정한다면 토의의 공개성에 대한 비판이란 의회의 입법권력에만, 의회에 의한 "토론의 통치"에만, 의회의 "공허하고 무가치한 형식적 절차"와 그런 절차 속에서의 "영원한 대화"에만 해당되는 것처럼 보이지만, 공개적 토론을 통해 정당성을 조달하는 의회가 최소 인원의 위원회를 꾸려 "폐쇄된 방 안에서 은밀히 타협"[슈미트,『현대 의회주의의 정신사적 상황』]하는 것처럼 여기 헌법재판소의 "밀실로부터 새어나오는 재판관들

---

* 바이마르 '공화국'의 첫 5년과 그것의 붕괴, 그 시작점이자 종점을 관통하는 체제속성을 분석한 고전적 연구는 그런 속성을 "권력타협의 구조"로 명명했었다. 칼 디트리히 브라허,『바이마르 공화국의 해체』1장 4절을 참조.

의 고성"이 언론을 통해 들려올 때, 그렇게 결정적 해법의 열쇠 없이 동등한 1표의 정치화된 사법적 의지로 충돌하고 있는 8인의 재판관이 공정한 공회전상태에 있음을 감지하게 될 때, 그런 공정성이 5:3의 수치로 이러지도 저러지도 못하는 우유부단의 교착상태deadlock 속에서 고착되고 있다는 수치스런 풍문을 듣게 될 때, 그것은 그들 8인의 토의가 형식적 평형과 기계적 형평 속에서 겉돌고 있는 세인들의 수다임을 표시해준다. 더불어 그런 수다의 데드락 상태란 다름 아닌 여론의 다수성에, 공개적으로 과시되는 여론의 간접화된 영향력에, 여론의 추이라는 아나키적 휘둘림과 휘말림에 사법형식이 실질적으로 내맡겨져 있음을 가리키는 것이기도 하다. 그런 한에서 모조주권적 행위로서의 사법형식적 임의재량의 힘은 "부수적이고 산만한 것"[슈미트, 『헌법의 수호자』], "종속적이며 혼란된 것 akzessorische und diffuse"이며, "뒤늦은 정정"에 한정되는 것, "**사후적인 것**post eventum"[*HV*]인바, 그렇게 후속되고 부수되는 판정권에 기대어 정치화된 자신의 간섭과 간여의 무제약성을 진정한 결정력으로 오인하고 호도한다. 그때 체계적으로 말소되는 것은 정치적인 것의 구성 조건으로서의 결정에 결부된 '책임'의 문제다. 사법형식적 해결은 "책임의 구성 요건과 책임의 대상 영역을 일반화된 부제한성 안에서 용해시켜버린다."[*HV*] 일반화되는 면책적 특례권으로서의 사법형식적인 해석과 결정은 "정치적인 마비를 일으키는 작용인 동시에 정치적 작용을 무력화하는 확실한 수단"[『헌법의 수호자』]으로 기능하는 것이다.

그런 기능을 두고 슈미트는 헌법의 역사 속에서 경험하게 되는 본래적 사태이자 사법의 근본적인 한계로 규정하는바, 사법형식적 해결이 가닿을 수 없기에 중단되지 않을 수 없는 이른바 '국법의 끝'("국사재판소는 순수한 '법률문제'에 국한되므로 다른 한편에서 국법은 거기서 끝나고 있다")에서, 슈미트로부터 전용해 올 필요가 있는 한 문장을 발견하게 된다. "특유한 심급besondere Instanz의 창설 없이는 자칫 모든 관할기관이, 마침내는 모든 국민이 헌법의 수호자가 될 수도 있다."[HV] 이런 다원적 헌법 수호의 아나키 혹은 내전상태를 미연에-사전에 억지할 수 있는 1인의 헌법 수호자, 그 1인의 예외결정권을 향한 슈미트의 의지와 마주하여 항시 관건으로 설정되어야 하는 것은 그가 말하는 저 특유한 심급審級의 형질일 것이다. 그런 형질과 벡터를 다시 정의하고 다르게 설정하기 위해 필요한 계기를 『헌법의 수호자』 안에서 내재적으로 찾자면, 그것은 "궁극의 법이론적 근거, 달리 말해 규범의 내용에서는 도출될 수 없는 순수한 결단의 요소"일 것이며, 그런 순수성을 통해 발현·도래중인 상황으로서의 "더 높은 질서höere Ordnung와 참된 헌법wahre Verfassung"[HV]이 될 것이다. 사법형식성과 더불어 권력타협 속에서의 정치경제적 권능 분점을 근거 짓는 폭(권/위)력의 상태, 달리 말해 폴리크라티적인 노모스의 취득·목양·분배의 상태를 무위로 돌리는 진정한 헌법의 창설력이자 최종적인 수호력을 정초하는 힘으로 "순수결단reiner Entscheidung"[HV]을 정의할 때, 그 정의를 위기 속에서 활용하는 한 가지 방식이자 경로는 법학자 슈미트의 입론을 거슬러 읽었던 비평가 벤야민을 통해, 그의 총파업론을 통해, 여기 탄핵 이후 궐위상태 속에서 제기됐고 며칠 뒤로 예고되고 있는 시민총파업의 이념을 통해 확인될 수 있을 것이다.

도래중인 총파업의 네 가지 이념

2025년 3월 28일

　헌법재판소 '5:3 데드락'의 수치 앞에서 다시 살펴보게 되는 것이 있다. '순수결단'의 릴레이·대장정과도 같았던, 기적같던 연합과 돌봄의 지난밤을 달리 상기시키고 있는 '남태령'의 3월 26일 아침, 그 현장의 발언대 위에서 조용히 터져 나온 모종의 의심 혹은 발심發心. 그것은 영속적인 구축이자 구성으로서의 민주주의에 대한 방심의 인정인 동시에, 공통적 회심의 출발선이자 필요한 전회의 근거지가 되는 근본물음이었다: "대한민국이 정말로 민주공화국인 게 맞습니까?"[전농(全農)TV] 민주공화국이 아니라는 것, 여기의 민주공화국은 명실상부한 상태가 아니라는 것, 국민 각각이 주인임을 서로 간에 인정하기 위해 서로가 통치자인 동시에 피통치자로 설정됨을 상호 인준했던 것이 될 민주공화정이 그 공화정의 면역계 속에서 정립된 특권관계의 위기 해결사로서의 법조과두정에 의해 침탈당하고 있다는 것, 침탈·침식 같은 외재적 강압이 아니라 우리의 민주공화정 자체가 법조과두정의 원천이라는 것, 명령적인 구속 및 기속羈束을 체계적으로 해제한 여기 자유위임 과두정이 우리 공화정의 내재적 귀결이라는 것, 그런 원천-결과로 수미일관하는 정치체의 홈 패인 변모·변양 과정을 정지시킬 수 있는 방법이 구성되어야 한다는 것. 그 방법·수단을 첨

예하게 표시하는 것으로서, 어제 3월 27일의 총파업에 대해 생각해 보게 된다. 헌법의 최종수호에 직결된 모종의 민주적 총체성을 실험해 볼 수 있게 하는 이름·명명으로서의 "시민총파업", 도처에 나붙었던 그 파업 공고문 속의 보이콧 표어들 중에는 다음과 같은 것이 있었다: "**우리가 멈추면 내란이 멈추며 세상이 멈춘다.**"

일터에 있어야 할 사람, 노동의 기계적 배치 속에서 아기자기하게 삐걱거리면서도 어긋남 없이 기능하고 있어야 할 사람과 트랙터가 그런 기능을 멈추고서 오늘 여기의 민주공화국이란 어떤 것이어야 하는지를 묻고 답하기 위해 일터로부터 벗어나있는 남태령의 현장. 그 탈구의 상황이란, 예컨대 임금단체협약이나 노·사·정 타협체에서의 유리한 고지를 목적으로 삼는 부분파업 같은 것이 아니다. 그 탈구·어긋냄의 상황이란, 역사적 농민봉기를 상기시키는 트랙터를 필두로, 달리 말해 서울경찰청장대리 박현수(내란공범 피의자)의 경찰폭력에 의해 집중 포위된 정치적 행위자로서의 사물-트랙터를 필두로 거듭 구성되고 있는 응원봉·깃발·넥타이·유모차·어린이·이주민·반려동물 등등의 체제전환적 앙상블을, 그 (비)생명·(비)국민·(비)인간 네트워킹의 제헌적인 연대파업을, 그러니까 일반화된 평-의회로서의 총파업을 가리켜 보인다. 그렇게 멈춰서는 파업으로 시작될 내란의 끝이 공장에서의 노동시간 너머로 노동의 한계를 제거하는 정치경제적 공정의 끝장일 수 있는 조건은 어떤 것인가. 다시 말해, 오늘 일반화된 프롤레타리아의 총회(어셈블리)로서의 총-파업, 그 총체성의 형질에 따라 시작될 여기 내전정체의 끝이 다름 아닌 '축적하라'고 하는 모세의 신적인 대언代言을 제1목적으로 봉헌·매개하는 사목적 위원회들의 법령을 무위로 돌릴 수 있는 조건은 무엇인가. 자본의 지배를 매개하는 그 정치적 위원회들·위임체들 아래서의 보호-복종이라는 안전계약적-동의조달적 법제를 파기하면서 새로 창설될 노모스의 조건이란 어떤 것인가. 그런 물음들을 위해 필요한 총파업의 이념, 총파업에 뿌리박은 규제적 법이념의 이정표 하나를 긴급히 참조 가능한 선행 총파업론 곁에 세워보고자 한다. 그것은 저 바이마르 공화국 해체 직전에 이뤄진 벤야민의 총파업론, 그것에 접선중인 힘의 벡터들과 여기 도래중인 시민총파업의 상황을 용접하는 일이 될 것이다.

벤야민은 『폭력에 대한 성찰』의 저자 소렐이 시도한 준별, 즉 '정치적 총파업'과 '프롤레타리아 총파업' 간의 대립을 차용했는데, 현행 권력관계의 재생산에 봉사하는 정치적 총파업의 목적·주체·행위 간의 배합관계는 여기 궐위상태에서의 국권(사법권·입법권·행정권)을 모종의 동맹파업적 폭력연관으로 정의하고 그 효과를 살피는 틀로 전용될 수 있다. 말하자면, 오늘 여전히 n차 계엄을 지속중인 법복귀족정·법조과두정의 철칙이자 무기로서의 정치적 총파업, 여기 연성친위쿠데타 연합위원회의 생명줄이자 코나투스로서의 정치적 총파업. 이는 대통령 탄핵 이후 행정부의 태업과 직무유기(헌재재판관

임명보류, 내란공범들의 인사조치 유보, 특검법 거부, 검찰청의 내란수사 방해 및 선별적 법해석[예컨대 경호처 차장 구속영장신청 반려, 외환유치죄 수사 포기, 즉시항고권 포기]), 사법부의 직권 오용과 남용(지귀연 재판부의 내란죄 피의자 구속취소, 헌재의 대통령 탄핵 선고기일 미지정), 입법부 여당의 위헌적 내란옹호와 유혈적인 수다로 상호 연계·야기惹起되고 있다. 정치적 총파업의 그런 야기·연계망을 달리 표시하는 사람들과 상태가 있는바, 그것은 행정부/안기부 혹은 안전기획의 집약적 집행부로서의 '경찰' 고위직에 오른 내란 코드인사들과 그들에 의해 3월 하순부터 예행연습되고 있는 경찰적 예외주의 폭력수단으로서의 경비계엄상태, 다시 말해 헌법재판소의 탄핵 기각 시에 일어날 시민저항을 불법폭동으로 미리 전제하고 그 폭동의 주동자를 민주노총으로 설정하여 모의模擬/謀議되고 있는 자유재량적 폭력의 수단화 상태이다(사전에 모의·예비·예행되고 있는 그 경찰적 폭력의 현장 사진은 군인권센터에 의해 3월 20일 공개되었다). 그렇게 수단화된 폭력으로서의 정치적 총파업이 받들어 봉사하는 최종목적이란 다름 아닌 계엄의 지속, 그것에 뿌리박은 정치경제적 특권모델이자 축적모델로서의 내전정체의 구축인바, 벤야민이 「게발트-크리틱[폭(권/위)력의 준별]을 위하여」에서 번역·인용한 소렐의 다음과 같은 문장들은 그런 목적-수단 관계의 영구집권적인 속성과 스펙터클한 접합상태를 가리키면서, 여기 탄핵의 권력 공백에 대처하는 국가권력의 정치적 총파업이 1인 원수·수뇌·수반의 그 머리를 원상회복하는 힘으로 기능하고 있음을, 그런 유령적-대체보충적 재생산력이 오늘 n차 계엄으로 설정·보위되는 축적기계의 근원이자 산물이라는 점을 드러내준다: "정치적 총파업은 어떻게 해서 국가가 자신의 힘을 조금도 잃어버리지 않는지를, 어떻게 해서 권능이 한 특혜층에서 다른 특혜층으로 옮겨가게 되는지를, 어떻게 해서 생산자 대중이 통치자를 교대시키는 데에서 머물고 마는지를 알려준다." 소렐이 대립시킨 그 두 가지 총파업에 대해 벤야민은 이렇게 비평한다.

"정치적 총파업이 노동 조건의 피상적인 수정을 가져오는 반면에 프롤레타리아 총파업은 순수수단reine mittel으로서 비폭력적gewaltlos이다. 왜냐하면 프롤레타리아 총파업은 표면적인 양보와 노동 조건의 특정한 수정에 따라 기존 노동을 재개하려는 준비태세로서 일어나는 것이 아니라 철두철미하게 변경된 노동의 결정, 국가에 의해 강제되지 않는 노동의 결정으로 행해지는 하나의 전복인바, 프롤레타리아 총파업은 그런 전복을 야기시키는veranlassen 것이 아니라 집행하는vollziehen 것이다. 이런 이유로 정치적 총파업은 법설정적rechtsetzend이고 프롤레타리아 총파업은 아나키스틱anarchistisch하다."[W. Benjamin, »Zur Kritik der Gewalt«]

국가권력의 조바꿈에 봉사하는, 위임특권의 탈바꿈에 이바지하는 대체보충적 총파업, 그것에 맞세워진 프롤레타리아 총파업의 순수수단적-비폭력적인 힘을 오늘 헌법의 수호에 필요한 최종적 심급인 동시에 여기 헌법 안에서 그 헌법의 현행성을 거슬러 그 헌법 너머로서 도래중인 다른 헌정의 필수조건으로 설정해 보게 된다. 이를 위해 프롤레타리아 총파업의 순수수단적-비폭력적 힘이 몇 가지 벡터들의 연계망이자 합력으로 발현한다는 점을 부각시키고 싶다. 그 첫째, '직-접'의 벡터. 이는 벤야민이 번역·인용한 소렐의 "국가", 즉 "사회 전체에 하중을 전가하는 각각의 모든 기획들로부터 이익을 얻고 있는 통치그룹의 존재근거"로서의 국가가 사회적 삶을 매개하면서 간접화/수단화하는 상태를 거스르며 나아간다. 직-접의 벡터는 고통과 책임을 사회구성원들에게 합법적으로 떠안기면서 공통의 협력과 공동의 부를 겹겹의 하도급으로 사취하고 절취해가는 정치경제적/경찰적 간접권력의 그물망을 절단하는 힘, 그 그물망으로 매개·유도·포획되는 사회적 노동을 탈구·전위시켜가는 힘, 그런 매개에 기댄 경로의존적 상태를 전복하는 삶·노동의 힘을 표시한다. 달리 말해 그것은 노동의 협력관계적 결정을 간접화하면서 이득을 수취하고자 하는 배후 권력의 프로그램을 정지시키는, 결정적인 노동관계에 대한 숨은 간접적 영향력의 자가면책 프로세스를 거역하는 힘의 방향·가속·증강을 표시한다. 이를 두고 직-접의 벡터라고 명명할 수 있는 것은, 그런 반대·거역·전복의 힘이 최종목적·강령·유토피아의 청사진에 의해 외인적外因的·외삽적·외부촉발적으로 야기·유도·유발·유인되는 게 아니라, 즉 그런 간접성 속에서 폭력수단화되는 게 아니라, 매개 없이(매개되지도/매개하지도 않고) 직접적으로, 이물질·매질·촉매 없이 순수하게, '집행하는' 힘, 수단화되는 폭력 아닌 비폭력적으로 집행하는 직-권直-權적인 힘이기 때문이다. 삶의 안전과 구원이라는 최종목적을 표방하면서 하중전가·이윤축적·하청수단화·자가면책·자기비밀화하는 소렐+벤야민적 간접권력, 그것을 효력정지시키는 직-접적인 집행력의 근본물음은 다음과 같이 된다: **누가 간접화하는가, 누가 이득을 보는가**Cui bono? 그런 직-접적인 집행력, 그것의 근본발현을 구성하는 것은 다음과 같이 된다: 최종목적에 수단으로 관계 맺는 폭력이 아니라 최종목적 없(애)는 목적들의 네트워크, 예컨대 유혈적·모조구원적 메시아주의 없(애)는 메시아적 힘에의 접선·연계망, 달리 예컨대 정치를 목적으로 설정하지 않는 사람들의 정치적 활력·활동망, 도래중인 헌법 혹은 새로운 노모스라는 영구혁명적 목적을 오늘 여기 낡은 헌정관계로부터 분만하는 산파들의 제헌적 활동력, 그들이 집행하는 순수수단으로서의 비폭력 즉 신적인 비폭력. 이러한 직-접의 벡터구성이 간접화·매개화·대의화·수단화 일반에 대한 거역과 저지의 힘으로 발현하는 시공간을 옹호하면서 벤야민은 이렇게 쓰고 있다. "이 심도 깊고 윤리적이며 참된 혁명 초안에는 그것의 파국적 결과를 빌미로 폭력이라는 낙인을 찍으려는 그 어떤 사고도 대적할 수 없다." 여기의 시민총파업이 직-접하는 비폭력적인 힘 속에서 그 힘의 결과를 두려워할 필요가 없는 이유 하나를 그렇게 확인해 놓고자 한다.

그런 확인 혹은 의인義認 속에서, 프롤레타리아 총파업을 이루는 힘의 두 번째 형질은 다음과 같이 된다. '평-의平/評-議' 또는 '무-위無-位'의 벡터. 이를 여기로 도래 중이던 시민총파업의 다른 표어 하나와 맞물려보게 된다: "**내란의 오늘을 끝내고 평등의 내일로!**" 벤야민이 사용한 '미틀mittel'이라는 낱말, 수단·매개·간접을 더불어 뜻하는 그 낱말을 활용해 말하자면, 프롤레타리아 총파업이 지향하는 평등이란 미틀바(간접화·수단화mittelbar)의 상태를 운미틀바(직접화unmittelbar)의 상황으로 전위시켜가는 과정으로 구성된다. 그 과정은 하청·하위·수단적 위계가 없어지는 무-위의 상태를 정초하면서, 미틀바의 상태로 기획되고 유도되는 평등과 자유 간의 충돌을 감쇄시켜가는 평-의회적 힘으로 발현한다. 정의를 위한 결정의 긴급한 필요를 보류하고 폐기하는 영원한 수다의 이합집산적 대합실, 여기 양당 대의제의 최종목적화된 대체보충적 타협관계(=정권교체 제일주의)를 녹여버리는 못입 중구삭금의 평-의는 '인민의 목소리 즉 신의 목소리'로 회합된 총회적-일반의 지적 발화인바, 그 비폭력적인 말·로고스는 새로운 노모스의 정의와 정당성을 분만하는 진정한 게발트의 비상상태를 표시한다.

여기 궐위상태를 관통해 가고 있는 신적인 비폭력의 형질이 그와 같은바, 그런 한에서 이미 도래중인 시민총파업의 순수수단적 평-의는 다음과 같이 달리 번역될 수 있다: "순수매개reine mittel의 정치." 다시 말하자면, 간접화·수단화·질료화하는 매개적 폭력연관을 절단하고 전위시키며 무-위화하는, 전적으로 다르게 직-접 매개하는, 순수매개적인, 그런 한에서만 진정한 제헌역량으로 발현하는 평-의. 이를테면 그것은 메시아적인(미틀러Mittler=중보자^{仲保者}적인) 힘으로 집행되는 조율 Vermittlung의 상태를, 신적인 것과 정치적인 것이 직-접적으로 매개됨으로써 취득되는 무-위적인 노모스를 표시한다. 순수매개적 평-의와 무-위의 벡터 속에서 미틀러 메시아는 말한다: "무엇이든 너희가 땅에서 매면 천상에서도 매일 것이며 무엇이든 땅에서 풀면 천상에서도 풀릴 것이다. 누구든지 나의 이름으로 모인 이들이 있는 곳이라면 나 역시 거기 그들 속에 있다."[『마태복음』 18장 18~20절] 이 말은 메시아주의 즉 간접화·수단화·위계화하는 매개폭력 없애는 메시아적-순수매개적 정치의 이념형을 가리키는바, 그 이념의 이정표를 따라 비폭력적 평-의의 정의와 무-위의 정당성 근거가 정초된다. 그렇게 신적인 비폭력의 힘과 접선하면서 도래중인 여기 시민총파업의 '평등의 내일'이란, 법 앞의 평등이라는 축자적 의미를 넘어서는 이소노미아로, 예컨대 무-지배적인 노모스 취득의 벡터를 증강시키는 방향에서 평등과 자유의 관계를 상보적으로 조율하고 용접해가는 힘으로 발현한다.

프롤레타리아 총파업을 이루는 힘의 세 번째 형질은 다음과 같다. '아나키스틱' 또는 '안티-아르케[지배(시초/원칙)]'의 벡터. 이는 무[反/非]-지배에, "국가폭권의 무효화vernichtung라는 유일한 사명"에 접선되어 있다. 이른바 아나키즘적인 것의 의미망은 무정부·무법·무질서의 이미지에 고착될 수 없다. "아나키즘이 세속적인 권역에서 갖는 의미는 자유의 역사철학적 장소로부터 규정되어야 한다."[벤야민, 「단편」] 자유롭기에 가능해지는 평등의 시공時空/施工, 조건부 자유를 자유로운 것으로 해방되게 하는 평등을 통할 때만이 구성될 수 있을 자유의 시공, 그런 자유-평등의 상호조건적인 용접과 상보적인 교합에 의해, 즉 이소노미아적 시공간의 안티-아르케적인 힘에 의해 녹아내렸던 것이 될 아르케란 무엇인가. "그리스어 아르케ἀρχή란 시작Anfang을 뜻하는바, 아르케는 근원Ursprung과 원칙Prinzip이 하나로 된 낱말이다."[H. Arendt, *Über die Revolution*] 아렌트는 그런 "동일성의 심대한 의미를 간결하고도 아름답게 표현한 것"으로서 플라톤의 그리스어 문장을 인용하고는 이렇게 쓴다: "그 한 문장['사람이 훌륭하게 시작한다면 그 시작은 마치 신과도 같이 누구든 자기를 섬기는 자에게 만사형통을 베푼다'(플라톤, 『법률』)]의 본래적 의미를 붙잡기 위해서라면 다음과 같은 식의 의역도 허용될 수 있을 것이다. '시작beginning은 자기 안에 자신의 원칙principle을 품고 있기에 역시 신이라고 할 수 있는바, 그 신은 사람들 사이에 거하는 동안에는, 그렇게 사람들의 행동을 고쳐시키는 동안에는 모든 것을 구제한다saves everything/alles geborgen[모든 것을 평안케 한다].'"[『혁명론』; *On Revolution*] 시작-구제하는 신 혹은 시초-원리적 신으로서의 아르케를 향한 아렌트의 의지, 그 곁에서 그 결을 거슬러 던져보게 되는 질문이 있다. 근원·기원과 원칙·법칙이

정통성과 정당성에 대한 이의틈입의 원천적 봉쇄 속에서 한 몸이 되어 있을 때의 그 절대적·자기원인적인 힘, 예컨대 모든 권력의 무소불위無所不爲적인 발동을 가능케 하는 제1동인적 권위의 힘, 그 신적인 구제의 힘의 연관을 모방·표방하면서 진짜보다 더 진짜처럼 참칭·참절하는 절멸적인 세력 작용이 있다면 어쩔 것인가.

모조 아르케의 구제-절멸적 지배를 끝내는 안티-아르케의 힘이란, 하나의 사례이자 범례로서 예컨대 마치 (바울+벤야민적 기획으로서의) '적그리스도적 지배에 대한 초극'의 과정, 그런 과정으로 추동되는 신적인 노모스의 원-취득적인 벡터와도 같다. 달리 말해 (바울+슈미트적 기획으로서의) '신-취득'을 향한 비가역적인 시작·시초·기초, 그것은 간접화하면서 이득을 취득하는 현상유지적 과두 간접권력의 모조 직-접적인 강령들, 유토피아, 거짓 법령들로 기획된 유혈적 진보의 청사진을 찢는다. 여기 시민총파업으로 도래중인 유토피아가 있다면 그것은 그런 청사진/흑마술 같은 것일 수 없다. "아-토포스 혹은 유토피아라는 인공적인 낱말 속에는 대지의 낡은 노모스가 근거해 있는 모든 현장확정들의 거대한 지양 가능성이 함축적인 선율로 표명되고 있기 때문이다."[C. Schmitt, *Der Nomos der Erde*] 낡은 노모스의 지양과 더불어 시작되는 새로운 노모스의 취득, 그것은 구제-절멸의 프로세스에 근거한 축적의 장소들이 무위로 돌려지는 유-토포스(무-위)의 선율로 발현한다. 달리 말해, 적그리스도적 아르케의 유혈적인 통치작위를 지양하는 "메시아적 자연의 리듬"[벤야민, 「신학적-정치적 단편」], 그 아나키스틱 아르케의 발현음들은 자유와 평등을 용접하는 신적인 힘의 근원이자 산물로서, 이소노미아적 벡터의 역사신학적인 유-토포스로부터 정의되어야 한다.

참칭된 거짓 아르케-신에 의한 시작은 언제나 그 신의 자기 재생산을 위한 시작이다. 달리 말해 그런 시작을 거역하는 다른 시작들을 대체보충화하면서 지연·계류·구속시키는 경찰적 차연差延 기계의 시동이다. 만물·만사·만인을 북돋우고 구제하는 그 신의 시초에서 다름 아닌 그 아르케-신의 시초축적을 위한 원칙으로 가동 중인 구원-절멸의 프로세스 역시 그런 차연(차이화/지연)의 기계적인 시작·시동을 따른다. 그런 한에서 안티-아르케적 프롤레타리아 총파업을 이루는 네 번째 힘의 형질은 다음과 같이 된다: '지금-당장當場'의 벡터. 여기 도래 중이던 시민총파업이 고지한 또 하나의 표어로 달리 말하자면, "**나중에**'의 정치를 끝내고 지금을 살기." 인민 공동의 구제와 후생을 위해 긴급히 필요한 것, 예컨대 '평등의 내일' 같이 소수적이므로 근본적·급진적인 것의 요구를 소수의 긴급하지 않은 이해관계에 얽힌 것으로 간주하면서 뒷날로 미루는, 다수적인 더 긴급한 것이 있다고 하면서 입을 틀어막는, 그렇게 예외결정권을 향한 세엄의 의지과 저변에서 접선하는 '나중에'의 정치=폭력. 그 기속 없는 대의제 과두 교체주의의 종말지연적인 벡터 속에서, 그렇게 오지 않는 미래의 정치로 재생산되는 간접적 매개권력의 악무한적인 반복 속에서, 도래중인 내일의 긴급성/비상시를 억지하고 있는 세력(카테콘)은 다름 아닌 구원-절멸의 적그리스도적 프로그램과 한 몸을 이룬다. 그런 이위일체적 폭력합성을 거스르는 힘의 이정표가 저 '지금을 살기'이다. 그것은 당-장의 지금 이 시간^{jetztzeit}이 미래의 새로운 구원적 질서와 직-접적으로 접선될 수 있게 하는 메시아성을 띠는바, 그럴 때 지금-당장의 벡터는 신적인 노모스의 취득·나눔·돌봄의 시공간으로 발현했던 게 될 것이다.

"헌법재판소의 주인"이 설정한 적대:
'악'의 미결정력 VS. '예'냐 '아니오'냐

2025년 3월 30일

지난 2월 25일 탄핵심판 최후변론일로부터 한 달 넘게 지난 오늘, 헌법재판소는 여전히 선고 기일을 지정하지 않고 있다(지정하지 못하고 있다). 헌법의 최종적 수호처로 자리매김되어 있는 8인의 재판관들에게 가톨릭 사제·수도자 3462인은 어제 시국선언문 「헌법재판소는 국민에게 승복하라!」를 통해 다음과 같이 질문하면서 명령했다. "군경을 동원해서 국회와 선관위를 봉쇄·장악하고 정치인과 법관들을 체포하려 했던 위헌·위법행위를 단죄하는 것이, 명백한 사실관계도 부인하면서 모든 책임을 아랫사람에게 돌리는 자의 헌법 수호 의지를 가늠하는 것이, 그를 어떻게 해야 국익에 부합하는지를 식별하는 것이 이렇게도 어려운 일입니까? 당장 정의로운 판결을 내리십시오. 헌법재판소의 주인인 국민의 명령입니다." 이런 질문과 명령을 공통적인 것의 증진을 위한 계기로 삼을 때 주목하게 되는 것은 위의 시국선언문 속에서 행해지고 있는 성서 인용, 그 인용/용접을 통해 이뤄지고 있는 정치적 의지이다.

"가타부타 아무 말도 못하고 있는 헌재 재판관들에게 성경의 단순한 원칙을 전합니다. '너희는 다만 예라고 할 것은 예라고 하고 아니오라고 할 것은 아니오라고 하라. 그 이상의 말은 악에서 나올 따름인 것이다.'(「마태복음」 5장 37절)"

이 성서 인용문은 인용되지 않은 그리스도의 말, '맹세라는 것 자체를 하지 말라'고 하는 메시아의 명령 뒤에 나온다. 맹세, 그것은 맹세의 발화 직후부터 이어지게 될 나중의 과업 및 의무에 대한 확약이자 그렇게 미래에 완수될 의무의 공표·보증인바, 그런 한에서 과업의 의무가 차일피일 연기되고 있는 사태에 대한 면책의 신성한 근거로 기능하기도 한다. 3462인의 가톨릭교도는 "헌법·법률·양심에 따른 공정한 심판과 국민에의 봉사"를 맹세토록 하는 여기 「법관 선서」의 미-래, 아직 오지 않고 있고 끝내 오지 않을 그 선서·맹세의 유혈적 폭력을 끝내라고 명한다. 그들 가톨릭교도는 '가부可否'에 관한 말 자체를 하지 못하는 헌법재판소의 미결정력을, 그 미결정력의 결정적 폭력성을 비판하면서, 8인의 재판관들이 헌법의 최종 수호자일 수 없음을, 헌법재판소의 주인은 그들 함구령 걸린 8인 아닌 시민임을 확정한다. 그렇게 맞세워지게 되는 적대의 구도를 다음과 같이 제시해 놓고자 한다: 법의 일점일획을 남김없이 공회전시키게 될 헌법의 해석력, 그런 해석의 수다만을 영구화하는 미래 맹세의 대체보충적이며 모조구원적인 폭력, 줄여 말해 '악'의 미결정력 VS. '예'냐 '아니오'냐를 둘러싸고 지금-당장에 집행되는 정의의 결정력, 의인^{義認}에 의한 헌법의 최종 수호력.

대통령의 헌법수호 선서:
"맹세하지 말라"라는 그리스도의 말
2025년 3월 31일

어제 가톨릭교도들이 인용했던 성서의 한 문장, 헌재 8인의 재판관들에게 헌재의 주인이 누구인지를 고지하기 위해 인용된 그리스도의 그 산상수훈山上垂訓은 다음과 같은 문맥 속에 들어있던 것이다.

"'거짓맹세하지 말 것이며 신께 맹세한 것은 다 지켜라'고 하는, 옛 사람들에 대한 말씀을 너희는 들었을 것이다. 그러나 나는 이렇게 말한다. 아예 맹세하지 말라. 하늘을 두고도 맹세하지 마라. 하늘은 신의 옥좌이다. 땅을 두고도 맹세하지 마라. 땅은 신의 발판이다. 예루살렘을 두고도 맹세하지 마라. 예루살렘은 크신 왕의 도성이다. 네 머리를 두고도 맹세하지 마라. 너는 머리카락 하나도 희게 하거나 검게 할 수 없다. 너희는 다만 예라고 할 것은 예라고 하고 아니오라고 할 것은 아니오라고 하라. 그 이상의 말은 악에서 나올 따름인 것이다."[「마태복음」5장 33절~37절]

지고한 것, 예컨대 하늘·땅이라는 신의 사물과 예루살렘이라는 신·왕·통치(국가/국민)의 연관은 미래 행동에의 약속 및 계약에 대한 맹세를 어겼을 때에 책임지거나 감당할 수 있는 게 아니다. 맹세는 지고한 것 앞에서 그것을 내세우거나 내걸지 않으면 효력을 발휘할 수 없는 의존과 위탁의 간접화된 행위인바, 그리스도는 맹세하는 자가 자신의 머리카락 한 올조차 뜻대로 책임질 수 없음을 들어 모든 맹세를 중단하라고 말한다. 행위계약의 위반시에 걸리는 대상이자 치르는 대가로서의 지고한 것을 전제할 수밖에 없는 맹세란, 신적인 차원과 정치적인 차원에서의 지고성 혹은 정의에 대한 믿음을 가시적으로 표방하면서도 형편에 따라 필시 그 믿음과 그 정의의 지고성을 팔아넘긴 게 된다. 그런 한에서 맹세 속에는 지고성의 정의에 대한 공갈恐喝 및 갈취의 성분이 들어있다. 그런 맹세를 금했던 그리스도의 말을 어긴 것은 다름 아닌 가톨릭 교회다: "언어의 진실과 효력의 보증이라는 맹세의 기능은 인간 사회에 없어서는 안 될 것처럼 보인다. 복음서가 모든 형식의 맹세를 분명히 금지했음에도 교회가 맹세를 승인하고 성문화하기까지 했던 이유가 거기 있다. 이로써 맹세는 우리 사법 체계의 본질적인 부분이 되었으며, 그리스도교 세계의 법과 관습 속에서 합법적으로 유지되고 확장되었다."[아감벤, 『언어의 성사(聖事)』]

근대 국법의 진정한 실험실로서의 교회법. 눈여겨보게 되는 것은 그런 실험에 따라 산출된 공화국 근간으로서의 헌법 역시도 맹세하지 말라는 그리스도의 말을 어긴다는 점이다. 예컨대, 대한민국 헌법 제69조: "대통령은 취임에 즈음하여 다음의 선서를 한다. '나는 헌법을 준수하고 국가를 보위하며 조국의 평화적 통일과 국민의 자유·복리의 증진 및 민족문화의 창달에 노력하여 대통령으로서의 직책을 성실히 수행할 것을 국민 앞에 엄숙히 선서합니다.'" 헌법의 준수로 시작되는 이 고정 문구를 2022년 5월 10일자 취임식 단상에서 천명한 뒤 "대통령 윤석열"이라는 음성으로 서명했던 자, 2년 6개월 뒤 그 엄숙한 맹세 속에 걸려있던 지고한 것들을 자의적으로 약탈하고자 했던 내란수괴. 그 맹세에서 약탈까지의 과정을 함께 추동했던 친위쿠데타 세력에 대해, 미래 맹세의 기약 없는 대체보충에 대해, 면책되는 이윤축적의 간접화상태에 대해 그리스도는 신 또는 신적인 노모스를 따르라고, 그 노모스에 결부되고 그것을 증강시키는 공통의 지고한 것들을 따르라고, 그 정의의 힘에 따라 당장-직접 '예'라고 할 것은 '예'라 하고 '아니오'라고 할 것은 '아니오'라고 말하라고, 그 양자택일의 응답 이외의 다른 말들은 악에서 발원한 것이며 악을 은닉한 것이라고 고지한다.

맹세하지 말라는 그리스도의 말을 어긴 우리의 대통령, 이윤동맹체를 위한 맹세의 대상으로 청년을 설정하면서 준비되고 형태변환되면서 지속되고 있는 그의 친위쿠데타는 교회-국법의 실험에 따른 극한적 산출물로서의 비상상태 결정권에, 주권의 예외적 발동력 혹은 환속화된 기적의 집권력에 근거한 것이었다. 내란이 저지된 이후, 법치가 재가동되기 시작된 직후 윤석열은 국법이 무너졌다고 선언하면서 자유와 국민주권의 회복을 내건 내전에의 맹세를 n차 계엄의 기술로 선택했었다. 내전에의 그 맹세는 이른바 불법의 불법의 불법에 맞서 법을 다시 구축하는 원리였던바, 다음과 같은 오래된 현재적 구문들 곁에서 맹세와 법의 연관을 엿볼 수 있지 않을까 한다: "노모스란 언제나 일정한 작용이며, 그것을 매개로 신은 영원하고도 변함없이 모든 것을 실존케 한다. 그런 노모스를 따라 모든 사물을 동일한 상태로 보존하면서 그것들을 안정시키는 것을 두고 우리는 맹세horkos라고 부른다. 사물들(사태들)이 맹세라는 보증 속에 있음으로써 노모스의 질서를 유지하기에, 창조된 질서의 변함없는 안정성은 창조하는 노모스의 완성인 셈이다."[히에로클레스의 문장, 『언어의 성사』에서 재인용] 히에로클레스적 노모스의 이름 아래에서, 그 노모스를 매개로 삼아 만물·만사를 동일화·안정화·질서화하는 신의 일로서, 그렇게 신에 의해 매개된 노모스에 따라 신의 그 일을 대행하는 맹세의 치안적인 힘으로서 여기 특정 시민들의 규합과 궐기를 목표로 한 내전에의 맹세는 독재를 위한 자유재량적 법의 재건을 시작할 것이었다. "맹세는 어떤 것도 창조하지 않으며 어떤 것도 낳지 않지만 다른 무언가(히에로클레스에게 그것은 법이고 리쿠르고스에게 그것은 시민이거나 입법자다)가 낳은 것을 하나로 묶어주고synecho 보존해주는diatereo 것이다."[『언어의 성사』] 윤석열의 저 맹세는 내전·시민전쟁의 용병들·지원병들을 대오정연하게 묶어religio 보전하는 신성religio의 폭력으로 발현한다. '맹세하지 말라'는 그리스도의 말, 맹세 속에서 전용되고 변질

되는 지고한 것들의 정의를 경계하고 문제화하는 그 말은 "평화가 아니라 칼을, 불을, 파열을 주러 왔다"[「마태복음」 10장 34절]는 그리스도의 다른 말과 더불어, 맹세의 폭(권/위)력을 거스르는 힘의 보장으로서, 법의 소멸 과정과도 같은 법의 완성 과정으로서, 신적인 노모스의 분만을 위한 게발트의 조건으로서 발현한다.

"헌법재판소에 콘클라베를 적용하라!":
헌재 재판관의 법복에 새겨진 법의 정신
2025년 4월 1일

만인을 일순간 깜빡 속은 우인愚人으로 만들기라도 하려는 듯, 오늘 만우절 헌법재판소는 4월 4일을 탄핵 심판 선고일로 지정했다. 차일피일 계산하는 헌재가 헌법의 수호자일 수 없음을 거듭 증명하던 여러 날들 중 어느 하루, 광장에는 다음과 같은 명령의 깃발이 펄럭이고 있었다: "헌법재판소에 콘클라베를 적용하라!" 교황권의 공백이 최대한 신속하고도 공정하게 메워지게끔 후임 교황을 선출하도록 하는, 거의 감금에 준하는 상태에서 이뤄지는 추기경들의 회합·결정으로서의 콘클라베. 그것을 여기 헌재 재판관들의 미결정상태에 적용하라는 명령은 그들 8인의 판관들에게 정치적 궐위를 끝내기 위한 시작을 강제해야 한다는 뜻이겠지만, 그 궐위·공위의 끝이 어떤 형질과 벡터로 시작될는지는 여전히 미지수다. 콘클라베, 즉 저들 추기경의 손에 함께cum 쥐어진 열쇠clavis, 혹은 헌재 재판관들의 법복에 새겨진 "Y자형 짙은 자주색 우단羽緞 열쇠 문양"[「헌법재판소 재판관의 법복에 관한 규칙」, 국가법령정보센터]에 의해 표시되는 법의 정신이라는 것이 그리스도가 베드로에게 주었던 열쇠를, 그러니까 "무엇이든 땅에서 매면 천상에서도 매이게 하고 땅에서 풀면 천상에서도 풀리게 하는 하늘나라의 열쇠"[「마태복음」 16장 19절]를 이념형으로 갖는 것일 때, 관건은 그 묶고 풂의 이유와 방식, 그런 접합/분리의 목적과 정당성의 근거일 것이다. 그 지점에서 콘클라베-헌법재판소는 해석과 결정에 관계된 몫의 구획력으로 가동되는바, 궐위를 끝내기 위한 결정은 대의·위임된 극소수로 한정되면서 비밀화되며, 다수의 사람들은 그런 추기樞機 즉 중추적 통치기밀의 관리자들에 의해 궐위의 끝이 시작되기를 마냥 기다릴 수밖에 없게 된다. 그런 한에서 탄핵 심판 선고일의 지정과 마주하여 구성해 놓을 질문은 다음과 같이 된다. 추기cardo 속의 열쇠를 함께 쥔 여기 헌재의 8인 재판관, 그 8개의 경첩cardo에 의해 어떤 법의 문이 열릴 것인가, 법의 그 문 앞은 어떤 현장/전장이 될 것인가, 4월 4일 이후 여기의 궐위상태는 삶·생명에 대한 어떤 접합과 분리로 메워지기 시작할 것인가, 여기 궐위의 시공간 속에서 메시아의 문을 열고 들어가기 위해 필요한 열쇠란 어떤 형질을 띤 것이어야 하는가, 신적인 (비)폭력은 어떻게 발현하는가.

7장
굶위의 크리틱

2025. 4. 4.   만장일치 파면결정 직후, 어떤 위화감에서 시작하기
2025. 4. 9.   〈내란의 밤〉과 구제의 색인들
2025. 4. 18. "내가 '깃발'인지 깃발이 '나'인지 알 수 없는":
              여성-되기의 생성적 아노미
2025. 4. 26. "봄[=법]은 만인에게 평등했는가"라는 근본물음:
              유사-이소노미아의 스펙터클을 탈구하는 말
2025. 5. 1.   대법원 파기자판破棄自判, 혹은 친위쿠데타의
              법학적 가발관리사 조희대 대법원장
2025. 5. 6.   개헌 초안: "법률가들아, 어째서 너희들의
              직무책임에 침묵하고 있는가?"
2025. 5. 12. "압도적 정권교체"라는 함구령,
              광장을 닫아거는 다른 계엄령
2025. 5. 13. "페이퍼 공화국" 혹은 천년왕국이라는
              민주주의자들의 어음할인권
2025. 5. 20. 12·3의 광장이 5·18의 광장에 보낸 편지
2025. 5. 26. 헌법의 대체보충력과 맑스적 "헌법의 수호자":
              유령적 셀프-쿠(6)
2025. 6. 3.   (비상)대권의 예정된 머리가 광장의 수뇌가 될 때

만장일치 파면 결정 직후, 어떤 위화감에서 시작하기
2025년 4월 4일

 헌재 재판관 8:0 파면 인용, 위헌 관련 세부쟁점 판결로는 40:0. 학수고대하던 오늘의 이 만장일치 결정을 헌법의 수호를 위한 확고한 판례 효력으로 만드는 프로세스가 긴요하게 느껴질수록, 그 만장일치 직후부터 감지되는 모종의 위화감違和感을 간단히 해소해선 안 될 것이라 생각한다. 달리 말해, 그 위화감, 그 불화의 이질감각이 헌법의 수호를 위한 최종적 힘의 실질형태소로서 기능할 수 있을지에 대해 생각해 보게 되는 것이다. 그 위화감이란, 오늘의 만장일치가 있기 전까지, 그러니까 바로 오늘 새벽까지 내란성 불면증을 겪어내던 수십 일간의 불안과 분노와 각성이 파면 결정 직후부터 순식간에 해소되고 있다는 데에서 생겨난다. 다시 말해 그 위화감이란, 헌재의 결과적 판결문이 우리에게 "기쁨"과 "승리"와 "울림"을 "선사"한 것으로, "두고두고 회자될 명문"으로, "시민 헌법교육의 완벽한 교재"이자 "죽비 같은 꾸짖음"으로 칭송되고 "헌재 덕후몰이"의 계기로 친근해지는 사태로부터, 예컨대 헌법재판소의 과정적 미결정에 "왜 그리 긴 시간이 걸렸는지 이해할 수 있겠다"고 말하는 우리로부터, "헌재 재판관들이 밤을 새워가며 얼마나 수고했을지 알겠다"고 말하면서 제도적합적 합법성과 법치합일적 정당성에 따른 안도감으로 충만해지고 있는 우리 동료 시민들로부터 연원한다.

그런 한에서 거듭 상기할 필요가 있는 것은, 헌법재판소의 저 기약 없던 차일피일此日彼日의 계산과 가타부타 일언반구 없던 함구의 정치공학과 그렇게 공회전하는 8인 평의의 비밀화된 미결정의 폭력이 위로부터 부과하던 법의 힘이며, 법의 그 힘에 의한 정의의 대체보충으로 설정되고 보위되던 "법의 문앞"[카프카, 「법 앞에서」], 법의 그 문들 안쪽으로 들어가기 위해 그 문들 앞에 계류되어 있던 우리의 실제상황이고, 그런 계류·기대·대기상태를 문제시하기 시작하던 우리의 위기적kritisch 불면의 밤, 그 불안·분노·각성상태라는 비판적kritisch 뜬눈이야말로 여기 헌정의 근원과 생명의 현황을 낯설게 인식하고 달리 구제하는 시금석-별이었다는 점이다. 다름 아닌 법의 문을 닫게 할 때, 그 겹겹의 문들 안쪽 소실점에서 발원하는 불가피하며 불가촉적인 빛이 더 이상 우리를 비출 수 없게 할 때, 그렇게 법의 문 앞이라는 모조구원적 토포스가 소멸되면서 법 안ennomos과 법 밖anomos의 경계획정이 파기되게 할 때, 바로 그때의 아나키적 폭(권/위)력을 준별하면서 그것을 안티-아르케적으로 발현되게 이끄는 힘의 벡터. 그것이 저 위기와 비판의 시금석-별이 표시하는 대표의 형식일 것이다. 오늘 헌법재판소의 만장일치에 대한 탈구축과 헌법의 최종적 수호력을 위해 필요한 것이 바로 그런 대표의 진정한 형식일 것이다.

<내란의 밤>과 구제의 색인들
2025년 4월 9일

생태활동가('새만금 신공항 백지화 공동행동' 홍보국장) 김나희 씨의 그림 <내란의 밤>과 그것에 붙인 전시展示/戰時의 알림을 포고령 1호 아래 저 위기적 지금-이미지의 차이화로 새기게 된다. 하나의 근본적대가 드러난다. 계몽·호소용 비폭력 계엄이라는, 손바닥으로 하늘 가린 그 천연덕스런 거짓말이 특정 지지층에 의한 내전 수행의 실효적 논리를 활성화시키는 n차 쿠데타의 이성으로 기능중인 사태 VS. 그런 기능 과정을 폭로·파기하는 시민적 감응연결의 극적인 진실, 그런 진실 발현에의 용기 속에서 이뤄지는 정치적 진리의 드라마(트루기).

김나희 씨의 그림이 포고령 아래 저 위기적 지금-이미지를 선택해 달리 반복하고 있는 이유와 의지를 그런 적대의 표출 곁에 놓아보게 된다. 달리 말해 그가 운전석 유리창에 윤석열의 유령적 얼굴을 그린 것은 포고령의 본질을 드러내는 정명正名/定命의 변용력을, 횡단보도 건너편에서 작게 빛나고 있는 응원봉들은 도래할 미래의 미지적 형상과 과거로 될 현재의 상황이 서로를 묘사하면서 돌볼 수 있게 하는 시간구성력을, 응원봉들 곁의 휠체어 탄 시민은 이른바 정상상태에서 가시화되지 않고 사라지고 있는 삶의 존엄을 드러내는 존재개시력으로 읽게 된다. 그런 힘들을 위기적 지금-이미지의 잔존을 통해

- 호소용·경고용 계엄이라는 거짓을 폭로하기에 가장 적합한 장면이면서 시민들의 용기와 연대를 극적으로 보여주는 장면이므로, 12월 3일 국회 앞 군용차를 몸으로 막는 시민들의 모습을 선택.
- 그리는 과정이 퇴진 투쟁의 일부이기 때문에 거리에서 그린.
- 그림에 이스터 에그[부활절 달걀] 3개가 있는데, 말 안 하면 못 찾으실까봐 밝히자면, 운전석에 윤석열(내가 그리고도 볼 때마다 놀람), 저 멀리서 미래에 등장할 응원봉들, 휠체어 탄 시민.
- 파면의 날에 완성하게 되어 후련하다. 등장인물들께 보여드리고 싶은데 가운데 분 말고는 누군지 모르겠네요. 아시는 분, 퍼가서 알려주세요.[김나희(Nahee Kim) 페이스북, 2025. 4. 5]

발현하는 진정한 비상상태의 구체적 양태들로 자리매김할 때, 그리고 미연에 억지당하거나 사전에 제압될 위기 앞의 계급이 그런 힘들의 양태를 인식할 수 있는 주체라고 할 때, 김나희 씨의 그림으로 접합되고 있는 시간들 속에 숨겨진 부활절 달걀Easter egg 3개 혹은 그것으로 암시되는 그리스도의 부활은 모든 해독의 기반을 이루는 구제의 이미지를 표시한다. 그것의 다른 이름이 '행복의 이미지'다: "우리가 품고 있는 행복의 이미지라는 것은 우리 자신의 현재적 삶의 진행과정을 한 때 규정했던 과거의 시간에 의해 채색되고 있다. 행복의 이미지 속에는 구원의 이미지가 불가분의 관계를 맺고 함께 꿈틀거리고 있는 것이다. 역사가 주로 관심을 갖는 과거의 이미지 역시 같은 양상을 띠고 있다. 과거의 이미지는 구원을 기다리고 있는 어떤 은밀한 목록을 함께 간직하고 있다."[벤야민, 「역사철학테제」]

김나희 씨의 〈내란의 밤〉은 거리에서의 투쟁형식으로서 결단되고 투쟁적 현장의 고수 속에서 수행됨으로써, "잃어버린 시간의 재몽타주"를 통해 "한 사람을 다시 알아볼 수 있기 위한 기대를 조직해낸다는 그 단순한 책임"[디디-위베르만, 『민중들의 이미지』]으로서 응답되고 있는바, 〈내란의 밤〉을 통한 저 위기적 지금-이미지의 차이화 과정은 평등과 자유의 동시적 관철에 필요한 계기들의 숨은 색인을, 언제든 인용 가능해지는 구원적 힘의 인덱스를 구성한다. 위험의 순간에 솟아오르는 행복의 이미지, 위기 앞에서 지배적 시간의 결을 거슬러가는 구제의 이미지는 항시 그런 행복과 구제의 경계 바깥을 묘출하는 과정으로서 잔존한다. 그 배제된 바깥의 빛 아래서 광합성하는 잔존의 이미지가 다음과 같은 물음들에 대한 응답/책임의 형식을 이루게 될 것이다: "역사적 인식 주체로서 사라질 위험에 노출된 계급, 역사적 합의로 성립된 재현에서 '결핍노출된' 채 존재하는 계급의 그 저주받은 방대한 몫을 이제 어떻게 가시적이고 해독 가능한 것으로 만들 것인가? 어떻게 민중들의 역사를 만들 것인가? 어디에서 이름 없는 자의 말을, 불법체류자의 글쓰기를, 집 없는 자의 장소를, 권리 없는 자의 요구를, 이미지 없는 자의 존엄을 찾아낼 것인가? 아무것도 기록하고 싶어 하지 않는 이들, 때로는 그 기억 자체를 죽여 버리고 싶어 하는 이들의 아카이브를 어디서 찾아낼 것인가?"[『민중들의 이미지』]

"내가 '깃발'인지 깃발이 '나'인지 알 수 없는":
여성-되기의 생성적 아노미
2025년 4월 18일

    여기 광장의 '2030 여성'을 구체적 범형으로 삼을 수는 있으되 그들과 합치되거나 그들 속으로 완전히 환원되지 않는 테제, 그들 여성 안에서 그들 너머를 지향하는 하나의 제안, 그들 여성도 다름 아닌 '여성-되기devenir-femme'의 과정에 있어야 한다는 요청: "여성-되기를 비롯해 모든 되기들이 이미 분자적인 것이라고 할지라도, 모든 되기들은 여성-되기를 통해 시작하며 여성-되기를 지나간다. 여성-되기는 다른 모든 되기들의 열쇠다. 모방적이지도 구조적이지도 않은, 아니 차라리 본질적인 하나의 **아노미**를 표상하는 현상들은 생성의 견지에서 이해하지 않으면 안 된다."[들뢰즈·가타리, 『천 개의 고원』]* 모든 되기들의 시작·과정·열쇠로서의 여성-되기와 아노미와 생성

---

* 길을 트는 주석 하나를 앞질러 덧붙인다: "각각의 되기는 젠더화되고 인종적으로 분류되며 성 정체성이 확정된 인간 개념으로부터의 이탈, 이항대립의 위계서열화 속에서 남성과 여성, 인간과 비인간으로 구획하고 조직하는 유기체적 통일성으로부터의 이탈이지만, 특히 여성-되기는 소수자-되기와 더불어 대문자 '인간'을 규정하는 보편적 정체성과 일반적 역사를 토대로 삼는 논리에 대한 비판이며, 행위 역량을 감소시키는 젠더 이분법에 저항하면서 동일성의 보편적 기준과 사회통제체계로부터 이탈하는 것이다. 이 점에서, 들뢰즈와 가타리는 각각의 모든 되기가 여성-되기를 거친다고 이해하는 것이다."[김은주, 『여성-되기: 들뢰즈의 행동학과 페미니즘』]

의 연계를 표시하기 위해 길잡이로 삼게 되는 광장에서의 인터뷰가 있다. 1994년생 여성, 회사원, 활동명 '내향인 깃발'은 광장의 사람들이 누구인지를 묻는 질문에 "결국, '간절한 사람들'"이라고, "살고 싶은, 그래서 바꾸고 싶은, 더는 이런 세상에서 침묵하고 싶지 않은 사람들"이라고 답한 다음, 뒤이어 이렇게 말한다.

"저는 너무도 많은 또래여성들의 죽음을 봤어요. 학교에서, 직장에서, 집에서, 길거리에서까지 이 사회에는 여성이 안전할 공간이 없다는 걸 절실히 느끼며 살아왔어요. 강남역 살인사건, 딥페이크, N번방을 포함해서, 우리 2030 여성들은 그 모든 사건들을 목격한 세대죠. 그래서 저는 이 시대에 여자로 살아남은 것 자체가 단지 '운이 좋았던 것'이라고 느낄 때가 많아요. 운이 좋아 사는 게 아니라 권리로 살아야 하는 게 아닐까요? 그렇게 2030 여성들 사이엔 살고 싶다는, 존엄하게 존재하고 싶다는 마음이 퍼져 있다고 봐요. 이번 광장에는 그 마음들이 모였고, 분노와 슬픔이 연대가 되고, 그 연대가 기쁨과 용기로 바뀐 순간들이 있었어요."[「우리는 우리가 놀랍지 않다③: 광장의 기수가 된 '내향인', 그 깃발에 사람들이 보낸 찬사」, 2025. 4. 8.]*

---

* 이 말들과 마주친 인용자로서 세 가지를 제시해 놓고자 한다. 첫째, 이 기사 첫머리 이슬기 기자의 도입 문장 속에서 정의되고 있는 깃발의 기능효력: "광장에서 깃발은 자신의 정체성을 나타내는 기표였으며 많은 이들에

안전하며 자유로운 공간에서의 삶을 원하는, 그래서 광장에 모인 '간절한 사람들', 어떤 청년들, 간절한 해체적 성격들. 그들의 과제상황은 '운이 좋아 사는 게 아니라 권리로 사는 것'을 둘러싸고 시작되는바, 일반화된 대문자 집권연관을 거스르는 여성-되기를 통한, 그 소수자-되기의 집약적 방도를 통한 그런 시작의 방식, 통과의 과정, 열쇠의 형질을 표시하는 것이 들뢰즈+가타리적인 '아노미'이다. 그 아노미, 아-노모스라고 할 때의 노모스란 예컨대 일상이 된 계엄상태의 법역인바, 아-노모스는 그런 임의재량적 법역에 기능부전을 일으키는 소수적 이탈선들의 새로운 시공간 취득·돌봄·나눔을 가리

게 공감과 안도감을 선사함으로써 광장의 문턱을 낮추는 데 기여했다." 둘째, 내향인 깃발이 '목격'한 것들, 여성을 대상화하는 생살여탈적 강권력에 대한 목격이 계엄포고령 1호 아래서 제1공수의 전술차량을 막아섰던 청년남성 회사원 김동현 씨가 자기 세대의 목격과 그것의 전수에 대해 말한 것[2025.1.2]과 비견될 수 있다는 점. 셋째, 내향인 깃발의 말을 광장의 구조적 변동 속에 자리매김할 수 있도록 하는 참여적 관찰: "2024년 탄핵광장의 주요한 전환적 장면은 네 가지 차원에서 이루어졌다. 상징의 변화, 주체 위치의 변화, 구도의 변화, 장소성의 변화가 그것이다. 첫째, 촛불에서 응원봉으로 상징이 변화했다. 이는 더 이상 배후 세력을 의심받지 않음을 의미했다. 둘째, 주체 위치의 변화다. 페미니스트들은 이제 무대 아래가 아니라 무대 위에 올라갔다. 특히 2030 여성들은 응원봉을 든 케이팝 팬덤이었다가 키세스단이 되었다가 어디로든 달려가는 '말벌 아저씨'가 되었다. 또한 이 여성들은 보호의 대상이었다가 공동체를 '지키는 사람'으로 변화했다는 의미가 있다. 셋째, 구도의 변화이다. 대중들이 많이 모이는 시위는 대부분 일반 시민들의 자율적인 저항의 형태로 시작되었다. 넷째, 장소성의 변화이다. 이번 탄핵광장은 서울 중심, 광화문 중심에서 전국 지역에서 각자의 거점 속에서 이루어진 특징을 갖는다."[권김현영, 「촛불에서 응원봉으로의 상징 전환: 사물, 장소, 주체의 변화」. 이는 2025년 6월 중순에 덧붙인 것임]

켜 보인다. 그런 이탈-취득의 '순간들'은 광장인과 광장물 사이의 인식 확장에 결부된 기쁨과 용기에 뿌리박은 연결을 응집하면서, 광장 이후의 정치를 위한 공통화된 기억·감응·경험의 실질형태소로 기능할 것이다. 들뢰즈와 가타리가 예시하는 "전사"의 위장·은폐·유인이 구조에 따라 자동적으로 부과된 상태이거나 모방충동의 임의적 심리상태가 아니라 전사로서 존재하기 위한 필수 조건으로서의 본질적 아노미 상황이라고 할 때, 내향인 깃발이 "내가 '깃발'인지 깃발이 '나'인지 알 수 없다"고 말하는 사태는 전사의 위장적 사물-되기 속에서 발현하는 물-인 활력적인 연합의 상황을 표시한다. 모든 되기들을 시작·통과·증강되도록 하는 여성-되기의 생성적 아노미란, 예컨대 광장의 2030 여성에 대한 광장으로부터의 '찬사'가 경로의존적인 권력관계와 맞물려 있다는 점, 그 찬사가 여성의 자기가치화하는 활동의 역사를 괄호치기하면서 그 역사성을 단발적이고 이례적이며 미숙한 것으로 규정하게 만든다는 점, 그런 몰역사성 속에서 다수적인 것의 집권이 대체보충적으로 이뤄진다는 점, 그런 사태를 광장에 근거한 인식의 확장을 위한 가능성의 중심상황으로 전수해야 한다는 점, 그런 지점들을 도약대로 삼아 발현한다.

p. s. 그런 도약과 관련하여, 광장에 모인 여성들의 환원불가능한 차이화의 힘, 그 역사성에 주목하고 있는 어떤 청년의 상황개

입적인 문장들을 해체적 청년성의 표지이자 여성-되기적인 아노미의 발현으로서 인용해 놓는다: "선결제 지도 및 투쟁 지도를 만들어 배포하고(like '생카'지도), 모르는 옆 사람에게 주기 위해 미리 소분한 간식과 물품(간식, 핫팩, 스티커, 피켓, 생리대 등)을 무심히 건네고, 길바닥에서 기나긴 시간을 견뎌내고(like 음악방송 사전녹화 및 콘서트장), 소속사에 항의의 뜻을 전달하기 위해 근조화환과 트럭을 보내는 등, 이 나눔과 저항의 양식에 수상하리만치 익숙한 '훽걸'들에게, '응원봉 집회'의 형식과 내용은 낯선 것이 아니었다. 가만히 내버려두면 내부와 외부에서 서로 싸우기 바쁜 '팬덤 대통합'을 이루어낸 12월 3일 계엄 이후, 케이팝 팬덤 응원봉은 새 시대의 상징이 되었다. 그런데 계엄 해제 이후 국회 앞에서 열린 첫 집회 이후 쏟아진 응원봉 집회를 향한 찬사는, 나에게 미묘한 불편함과 분노를 불러일으켰다. 십 대에는 전북대학교 구정문 앞 광장, 이십 대에는 광화문 광장, 삼십 대에는 여의도 광장에 선 '나'를 비롯해 여성들은 언제나 광장에 있었으며, 대형 광장 외에도 학교, 가정, 일터 등에서 저마다의 치열한 광장을 만들어 싸워왔다. 그러나 응원봉을 든 '여성'들은 첨예한 정치적 견해 차이와 성차가 모두 지워진 '선한 존재' '나라의 미래를 책임질 청년'으로서 매번 새롭게 발견되고 있다."[정고은, 「'훽걸'과 '말벌': 초대장에 응답·연대하는 방식」]

"봄[=법]은 만인에게 평등했는가"라는 근본물음: 유사-이소노미아의 스펙터클을 탈구하는 말

2025년 4월 26일

    미디어활동가 양동민이 집회 현장 트윗으로 기록한 노동활동가 김진숙의 말들을 '반도체 노동자의 건강과 인권지킴이 반올림' 활동가 이종란의 페이스북을 거쳐 인용해 놓는다. 김진숙의 그 말들 속에 들어있는 어떤 낱말들, 그러니까 『소금꽃나무』(2007)와 오늘 현재까지도 연동되면서 반복되고 있는 상황들, 그렇게 여전히 낯설지 않게 느껴지는 폭력의 현장들, 예컨대 "고공" "유서" "하청" "이윤"이라는 낱말들이 가리키는 폭력의 시공간들이 『소금꽃나무』 때보다 더 폭넓어지고 더 깊이 심화되고 있다는 점에서 머리 숙이게 된다. 그럼에도 동시에 여전히 붙들 수 있고 붙들게 되는 낱말들, 예컨대 "자존" "삶" "선언" "웃으면서 끝까지 함께"라는 불가침의 상황들과 더불어 김진숙의 말 속에서 온전히 낯설게 느껴졌던 것들, "수라 갯벌" "칠면초" "흰발 농게의 살아 있음"에, 그러니까 "아무리 버려도 버려지지 않는 것들, 아무리 짓밟아도 짓밟히지 않는 것들이 있음" 앞에, "**살고 싶은 민주주의**"를 향한 지금-당장의 한 걸음 앞에 숙인 머리를 기어이 들어보게 된다. "[위로부터의] 지침이 없어도 [교환관계적 대가로서의] 출장비가 없어도 어디든지 가는 말벌동지들" 곁에서 그들과 함께 김진숙이 던지는 질문, "**봄은 만인에게 평등했는가**"라는 근본물음은 봄=법[노모스] 앞의 인간 평등[이소-]을 뜻하는 한정적 이소노미아가 아니라 인간·비인간 동맹체에 대한 '무-지배'로서의 이소노미아를 가리키며, 새로워진 봄=법의 외투를 걸치고선 그 봄=법 앞에 만인 아닌 만 명만이 평등한 체제를 화려하게 반복했던 정치-수뇌적인 힘을 문제시한다. 다른 모든 긴급한 사안들이 내란 청산의 이름 아래 함구당하면서 나중으로 밀려나고 있는 오늘, 유사-이소노미아의 스펙터클을 탈구하는 김진숙의 말을 다시금 살펴듣게 된다.

봄은 만인에게 평등했는가. 스물 몇 살, 생전 처음 당하는 무참한 폭력. 몸과 마음을 짓밟던 구사대의 발길질과 찢긴 상처 위에도 봄햇살은 따사로웠는가. 피멍든 얼굴로 "비겁해서 죄송합니다"라는 유서를 남기고 죽어서야 비정규직의 굴레를 벗어난 현대차 노동자 박정식, 류기혁, 윤주형. 그 짧고 서러운 생에 봄은 한 번이라도 눈부셨는가.

성당 종탑에서 흔드는 장애인 동지들의 깃발 위에도 봄은 아름다운가. 십 년을 일한 공장에서 퇴직금과 수당을 요구하다가 강제추방 당하는 이주노동자의 수갑 위에도 봄은 빛났는가. 종로구청 용역의 칼에 찔린 마트노동자의 선혈 위에도 봄볕은 찬란했는가. 한 번도 맘 편히 잠든 적 없었고, 하루도 맘 놓고 웃지 못했던, 박정혜·소현숙의 467일. 어느 하루라도 태양은, 바람은, 비는, 겨울은 자비로웠는

가. 20년 호텔 요리사, 1534일 세종호텔 노동자, 주방칼을 빼앗기고 북을 치는 고진수의 외로운 북소리는 누구의 봄을 깨우는가. 조선소 하청노동자 김형수의 철탑 위 피뢰침 끝에도 봄볕이 꽂혀 있는가.

니토덴코. 너희는 화재를 핑계로 모든 걸 다 버리고 갔다. 집기도, 책상도. 작업복도, 볼펜도. 한 순간에 쓸모없어지고 버려진 것들 가운데, 우리의 청춘이 있고, 삶이 있고, 노동이 있다. 공장은 불탔지만, 미쳐 태우지 못한 게 있음을 너희는 모른다. 너희의 계획 속에, 너희의 미래에 우리는 없었으니까. 너희는 우리를 너무 간단히 버렸으나, 우리마저 우리를 버릴 수는 없었다. 주야 맞교대, 하루 12시간 노동. 그렇게 10년 20년. 우리가 어떤 마음으로 어떤 꿈을 꾸고 일했는지, 너희는 몰라도 우리는 알거든. 너희가 죽을 때까지 모르는 것들. 우리가 꾸었던 꿈을 우리마저 배반할 수는 없었다.

새만금 신공항을 짓겠다고 방조제로 막아버린 수라 갯벌. 10년 넘게 바닷물을 막아버린 마르고 황폐한 땅에도 칠면초가 자라고 흰발 농게가 살더라. 아무리 버려도 버려지지 않는 것들. 아무리 짓밟아도 짓밟히지 않는 것들이 있음을 알려주려는 듯. 흰발 농게는 십 여 년을 버텼고, 우리는 3년을 싸웠고, 467일 세상 모든 것들과 사투를 했다.

너희의 탐욕보다 소중한 건 우리의 자존이다. 너희의 이윤보다 중요한 건 우리의 삶이다.

민주노총 동지 여러분, 그리고 연대동지 여러분. "나는 성소수자입니다", "나는 비정규직입니다", "나는 술집여자입니다", "나는 장애인입니다"라는 외침으로 광장에서 터져 나온 우리의 존재 선언은 언어를 넘어선 절규였고, 우리가 살고 싶은 민주주의였습니다. 우리는 우리의 존재를, 우리의 민주주의를 대통령 선거에 가둘 수 없습니다. 알바이거나 비정규직이거나 실업자인 말벌동지 여러분. 현대차에서, 종로에서, 혜화역에서 피꽃이 만개하는 봄. 다치는 것도 말벌동지들이고, 잡혀가는 것도 말벌동지들이고, 농성장을 지키는 것도 말벌동지들입니다. 지침이 없어도 출장비가 없어도 어디든지 가는 말벌동지들을 보며 저는 민주노조 운동을 다시 생각합니다. 여전히 맞고 여전히 짓밟히고 아직도 끌려가는 세상이어서 미안합니다. 여러분들이 선배가 됐을 때는 부디 이런 부끄러운 고백을 하지 않길 바랍니다. 박정혜, 소현숙, 최현환, 이지영, 정나영, 이희은, 배현석, 동지들이 공장으로 돌아가는 날까지 고공의 동지들이 땅을 딛는 날까지, 웃으면서 끝까지 함께 투쟁!

이미 2024년 1월 8일부터 계엄상태적 고공에서의 삶을 시작하고 있었던 두 노동자, 필경 그 고공의 삶조차도 완전히 말소해버릴 12·3 비상계엄을 바로 그 고공에서 맞이했던 박정혜·소현숙의 467일, 갱신되던 고공의 기록들을 다시 갱신하고야만 그 시간. 일본 니토덴코 자회사 한국옵티칼하이테크 해

고노동자로서 고용승계를 주장하며 올랐던 공장옥상 위 두 사람의 고공농성 467일, 그 '봄=법' 앞의 시간은 구미 현장으로의 희망버스를 요청했던 김진숙의 3일 전 칼럼에서 앞질러 다음과 같이 기록되고 있다. 기억해 놓겠다: "노랫소리도 사람의 말소리도 아닌 파괴와 소멸의 소리들만 들으며 467일. 나는 이제 저들의 신체건강뿐만 아니라 정신건강을 더 우려하게 된다. 머리를 감을 땐 밧줄로 물을 끌어올려야 하고 비눗물을 다시 내려야 하니, 머리 감는 것도 날을 잡아야 하고 목욕은 꿈도 못 꾼다. 그 공간에 다시 여름이 계엄군처럼 다가온다. 부산크레인 위에서 내게 가장 힘든 것 중 하나가 온몸이 환장하게 가려운 것이었다. 고공의 봄은 꽃도 봄바람도 아닌 가려움이 가장 먼저 실실 웃으며 오더라. 용접봉을 옷 사이로 넣어 온몸을 긁어 피딱지가 앉고 피딱지를 용접봉으로 다시 긁어 속옷이 피로 젖던, 꽃 한 송이 피지 않던, 어디서도 뿌리를 내리는 민들레 씨앗 한 톨 날아들지 않던 봄. 그 봄을 두 번째 보내는 사람들."[김진숙, 「한국옵티칼 노동자에게 갑시다, 26일 희망버스를 탑시다」, 2025. 4. 23]

p. s. 김진숙이 부산 영도 힌진중공업 85호 타워크레인 고공과 박정혜·소현숙의 니토덴코 공장옥상 고공의 차이에 대한 김진숙의 문장들. 그것은 『소금꽃나무』 때보다 더 악화되고 있는 폭력의 한 단면을, 나아가 비유혈적이므로 강력히 유혈적인 방법을,

더 나아가 그 폭력의 합법적 근원을 보여준다: "무플보단 악플이 낫다 했던가. 한진중공업이 악플이었다면 옵티칼은 무플이다. 한진은 끊임없이 침략하고 도발했다. 공권력 투입하고 특공대 투입하고 용역 깡패 투입하고, 용역 깡패들이 점거한 공장에서 용역들은 밤낮으로 크레인으로 뛰어 올라오고, 희망버스 승객들에게 페인트 섞인 물대포 쏘고 최루액 쏘고 연행하고, 몇 년씩 재판받고, 송경동·정진우는 구속되고, 실제로 경찰들 동원해 악플 달고. 진짜 별짓을 다 했다. 분노가 투쟁의 동력이 됨을 모르던 자들. 그런데 니토덴코는 단전·단수해놓고 조합원들 통장과 주택에 압류 걸어놓고 무대응이다. 생산하는 공장이 아니니 경제적 손실도 없고 땅도 공짜였으니 공장 임대료가 나가는 것도 아니고 세금이 나가는 것도 아니니 내버려두면 지쳐 내려오겠지. 흉포한 날씨가 우리에겐 공포지만 저들에겐 희망이었다."[김진숙, 같은 글] 그들의 희망과는 전적으로 다른 희망, 그들의 음습한 희망을 거스르는 현명한 희망의 시작점으로 김진숙은 다시 희망버스를 제안하고 있었다.

대법원 파기자판破棄自判, 혹은 친위쿠데타의
법학적 가발관리사 조희대 대법원장
2025년 5월 1일

내란수괴 피의자에 대한 특례적 구속 취소를 다르게 뒤잇는 깃처럼, 아니 법관 지귀연의 판결을 앞질러 이끌었던 배후 후견자임을 공표하기라도 하는 것처럼, 그리고 제도적 라이벌 헌법재판소의 대통령 파면선고를 절단하기라도 하는 것처럼, 윤석열 맞은편 이재명을 대상으로 신속·정확히 파기자판을 향해 치달리는 것 같던 대법원장 조희대. 이례 중의 이례로서, 그렇기에 특례적인 특권의 발현으로서 오늘 그는 유력 대선후보 이재명의 선거법 위반혐의 2심 무죄 판결을 유죄 취지로 파기하고 고등법원으로 돌려보냈다(2심 재판부의 판결은 법리 오해의 잘못을 범한 것으로 특칭되고 계도되었다). TV로 생중계된 오늘 판결은 놀랍게도, 아니 당연하게도 대법관 10인의 절대 다수의견으로서(2인 반대, 1인 회피), 민주주의를 위한 표현의 자유를 표방하면서도 그 예외를 다분히 퇴행적으로 규정한 것인 동시에 민주헌정에 대한 계도적·과시적·고압적·시대착오적 입론을 세운 것이었다(이는 오늘 판결이 이재명에게 선고된 사실상의 유죄 선-결정이었다는 점보다 더 우려되는 대목이다). 그것은 파기자판에의 욕망을 억제한 파기환송, 이른바 '대선후보를 날려버림'으로써 유권자가 갖는 주권의 최소주의적 행사(투표용지 위에서 행해지는 주권의 위임·양도)조차도 박탈하는, 그렇게 윤석열의 비상계엄에 오차 없이 코드화된 상태의 보전 속에서 인민주권을 참절하는 사법권에 의한 셀프-쿠이다(수면 위로 떠오르고 있진 않지만, 그 참절의 행위는 입법부의 계엄 동조에 대해서도, 예컨대 내란 중요임무 종사자 추경호 국힘 원내대표의 12·3 당일 행보 및 '내란정당 해산'의 사유와 관련해서도 적용될 수 있다).

민주헌정의 수호를 위한 사법기관으로서 사법권의 정치화를 통해 사법부에 일격을 가한 대법원장 조희대는 12·3 이후 n차 계엄의 연장선을 따라 변함없이 셀프-쿠하는 레종데타의 주동적 에이전시로 기능한다. 이를테면, 윤석열 친위쿠데타의 법학적 가발 관리사 조희대 대법원장. 87년 민주화 투쟁에 대한 수습기획이자 재질서화의 토대로서 일사불란一絲不亂하게 대의제도주의적으로 구축된 87년 헌법의 예외적·모순적·부정합적 유보법률들의 관점에서 볼 때, 대법원장 조희대가 주축이 된 특례적 전광석화電光石火 사법쿠데타는 이례적으로 발현한 사법권의 본래면목, 예외적으로 현시된 사법권의 통례적 재질서화에의 의지 표명이자 그런 통례적 사법질서의 위기를 반증하고 그 시효의 말소를 고지하는 징후이다. 그 점을 살피는 일은 12·3 당일 심야 긴급대책회의 이후 일관되게 친위쿠데타친화적인 행보를 취한 조희대 개인을 내란 중요임무 종사 혐의로 처벌하는 일보다 중요하다. 그 점에서 눈여겨보게 되는 것은 대법원장 조희대가 억눌렀던 욕망의 로망이 집약된 힘의 형식, 즉 대법원 '파기자판'의 근원이다. 형사소송법 제396조는 다음과 같다: "상고법원은 원심판결을 파기한 경우 그 소송기록과 원심법원과 제1심법원이 조사한 증거에 의하여 판결하기에 충분하다고 인정한 때에는 피고 사건에 대하여 직접판결을 할 수 있다. (개정 1961. 9. 1.)" 다름 아닌 1961년 9월 1일이라는 개정의 날짜로부터, 그 법규 개정의 기초적 의지로부터 시작하게 된다. 개정일 100일쯤 전 5·16 쿠데타를 성공시킨 육사 소장 박정희, 즉 국가재건최고회의 의장 박정희의 군정적 의지에 맞춰 최종심의 형질을 재설정하고 있는 것이 개정 파기자판에 관한 법이다. 대법원에 의한 파기자판, 그것으로 발현하는 법의 직접성이라는 것은 매혹적인 힘의 형식이다. 상하로 오르내리는 절차적 환송·재상고·경유·매개라는 법집행의 시간비용을 철폐하는, 법의 매개를 제거하고 국가재건의 필요성에 법을 바로 연동시킴으로써 국가재건에 불필요한 것들을 신속히 척결하는, 직접화하는 법의 힘(그것은 명목상의 법과 실제상으로 집행되는 법 사이의 재량적 절합을 통해 윤활유를 얻는다). 그 직권적直權的 직접성의 게발트를 준별해 볼 필요가 있다.

87년 헌법은 행정부 대통령과 입법부 의원을 유권자로부터 위임받은 권력의 행사자로 규정하고 있지만 사법부는 그런 위임의 예외로 설정한다. 헌법 제101조는 다음과 같다. "①사법권은 법관으로 구성된 법원에 속한다. ②법원은 최고법원인 대법원과 각급법원으로 조직된다. ③법관의 자격은 법률로

정한다." 순환논법적이므로 폐쇄회로적이고 침해되거나 틈입될 수 없이 동종교배적이므로 신성가족적이다. 법관-법원-법률의 연계망 그 어느 그물코도 인민의 위임 속에서 규정되지 않고 있는바, 이를 현행 87년 헌법체제 안에서 손질한다면, 그것은 '최고법원인 대법원'의 최종심까지를 포함하여 헌법 제1조 및 기본권 조항에 저촉되는 법원 판결 일체를 헌법재판소에 심사청구할 수 있게 하는 법 개정이 될 것이다. 예컨대 헌법재판소법 제68조. "공권력의 행사 또는 불행사不行使로 인하여 헌법상 보장된 기본권을 침해받은 자는 법원의 재판을 제외하고는 헌법재판소에 헌법소원심판을 청구할 수 있다." 다름 아닌 '법원의 재판을 제외하고는'이라는 구문의 삭제가 한 가지 방법이다. 그 구문과 관련하여 '한정위헌'을 선고한 판결문은 다음과 같다: "'법원의 재판을 제외하고는' 부분은, 헌법재판소에 의해 위헌으로 결정된 법령을 적용해 국민의 기본권을 침해한 재판이 포함되는 것으로 해석하는 한, 헌법에 위반된다."[2016헌마33, 2016. 4. 28] 이 법문 속에 들어있는 '국민의 기본권을 침해한 재판'은 '법원의 재판을 제외한다'라는 구문의 예외이다. 그 예외 설정의 벡터는 단지 사후적 법문에 멈추지 않으며 87년 헌법체제의 바깥을 여는 하나의 출구가 된다. 말하자면 완전한 동종교배 형식의 사법부에 대한 시민의 직접감독권이 그것이다. 이는 구체적으로 헌법 제101조 전체에 대한 개정을 통해 수행되는바, 사법권의 귀속처를 '법원'이 아니라 '시민과 법원'으로 바꾸고(1항), 각급법관에 대한 대법원장의 독점적 임면권을 제한함으로써 최고법원과 각급법원을 '독립적 조직'으로 재설정하며(2항), 그 연장선에서 법관의 자격을 '법률'만이 아니라 필요시에 '시민'의 심사에 따라 정함으로써 법관 임면의 근거로 삼는 것이다. 줄여 말해, **시민직권적 명령위임제**의 시행. 오늘 대법원장 조희대의 파기환송 판결과 그 이면에서 욕동 치는 파기자판에의 숨은 의지는 도래중인 제7공화국 헌법의 행로를, 그 협로 개척의 한 가지 방도를 반면교사로서 가르치고 있다.

개헌 초안: "법률가들아, 어째서 너희들의 직무책임에 침묵하고 있는가?"

2025년 5월 6일

오늘, 이른바 대권 후보들의 공약을 보면서, 그들 가운데 한 명이 87년 헌법 제69조의 취임식 선서를 시작으로 헌법과 국가의 수호자가 되리라는 것을, 그가 맑스적 친위쿠데타 비판의 대상으로서 특정 계급의 특권을 먹고 자라는 "헌법의 수호자"[맑스, 「루이 보나파르트의 브뤼메르 18일」]와 얼마나 다를 수 있을 것인지를 생각하게 된다. 그 다름의 강도·밀도·근거·범위·방법을 기준으로 삼아, 예컨대 우리의 대의자와 대의체제가 합헌적으로 취하게 되는 집권관계를 공위화·권위화하는 힘의 벡터를 시금석으로 삼아, 그런 척도에 의해 재정의된 레스 푸블리카의 발현 즉 **공-공-권**空-共/公-圈/權**적인 것의 창출과 정초**를 여기 도래할 헌법의 일점일획이 준용해야할 원천으로 삼아 지금 주권구성원에게 필요한 헌법 수호력의 초안 문구 몇 개를 잡아보게 된다.

그 첫머리에 박아 넣게 되는 것이 있다. 여기 헌법 제1조의 두 개 조항을 실효적으로 발현시킬 '제3항'이 그것이다. 시안을 잡아보면 다음과 같다: "제1조 ①대한민국은 민주공화국이다. ②대한민국의 주권은 국민 또는 시민에게 있고, 모든 권력은 국민 또는 시민으로부터 나온다. ③주권을 이뤄가는 구성원(인간-비인간)은 발안권, 투표권, 소환권 등을 가지며 헌법과 법률에 대한 발의·발안 및 결정·심의, 공직자에 대한 임명과 파면을 행할 수 있다." 1항과 2항의 '국민'이라는 낱말을 '국민 또는 시민'으로 넓히면서 주권 구성적 참여의 폭을 확장했고, 그런 확장에의 의지와 지향이 3항에서 더 증강·심화되게 했다. 국회의 권한을 규정한 현행 헌법 제3장의 첫 조항, 즉 제40조 "입법권은 국회에 속한나"는 위의 제1조 3항에 따라 다음과 같이 수정된다: "입법권은 국회와 주권구성원에 속한다." 제54조의 "①국회는 국가의 예산안을 심의·확정한다"라는 규정은 "①국회와 주권구성원은 국가의 예산을 심의·확정한다"로 수정한다. 정부 예산편성권을 정한 54조 ②항 아래에 추가해 놓을 것은 시민예산권이다. 시안은 다음과 같다: "③주권구성원의 평의회는 공공의 복리에 필요한 예산안을 편성하여 회계연도 개시 90일 전까지 국회에 제출하고, 국회와 시민은 회계연도 개시 30일 전까지 이를 의결하여야 한다."

대법원장 조희대에 대한 일지에서 인용하고 언급했던 사법권 규정 제101조, 그 1항과 2항에 대한 개정 시안은 다음과 같다. "①사법권은 법관으로 구성된 법원과 주권구성원에 속한다. 공공복리의 필요시 주권구성원이 참여하는 기소 배심원제 및 재판 배심원제를 시행할 수 있다. ②법원은 최고법원인 대법원과 각급법원으로 조직된다. 그 둘은 독립적이다." 제104조는 인사권의 독점 속에서 나사 풀리고 고삐 풀리는 대법원장을 옹립하고 있다. "①대법원장은 국회의 동의를 얻어 대통령이 임명한다. ②대법관은 대법원장의 제청으로 국회의 동의를 얻어 대통령이 임명한다. ③대법원장과 대법관이 아닌 법관은 대법관회의의 동의를 얻어 대법원장이 임명한다." 이에 대한 개정 시안은 다음과 같다: "①대법원장은 주권구성원에 의해 선출된다. ②대법관을 포함한 법관의 임면회의에 주권구성원의 대표가 공개 참여한다."

문제적 계엄 규정 제77조는 이렇다. "①대통령은 전시·사변 또는 이에 준하는 국가비상사태에 있어서 병력으로써 군사상의 필요에 응하거나 공공의 안녕질서를 유지할 필요가 있을 때에는 법률이 정하는 바에 의하여 계엄을 선포할 수 있다. ②계엄은 비상계엄과 경비계엄으로 한다. ③비상계엄이 선포된 때에는 법률이 정하는 바에 의하여 영장제도, 언론·출판·집회·결사의 자유, 정부나 법원의 권한에 관하여 특별한 조치를 할 수 있다. ④계엄을 선포한 때에는 대통령은 지체 없이 국회에 통고하여야 한다. ⑤국회가 재적의원 과반수의 찬성으로 계엄의 해제를 요구한 때에는 대통령은 이를 해제하여야 한다." ①항과 ③항에 대한 개정 시안은 다음과 같다: "①대통령은 전쟁시의 군사상 필요에 따라, 법률이 정하는 바에 의하여 계엄을 선포할 수 있다. 평상시의 국가적 위기에 대해서는 제76조 ①을 준용한다."(제76조 ①은 "최소한으로 필요한 재정·경제상의 처분" 및 그에 관계된 "법률의 효력을 갖는 명령"을 규정하고 있다); "③비상계엄이 선포되었을 때에도 주권구성원의 기본권 일반은 제약될 수 없다."

예컨대 '개헌을 위한 주권구성원 대표회의'의 주관 아래 개헌안을 작성하고 투표에 붙인다. 가결될 때까지 과정을 거듭한다. 가결 이후 국가인권위원회와 국민권익위원회 곁에 '개헌/주권위원회'를 신설하여 지속적으로 개헌 및 주권 관련 사무를 담당하게 한다.

헌법 전문前文, 헌정의 주춧돌에 대한 개정 시안은 다음과 같다: "저항권 발현의 역사와 전통으로 빛나는 이 나라 시민은 3·1운동, 4·3항쟁, 4·19의거, 5·18민주이념, 87년 노동자 대투쟁의 총파업이념을 계승하고, 민주개혁과 평화적 연합·통일의 사명, 정의·인도와 사해동포애로써 모두의 화합을 공고히 하고 온갖 사회적 폐습과 불의를 타파한다. 자율과 조화를 바탕으로 공생적 활력을 증진시킴으로써, 정치·경제·사회·문화 등등의 영역에서 모두가, 모든 것들이 권익을 향유할 수 있게 하고, 상호 간 돌봄의 능력을 최고도로 발휘할 수 있게 하며, 그런 향유와 발휘 속에서 평등과 자유의 배합이 이뤄질 수 있게 하고, 그 과정으로서 자유와 권리에 뒤따르는 책임을 완수하게 한다. 모든 생명의 구제와 공영을 정치의 영속적인 이념으로 삼아 세계의 평화에 이바지함으로써 우리 및 우리 바깥, 미래 세대의 공존·복리·행복을 영구히 확보할 것을 의무로 확정한다. 1948년 7월 12일에 제정되고 9차에 걸쳐 개정된 이 헌법, 계엄폭력의 역사를 헤쳐 나온 주권구성원의 진정한 비상상태에 따라 개정된 이 헌법을 모두의 갈채로 발효한다. / 2026년 12월 3일"

p. s. 도래할 헌법의 언어-사건, 그 속에서 잔존하는 약한 "것들 Dinge/Things"의 엄존, 상호 돌봄과 공영. 그것이 비ª-근대적 제헌의 근저임을 생각할 때, 오늘 다음과 같은 한 문장은 단지 내게만 상기되는 말은 아닐 것이다: **법률가·법학자들아, 어째서 너희들의 직무책임에 침묵하고 있는가?**Quare silete iuristae in munere vestro?

"압도적 정권교체"라는 함구령, 광장을 닫아거는 다른 계엄령

2025년 5월 12일

 오늘 거듭 읽게 된 '인권운동사랑방' 활동가 미류의 칼럼은 근래 모종의 정치적 지지부진과 소강상태의 근간을 들춰낸다. 새로운 사회에 대한 의지와 말들을 블랙홀 같이 빨아들이고 있는 최근의 대의주의적 입론이 세세히 비판된다. 내란정당의 완전한 괴멸을 위한 '압도적 정권교체'론이 그 자체로 최종목적화될 실제적 위험성을 가진 것이라는 점, 그런 정권교체주의가 이른바 '나중에'의 정치라는 경로에 의존하여 새로운 사회적 연결망의 계기들·실험들을 억제하는 사실상의 사상경찰로, '민주주의'의 이름으로 광장의 경계초월적 목소리들을 하나로 통일하려는 함구령으로, 그런 한에서 달리 예비되고 있는 또 하나의 계엄령으로 발현한다는 점이 여실히 드러난다. 그 글의 올곧은 인식만큼이나 정갈한 그 문장들을 인용한다(무릅쓰고 중략한 부분이 있으며, 특정 부분에는 눈길이 더 머물도록 글자체를 달리했다).

 '압도적 정권교체'라는 말이 민주주의를 압도하고 있다. 거기에 숨은 위험을 간과해서는 안 된다. 윤석열은 지난 대선에서 0.73%포인트의 득표율 차이로 간신히 이기고도 선출된 대표에 부여된 정당성의 한계를 고심하는 대신 선출된 대표에 부여된 권한의 한계마저 부숴버렸다. 여기서 남겨야 할 교훈이 압도적 득표는 아니다. 집권의 정당성이 득표율로 보증된다고 믿는 순간 민주주의는 무너지기 시작한다. 압도적 정권교체는 선거의 결과일 수 있을지언정 민주주의의 목표가 될 수 없다.

대표성은 어려운 숙제다. 정책공약에 무엇을 넣거나 빼는 일과 다르다. 정체성으로 획득되거나 보증되지도 않는다. 소년공이라고 노동자를 대표하는 것이 아니며 여성이라고 여성이 대표되지 않는다. "국민과 함께 이기겠다"는 말은 아무나 할 수 있다. 여성과 남성을 두고 이재명이 말하는 "다 같은 국민"에서 누가 더 지워지고 뭉개지는지, 누가 더 대표되며 권력을 누리는지 끊임없이 묻고 답하는 노력이 대표성을 키운다. 민주주의의 힘은 덜 대표되던 사람들이 더 대표되고 더 대표하게 될 가능성에서 나온다.

대표하는 일은 누가 여기에 있는지 보이게 하는 일이다.

계엄 이후 광장에 그런 투쟁과 도전이 있었다. 성소수자로, 페미니스트로 소개하는 이들이 재난 참사로 희생된 이들을 기억하고, 노동자와 농민이 함께 짓는 세계를 드러내 보이고, 이주민과 장애인이 차별받지 않는 세상을 만들자고 했다. 호명을 넘어 연대의 실천이 이어지는 동안 우리는 누가 무대에 서더라도 언제나 그의 정체성을 초과하는 '우리'를 떠올릴 수 있게 됐다. 구체적 얼굴을 지우지 않고도 보편적 얼굴을 상상할 수 있게 된 시간. 압도적 대표성을 만들어간 시간이라 할 수 있겠다. '2030 여성'은 광장의 지분을 요구하는 정체성이 아니라 그렇게 만들어진 민주주의의 대표성이다.

민주당은 정권교체를 넘어서자던 광장의 목소리를 윤석열 파면 이후 빛의 속도로 지우고 있다. 광장을 이어가려는 정당은 더 대표하려고 애써야 한다. '우리' 안에 내 자리가 있고 내가 초대할 사람들이 있다고 느낄수록 민주주의는 강해진다. 선거를 넘어 풀뿌리에서 민주주의가 승리하게 할 힘. 압도적 정권교체가 아니라 압도적 민주주의가 필요하다.[미류,「압도적 승리를 위하여」, 2025. 5. 12]

헌법유린 내란청산이 먼저라는 것, 정의로운 체제전환은 나중이라는 것. 내란청산과 체제전환이 순번의 문제가 아니라 동시적으로 연동된 문제인 한에서, '나중에'의 정치 즉 체제전환=시기상조라는 '아직 아닌Not Yet'주의적 통치공학은 긴급성을 호도하면서 진정한 과제상황의 해체라는 결과를 순차적 지연 과정의 불가피성/정당성으로 무마·봉합·면피한다. 여기 궐위 속에서 갈수록 증강되고 있는 제1야당 민주주의자들의 대체보충적이브로 유혈석인 '나중에'의 계산법, 그 수권授權주의적 폭력의 공학이 그렇게 전개되고 있다. 그럴 때, 광장의 응원봉과 행정권·입법권의 의사봉, 사법권의 법봉 간의 분리는 아무런 문제없이 현상유지되며 광장은 수습되며 끝내 살

처분된다. 응원봉의 이념·운동·제헌력이 의사봉과 법봉의 제도·조직·운영에 환원불가능한 차이화의 활력적 사선^{斜線}으로 접선됨으로써 생명연관의 대표력이 증강되어 가는 과정, 그것이 여기 궐위상태의 호도되지 않은 긴급성, 진정한 과제상황의 내용이다. 핍진실적 비상상태의 본래면목이다.

"페이퍼 공화국" 혹은
천년왕국이라는 민주주의자들의 어음할인권
2025년 5월 13일

　블랙홀과도 같은 압도적 정권교체론, 그 '나중에'의 정치를 주장하고 있는 여기 수권정당의 자칭 민주주의자들을 향해 다음과 같은 문장들을 맞세워 놓고자 한다.

　"민주주의자 선생들Herren Demokraten께서 1852년 5월 두 번째 일요일 대통령 선거일에 있을 복된 결과를 축하하면서 외치는 자기만족적 승리의 함성이 들려온다. 그 선거일은 그들의 머릿속에서 하나의 고정관념이 되고 도그마가 되어 천년왕국Tausendjährige Reich의 신봉자들에게 그리스도의 재림과 더불어 시작될 천년왕국의 첫날처럼 여겨졌다. 언제나 마찬가지지만 나약한 사람들은 기적을 믿는 마음속에서 피난처를 발견했고 단지 상상 속에서 그 적을 쫓아버림으로써 적을 정복하였다는 환상에 빠졌다. 그렇게 승리한 그 영웅들은 여장을 꾸린 다음 미리 자기들의 월계관을 모았으며, 남몰래 자신들의 정부 인사로 조직한 유령 공화국이라는 어음을 어음교환소에서 할인하는 데에 열중하고 있다."[맑스,「루이 보나파르트의 브뤼메르 18일」]

'유령 공화국이라는 어음', 그것은 그들 민주주의자 선생들의 도래할 천년왕국, 아직 명목상으로만 존재하며 여전히 명의만을 가졌을 뿐인 그들의 공화국이라는 것이 구체적 실물/결제를 뒤로 지연시킴으로써만 가능한 어음과도 같은 나라임을, 조만간 부도를 맞게 될 대망의 환상적인 나라임을, 지불불능이 선언되기 전 압도적인 어음할인을 통해 한몫 챙기지 않으면 자기만 바보인 나라임을, 원상회복되고 있는 그들의 민주정이 구원적 천년왕국의 이름을 내건 축적 구제의 왕국임을 풍자하고 있다. '유령 공화국'이라는 말은 가톨릭교회가 이교도의 땅에 자신의 이름으로 도래할 보편질서를 위하여 파견했던 주교, 즉 이름뿐인 주교Episcopus titularis[명목 주교]와 그가 구체적 질서화의 실체 없이 명목상으로 임명됐던 지역 명칭인 '이교도들의 분리된 땅in partibus infidelium'이라는 연계어휘를 맑스가 변용한 것이다. 그들 이교도의 땅에서 가톨릭=보편질서는 할인될 어음으로 약속되고 있지만, 그 땅에서의 실제적 결제 약속은 대체보충되거나 피의 계엄폭력으로 탕감된다.

p. s. '유령 공화국'은 오늘날로 치면 일종의 유령회사 같은, "**명목상의 공화국**", "**페이퍼 공화국**in partibus Republiken" 쯤으로 다시 옮길 수 있겠다. 그래야 맑스적 '유령Gespenst'의 용례들과 혼동되지 않을 듯하다.

12·3의 광장이 5·18의 광장에 보낸 편지

2025년 5월 20일

계엄군의 차량을 막아선 익명의 청년과 관련하여 회자됐던 여러 말들 중에는, 그 긴박한 상황이 인민해방군 전차를 막아세우던 천안문 항쟁의 '이름 모를 저항자Unknown Rebel', 일명 '탱크맨Tank Man'을 상기시킨다는 말이 있었다. 지난 1월의 인터뷰에서 김동현 씨는 말한다. "천안문 광장의 그 유명한 사진 속에서 그분은 정말로 탱크 앞에 홀로 서 있었지만, 저는 그렇게 외롭지 않았어요. 모두가 함께 지켜내고 있다는 느낌이었습니다." 이 말은 5개월이 지난 오늘 텅 빈 광장에서 다음과 같이 기억/반복된다: "그날 어떻게 그런 일이 가능했던 것인지? 돌이켜보면 신뢰였던 것 같아요. 내가 먼저 막으면 누군가 나를 지켜줄 것이라 믿었고, 실제로 그랬어요."[「국회 앞 군용트럭 막은 청년의 감사 인사: 2025년 광장이 1980년 광주에게」, 2025. 5. 20] 김동현 씨는 "ⓒ워싱턴포스트 화면 캡쳐"라고 명시된 포고령 1호 아래서의 저 위기적 지금-이미지와 다시금 마주치면서 연합과 연결을 향한 믿음에 따라 활동 중인 자기를 상기하는바, 이는 광장의 그 많던 깃발들은 다 어디로 깄는가라는 물음에 대해, 이른바 '광장 이후'에 대해 생각할 수 있게 하는 하나의 계기가 된다. 김동현 씨는 "이 연대와 연결을 어떻게 다시 경험할 수 있을까? '탄핵 블루'라고 해야 하나, 노스탤지어라고 해야 하나"라고 웃음 섞어 말하는데, 탄핵 블루 즉 파면 이후 찾아온 맥빠짐과 무기력증이란, 응원봉이 의사봉일 수 없도록 철통같이 재가동되기 시작한 여기 대의기계적 간접화상태의 재생산 공정을, 그 속에서 단순 가공의 대상으로 질료화되고 있는 삶·생명을 표시한다. 그 지점에서 김동현 씨가 선택하는 것은 다름 아닌 5·18을 향한 기억, 5·18의 광장을 향해 발송하는 '편지'의 형식이었다.

"가방에 먹을 것과 옷가지, 필요한 것들을 챙기고 고양이 사료와 모래를 한가득 부어둘 때 먹었던 마음들이 어제 일처럼 선연한데, 오늘 광장에는 천막도 깃발도 보이지 않습니다. 꿈인가 싶어 지난 사진들과 영상들을 보다보면 현실감을 되찾게 됩니다. 계엄군의 오발탄 하나가 1980년 광주에서의 학살을 반복할까 두려웠지만, 광주와 함께 87년에 되찾은 민주주의, 광주 학살 이후 개정된 계엄법 덕분에 국회가 계엄령 해제를 결의할 수 있었습니다. 우리의 기억과 역사 속에 자리잡은 광주의 아픔이 계엄군을 멈춰세웠습니다. 지켜주시고 말씀해주신 기억들이 우리의 현재를 도왔습니다. 지난 광주, 계엄군에 의해 다친 학생들을 구하던 손길과 치료하던 손길은 남태령으로 이어졌습니다. 자신의 사비를 털어 시민군을 먹이고 돌보던 광주의 기억은 남태령과 한강진, 경복궁으로 이어져, 시민들을 돌봤습니다. 우리의 연결과 연대는 광주에 이미 있었습니다. 감사합니다. 덕분에 살아남았습니다."[「국회 앞 군용트럭 막은 청년의 감사 인사」]

'과거가 현재를 도울 수 있는가'라는 물음을 작가 한강과 함께 던지면서 발송되고 있는 이 편지, 그 연결에의 의지는 광장에의 향수, 고향으로의 회귀, 혹은 안락의 전체주의를 피하거나 넘어가는 광장들 사이의 접선과 연계를 표시한다. 달리 말해 이 편지란, 방금 지나간 광장이 멀리 떠나온 과거로 느껴지는 오늘, 그 안온한 광장으로는 다시 돌아갈 수 없다는 고향 상실의 슬픈 감각을 깨고 광장을 진정한 매개로 삼아 이뤄지는 구성적·구축적 힘의 향유와 접선된다. 회귀의 향수·노스텔지어를 깨고 이뤄지는 회억의 향유·주이상스, 그것은 연결에의 믿음의 역사 속에서 구성되고 발현하는 비환원적 힘의 형식이다. 그런 역사·역사성 안에서, 예컨대 1989년 천안문 6·4 항쟁과 잇닿아 있는 저 위기적 지금-이미지 앞에서, 여기 12·3의 광장은 1980년 광주 5·18 민주화 항쟁과 더불어 회억된다. 그런 회억을 위해 덧붙여둘 것, 아니 그런 회억/재생의 근본조건으로서 말해둘 것은 위의 편지가 다름 아닌 배송 불가능한 위기 속의 우편물dead letter이라는 점, 즉 수취인 불명의 상황(저 바틀비가 거듭 경험했던 상황)을 조건으로 할 때에만 전달 가능해지는 '우편적 불안'[데리다]과 접합되어 있다는 점이다. '지난 광장의 연결과 연대가 광주에 이미 있었다'는 말을 따라 다음과 같이 말해 놓고자 한다. 광장 이후를 위한 회억의 힘은 아직 전해져 오지 않은 자유-평등화의 힘을 지난 광장들로부터 감지하는 일로서, 그렇게 감지·발굴·구성된 것을 이미 현행화된 해방적 힘들과의 불화와 대치·대면·대질을 통해 거듭 재설정하는 일로서 발현한다. 광장 이후, 혹은 광장에의 노스텔지어를 넘어가는 광장의 향유, 예컨대 직접민주주의적 헌법 개정과 후속 입법의 문제가 바로 그런 발현 속에서, 여기 정치적인 것의 소명이자 과제로서 포착되지 않을까 한다.

헌법의 대체보충력과 맑스적 "헌법의 수호자":
유령적 셀프-쿠(6)
2025년 5월 26일

    국민에게 부여되는 기본권, 예컨대 저 자유·평등·우애라는 삼색 깃발의 테제 이래 언론·출판·집회·결사의 자유 같은 기본권에의 공통적 의지는 절대적인 것으로서, 즉 헌법에 기입된 것으로서 보장되었다. 그렇게 "헌법의 제복"을 입은 여러 자유들의 불가침적인 보장상태를 그 보장의 예외를 통해 검토한 맑스는 제헌의회 부르주아 공화파의 헌법 제2장 제8조·9조·3조――각각 "자유의 권리 향유는 타인의 동등한 권리와 공공의 안녕을 **침해하지 않는** 한에서 제한받지 않는다"; "교육의 자유는 **법률에 규정된 조건** 하에서 향유될 수 있다"; "시민의 주거는 침해될 수 없다. 단, 법률에 명기된 여러 경우는 **제외된다**"――를 인용한 다음 이렇게 쓴다: "따라서 헌법은 끊임없이 앞으로 나타날 관계법을 지시하고 있다. 관계법은 헌법의 유보조항들을 실행에 옮길 수 있도록 해야 하며 무제한적인 자유의 향유가 개인 상호 간에 충돌하지 않도록, 그리고 공안과 상충되지 않도록 규정해야 한다."[맑스, 「루이 보나빠르뜨의 브뤼메르 18일」] 그런 예외규정, 그 예외화의 폭력 과정을 되새기기 위해, 첫 문장 원문의 표기·의지와 그것의 명암·벡터를 살려 다시 한 번 옮겨보게 된다.

"그렇게 헌법은 자신을 영속적으로 유보시키는 미-래의 유기有機[體]기관적 법률들zu[-]künftige organische Gesetze을 포함하며 지시하고 있다."[K. Marx, *Brumaire*]

인민의 활력적인 생명에 직결된 헌법의 절대적 규정들을 예리한 날끝 같이 관통하는, 그 절대성에 구멍을 냄으로써 헌법을 형체만 유지시킨 채 상대화·임의화·유령화하는 헌법유보의 법률들. 다시 말해 헌법에의 일격을 통해 헌법을 형해화形骸化하는, 헌법에 대한 타격·천공穿孔을 통해 유보법률들의 자유를 천착穿鑿·구축하는, 헌법의 그 어떤 규정들에 대해서든 유령처럼 출몰할 수 있는 "제외" "제한" "조절" "조화"의 법률들, 대체보충적-유령적 헌법/특례법들. 헌법 속에, 그 아래에 부수적으로 부가되어 있는 외양을 띠면서도 헌법 자체를 특권계급의 이익을 위해 영구히 대체보충하는 사실상의 상위규정으로서의 유보법률들에 의해 공공적인 것과 그것의 구제에 치명적인 아킬레스건이 자유자재로 제작된다. 헌법에 대한 영속적인 지연력, 상충하는 모순적 헌법을 지탱하도록 배치된 유기체적·기관적 유보법률들의 힘이 그런 예외적인 제작을 주관한다. 달리 말해 헌법의 절대성을 표방하면서 그 절대성의 구체적 발현을 효력정지시키고 영구히 미래로 미루는 법률들, 헌법 안에 장치된 유령화-기관들로서의 유보법률들에 의해 예외·특례의 축적이 봉행된다. 헌법에 대해 최종적인 완료나 완수 없이 작용하므로 항시 미래적이고 거듭 도래중인 지연법률들의 발현, 혁명 다음 날부터 설계되고 조직되는 수습책들의 유기체적인-기관연동적인 작동을 보장하고 강화하는 헌법률-유보법률들의 대체보충력. 그렇게 지연되고 억지되는 절대성의 명목을 통해 표상됨으로써 수습되고 재구축된 특권을 위하여 자유재량적으로 즉 유령적으로 기능할 수 있게 되는 헌법, 헌정적 배치. 그것은 특권적 축적체의 유기적인 구성을 최적의 상태로 보전하고 증강시켜가며 영구적인 축적을 위한 교환기관들의 연계망을 강화하고 보장하는 위로부터의 합헌합법적 일반의지체로 발현한다. 그런 대체보충적-유령적 헌법이 축적의 일반공식과 빈틈없이 용접되는 상태란, 이를테면 헌정축적체의 다음과 같은 비밀 암구호, 공개적 슬로건, 환상적 치환력으로 표시된다: "공공의 안녕을 위하여, 즉 부르주아지의 안녕을 위하여." 그렇게 공공적인 것의 상태와 특례적 계급의 상태가 '즉'이라는 낱말로 등치되는 시공간의 재생산력, 혁명 다음 날부터 준비되는 재再질서화의 힘이란, 헌법 속에서 헌법을 거스르는 헌법의 '교묘한' 자기보존적 배치를 통해 가동된다: "헌법의 조항들은 각기 그 자체 속에 반대명제Antithese를 품고 있다. 다시 말해 헌법의 상원과 하원, 즉 본문 일반조항 속의 자유와 유보조항 속 자유의 폐기가 병존하고 있는 것이다. 따라서 **자유라는 명목**이 손숭되고 단지 그것의 현실적 실현이 합법적인 방법으로 저지되고 있는 한, 헌법상에 존재하는 자유란 **실제 생활**에서 실현되는 자유가 아무리 치명적인 타격을 받을지라도 손상되거나 침해되지 않은 채 보존된다. 이 헌법은 손상되지 않도록 교묘한 방법으로 만들어져 있다."[「브뤼메르 18일」]

헌법 속의 절대적 테제들과 이에 대한 대체보충적 안티테제들이 상호보완적으로 구성하는 유령적 축적의 게발트. 말하자면 자가충돌적인 헌법, 충돌을 자기 재생의 동력으로 삼는 헌법, 혹은 이율배반적인 헌법. 그 이율二律이 어디까지나 합헌합법적이며 동시적으로 관철되는 헌법, 정확하게는 이율 중 하나는 명목상으로, 나머지 하나는 실제상으로 관철됨으로써 공명정대한 외양을 띠고 발현하는 헌법. 바로 그런 부정합不整合의 배치야말로 헌법에 의한 통치의 동력이자 헌법을 통한 축적의 본질적 근거이다. 예컨대 '자유'를 위해 반국가세력을 척결하는 (친위)쿠데타가 그 자유라는 것을 실제로/사실상으로 침해하더라도 그 자유라는 것이 명목상으로/권리상으로 침해되지 않는다면, 자유를 위한 헌법은 전혀 손상되거나 침해 받지 않은 채로 보존되며 탄력적으로 증강된다. 그런 헌법의 부정합을 따라 공공의 안녕은 축적의 안정과 등치된다. 다시 말해, 픽션적 실제를 구축하는 헌법의 자가충돌력에 따라 공공적인 것의 안녕과 구제 혹은 사회의 구원은 특권적 축적의 명목이 되며, 그 명목의 유연한 합헌합법성은 축적의 폭력을 아무 모순 없이 면책한다. 맑스가 말하는 "헌법의 수호자"[「브뤼메르 18일」], 달리 옮기자면 "헌법의 [구세군(救世軍)]사령관General der Konstitution"[Marx, Brumaire]이란 바로 그 무모순적 면책특례를 보호하고 배치하는 폭(권/위)력의 다른 이름이었다.

(비상)대권의 예정된 머리가 광장의 수뇌가 될 때
2025년 6월 3일

 12·3 계엄 이후 6개월이 지나고 있는 오늘 여기서 재생되고 있는 시간은 어떤 것인가. 어김없이 반복중인 대권大權 선거의 저물녘에 방송 3사 '당선 유력'의 명찰을 기다리고 있는 스펙터클의 현찰과도 같은 시간, 즉 자기의 이윤으로 돌아올 예정조화적 지도자-메시아주의로 거듭 상상되는 시간, 혹은 "사이비 신성"[드보르,『스펙터클의 사회』]에의 집단적 선임 시간. 1표가 가진 힘의 불가피하고도 불가항력적인 위임이 이번만큼은 문제없는 1인에의 제대로 된 위임이길 고대하는 다수 유권자有權者들의 대망의 시간, 달리 말해 비상계엄 이후 부지불식간에 터져 나왔던 것이 될 병적인 징후들이 생각의 겨를도 없이 봉합되고 봉인되어버릴 것 같은 거짓 안전의 시간, 궐위 속 치명적인 증상들이 남김없이 잠식되고 침식되어버릴 것 같은 폭력적 위기의 지속 시간. 줄여 말해, 잘려나간 1인 통치의 머리·수반·자본Capital이 다시 생겨나고 있는, 그렇게 정치경제적 원-수元-首-지배의 재생회로가 다시 가동되고 있는 시간. 그러나 낡은 것이 이미 가고 있지만 새것은 아직 오지 않고 있는 미결정의 시간 속에, 새 포도주를 낡은 가죽부대에 넣을 수는 없는 여기 궐위상태의 곤혹스럽고 곤욕스런 시공간 속에, 새것인지 낡은 것인지를 준별하거나 시금試金할 수 없는 양가적 모호성

앞에, 즉 다시금 활짝 열린 '법의 문 앞'에 꼼짝없이 계류되어 있다고 느끼는 누군가가 있다면 어쩔 것인가. 안개 낀 법의 그 문 앞을 벌써부터 고색창연하게 느껴지는 광장 응원봉의 희미한 빛으로 다시 비추기 위하여, 혹은 법의 그 문들이 닫히게 되는 상황의 구축을 제헌적인-메시아적인 약한 힘의 발현에 따라 검토하기 위하여 오늘의 궐위상태에 대한 인식 구성의 다른 한 갈래를 찾아보게 된다.

> "인테레그눔은 오래 검증된 익숙한 일처리 방식들이, 예컨대 공적인 전망·목표·활동계획의 설립과 통합에 기여해온 제도들이 철저한 탈규제·파편화·민영화에 따라 더 이상 유효하지 않게 됐다는 증거가 누적되고 있음에도 그것들을 대체할 수 있는 더 효율적인 방식이 전혀 보이지 않는 시대입니다. 설령 보인다고 해도, 보이는 그것들은 생각보다 이미 앞서 온데다가 변화무쌍하며 아직은 초기 단계인 까닭에 알아차릴 수가 없는 시대, 알아차린다고 해도 진지하게 받아들일 수가 없는 시대, 그것이 인테레그눔입니다."[바우만·보르도니, 『위기의 국가』]

정치경제적 통치의 자유재량화·면책화를 통한 축적의 한계철폐 기획과 그런 약탈 기획의 목표이자 결과로서의 공공적인 것들의 전용, 공통적인 장들의 해체. 그런 과정 속에 바우만이 말하는 궐위가 있다. 그 궐위를 '이미'와 '아직'이라는 시간

사이에 놓고 그 사이 시간의 메시아성과 어떻게 관계 맺을 수 있는지 살펴보고 싶다. 그럴 때 먼저 주목하게 되는 것은 바우만이 '정치'와 '권력' 간의 단절에서 궐위상태를 감지한다는 점이다(그는 분절·결렬·파경을 뜻하는 '륍뛰르rupture'라는 낱말로 그런 단절의 의미망을 가리켜 보인다). 그에게 정치라는 것은 당면 과제상황이 무엇인지에 대한 결정력이며 권력은 결정된 과제상황의 처리를 위한 실행력·해석력·추진력이다. 그 두 힘, 정치력과 권력의 단절이라는 관점 곁에서 질문하게 되는 것은 다음과 같다. 그런 단절 과정의 근저에 있는 힘, 바우만이 언급한 지구적 차원에서의 간섭적인 권력들과도 연동되는 그 힘이란 어떤 것인가. 정치·결정력과 권력·집행력 간의 진정한 결합상태를 깨고 그 두 힘을 분리·저지·무마하면서 그 중간에서 다시 매개하고 달리 접합하는 막후적^{幕後的} 세력, 그렇게 간접적으로 이/접시킴으로써만이 약탈축적의 동력을 재생산할 수 있는 비선실권적 분리/접합의 폭력이 그것이다. 그 한 가지 사례이자 범례가 여기 12·3 쿠데타 세력의 n차 계엄적 축적 의지였다. 반복컨대, 그것은 중간적·막후적 실세들의 매개력으로, 비복종의 전염균을 방역하기 위한 비선실권의 비밀화된 영향력으로, 그들 친위적 간접권력들 간의 무책임한 알력과 투쟁으로, 줄여 말해 층층겹겹의 위계화·간접화 기계들로 가동되는 면책/면역의 축적 체제를 축성$^{築城/祝聖}$할 것이었다. 그런 한에서 관건은 정치와 권력의 다른 결합, 그러니까 그 결합이 어떤 형질을 띤 것인지, 그 진정한 결합의 조건은 무엇인지,

예컨대 그 결합에 따라 1인·소수·다수의 지배력이 어떻게 배합될 수 있는지, 정의와 폭력과 법의 관계가 어떤 식으로 재설정될 수 있는지를 질문하는 일이다.

정치·결정력·이념정초력과 권력·집행력·제도운용력 간의 순수매개상태, 제3자적 간접권력의 틈입闖入 없(애)는, 비선권력적인 분리/접합 없(애)는, 그렇게 서로 '직-접'하는 정치와 권력의 하모니. 이는 1인 지도자 대망의 메시아주의로 환수되지 않는 광장의 제헌력, 그것에 뿌리박은 새로운 노모스 취득의 한 가지 조건이 될 것이다. 그러하되 그 직-접의 벡터는 이미 앞질러 도래한, 따라서 현실의 권력관계와는 어긋나는, 변화무쌍하므로 미확정적이며 계측불가능한, 그 속에서 여전히 시초적인 x로서 거듭 시작되고 있는, 그렇기에 실용적 정치과학의 이름 아래 실현불가능한 공상으로 간주되고 마는 힘의 형식이다. 그러나 '이미'와 '아직' 사이로서 발현하는 그 힘은, 이미 만족할 만큼 완전히 도래했다는 인식에 의해 축성되는 질서화·현상유지화 세력에 맞서 아직 오지 않은 힘으로써 대척점을 이루며, 아직 오지 않고 있으니 끝내 오지 않으리라는 사실절대화 세력을 거슬러 이미 도래중인 폭(권/위)력으로서 적대의 구도를 구축한다. 아직 오지 않았음을 빌미로 이미 도래중인 상황적 힘을 재단하고 합성하는, 이미 도래한 상황에 허용과 금지의 폴리스라인을 그으면서 아직 다 온 게 아닌 힘의 잠재성을 구속하고 폐기하는, 그렇게 양방향에서 합작되고 있는 수습·진정·관리·타협·안락의 폐쇄회로적·치안질서적 궐위상태의 재생산. 이를 무위로 돌리는 힘, 예컨대 여기의 계엄세력과 '나중에'의 정치가 이루는 아기자기한 적대적 공모의 공통분모를 탈구축하는 힘이란, 낡은 사회의 간접화된 폭력연관 속에 알아차릴 수 없이 일그러진 채로 배태되어 있는 새로운 노모스를 태어나게 하는 직-접의 폭(권/위)력, 환원불가능한 차이적 게발트의 실질형태소이다: "게발트는 새로운 사회를 잉태하고 있는 모든 낡은 사회에서 산파 역할을 한다. 게발트는 그 자체로 하나의 경제적 힘이다."[맑스,『자본』]

그런 "게발트=산파Gewalt=Geburtshelfer"의 활력, 그 지고한 정치를 위한 맑스+벤야민적인 기획으로서의 순수매개적 정치-경제의 힘이란, 풍요Reichtum라는 것의 정의定義/正義를 위한 온당한 생산 및 운영이자 적실한 나눔 및 돌봄으로서의 "**경제적 활성력**ökonomische Potenz"[K. Marx, Das Kapital]인바, 그 경제(외코노미oikos+nomos)적인 경륜·사려·섭려攝慮의 활력은 경영·목양·관리·배분이라는 노모스의 중심 속성과 연동한다. 말하자면 노모스의 경제적 힘, 경제의 노모스적 힘. 그것은 현행적 법관계·권력관계를 전위시키는 정의관계의 분만력·취득력으로서 발현하며, 게발트=산파를 따라 분만되는 풍요의 오이코노미아·경세제민經世濟民, 즉 신적인 경륜oikonomia으로서 영위된다. '이미'와 '아직' 사이에 뿌리박은 그 게발트=산파의 메시아성을 여기 궐위상태의 크리틱[비판-시금석]에 근거하여 진정한 비상상태의 조형을 위한 조건으로 묘출해 가는 일, 최종 목적의 필요수단으로 환수되지 않는 여실하고도 여일한 폭

(권/위)력의 약한 잔존과 희미한 탈존을 살피는 일. 그런 형질의 과제를 말하는 한에서, 낡은 것은 가고 있기만 한 게 아니며 새것은 무매개적으로 오는 게 아닌바, 낡은 것은 가고 있으면서도 회귀하는 중이며 새것은 그런 회귀 속에서만, 그 회귀를 거스르는 과정으로서만 잉태·분만될 수 있다. 궐위·공위상태의 부정적 차원이 가리키는 것은 아직 여전히 재생·반복·귀환·심화·악화되고 있는 낡은 것(유사-새것) 안에서 항상 이미 그것을 거슬러 그것 너머로 향하는 힘의 발현에 대한 무감각 상태이며, 그런 발현의 실재성이 다름 아닌 위기에 근거해 있음을 감지하지 못하는 무능력 상태이다. 예컨대 그런 무감각·무능력 상태는 지연되는 정의가 앞당겨지는, 이월되는 폭력의 연장체가 끊어지는, 법의 문이 닫히면서 마치 법의 소멸 과정과도 같은 법의 완성 과정이 이뤄져가는 '지금^{Jetzt}'의 시간, 그 시간에 터를 잡은 벤야민+바우만적 비판기획으로서의 (공)위기라는 과제에 대해 생각하게 한다.

"[공]위기는 어떤 대처 방식을 택할지에 관한 결정의 시간이지만, 정작 인간 경험의 무기고에는 믿고 쓸 만한 전략이 전혀 없어 보입니다. 그렇다고 해서, 지금은 전혀 운용되고 있지 않거나 부분적으로만 작동하고 있는 감독, 통제, 규제, 관리의 국가장치들로 되돌아가야 할까요? 아니, 그렇게 되돌아가는 것이 가능하기나 할까요? 지금 우리는 정치를 완전히 새로운, 전례 없는 수준으로 끌어올려야 하는 거대한 과제에 직면해 있는 것으로 보입니다."[『위기의 국가』]

궐위상태와 마주하여 되돌아갈 수 있는 차선책이나 차악의 안식처 같은 건 없다. 궐위 속에서 차선과 차악은 유사-새것의 이름으로 날인되는 '나중에'의 정치, 그것을 보위하고 연장하는 폭력의 정당성 조달형식이다. 그것에 맞서, 그러니까 궐위상태에서의 병적인 증상들을 깨고 나오는 '지금 당장'의 정치는 다음과 같은 물음들 간의 연관을 과제 구축의 척도로 삼는다. 관리·약정하는 국가장치냐 그것을 내파·전용하는 역逆장치냐, 보호와 복종을 교환케 하는 제도기계냐 그것 안에서 자유와 평등의 배합관계를 구성케 하는 제헌적 이념기계냐, 국권주의적 대의통치냐 그것을 구속·기속羈束하면서 이끌고 기르며 나누는 지고한 정치냐. 최고도 위기의 시공간에서 직조되는 그런 물음들 사이의 끓는점, 그런 적대적 상보성의 비등점을 스치고 지나는 궐위-크리틱의 접선들은, 그 위기의 근원이자 산물인, 그 비판의 대상이자 원동력인, 그 시금석으로 세어지고 재어지며 준별되는 폭(권/위)력인 비상상태의 형질을 묘출해 준다. 그런 표시 속에서, 전례 없는 진정한 비상상태가, 책임의 비상시가, 낡은 유혈적 노모스의 지양이, 새로운 신적인 노모스의 분만과 취득이 산파=게발트의 과제Aufgabe로서 구성된다. 그러나, 그 과제란 그것의 중단 및 포기Aufgabe와 상호 조건적으로 연접되어 있는바, 그 과제는 영속적인 자기 정지와 자기 반추의 과정/소송 속에 있다. 그러하되, 아니 그렇기에, 그 과제의 포기란 자포자기^{自暴自棄}한 유사 구원적 고향으로의 자폭하는 되돌아감일 수 없는바, 그런 사정이 산파=게발트의 과제를 추동하면서 지속되게 한다. 그런 사정이 궐위의 크리틱을 오늘 여기 일상이 된 비상상태 속에서 그것 너머를 향해 수행될 수 있게 하는 지반이다.

:: 후기

"물민物民의 주권"과 광장 이후의 이정표

1. "나의 신체를 통과한 무수한 시민들의 자기 기록"이라고 저자가 천명한, 그러므로 광장의 익명들에게 헌정되고 있는 조정환의 저작 『빛의 혁명 183』은, 12·3 계엄 직후부터 페이스북을 통해 실시간으로 보고된 상황 개입적 일지인 동시에 실천 현장들의 과제상황과 맞물려 생생하게 전개된 이론적 르포르타주다. 말뜻 그대로 투신적投身的 183일, 그 긴급시의 르포를 거의 빠짐없이 마주했던 자, 그런 대면의 과정에서 민주주의의 이념과 제도를 달리 구축할 필요성의 성좌를 함께 묘출해 볼 수 있으리라 믿게 됐던 자, 그런 자의 자기 다짐으로서(그 대면에의 책임과 그 믿음의 재검토를 위해) 나는 『빛의 혁명 183』의 초고 프리뷰를 맡았고 다음과 같은 추천사를 썼다. "'제헌주의적 시민활력' '법치주의적 대의권력' '예외주의적 내란폭력.' 이 3항 적내의 구조적 파노라마가 이 책의 상황창출적인 증언과 비판을 구성하고 있다. 오늘 이후, 그 3항 혹은 삼위三位의 관계설정은 광장에서 발현하는 유물론적(+메시아적) 헌정체, 섭정(=섭리적) 정치체의 재구축을 위한 비등점

으로 기능할 것이다." 그 비등점이라는 것과 관련하여 좀 더 인용해야 할 정치철학적 혁신 개념이 있는바, 다름 아닌 "물민物民주권"이 그것이며, 법치주의 대의권력에 대한 물민주의적 "아래로부터의 섭정攝政"이 그것이다: "물민주의에서 물物은 여러 가지 색, 여러 가지 것을 의미한다. '물의를 빚다'에서 물의物議는 글자 그대로는 사물들의 토론을 의미한다. 그것은 여러 가지 의견들이 서로 소용돌이치는 집회 즉 assembly를 지칭한다. 생물을 물의 특수한 형태라고 볼 때 이번 12·3 내란에 대항한 다중의 투쟁은 사람, 동물, 기계, 사물, 예컨대 깃발, 응원봉, 꽹과리, 은박담요, 피켓, 스마트폰, 마이크, 스피커, 농민들의 트랙터, 배달노동자들의 오토바이, 방송 트럭… 등등 다양한 차원의 물들의 저항적이고 창조적인 결집이었다고 해석될 수 있다."

1-1. 사물res[것들/things]을 공통적인 것들publica로 조형해 가는 일, 그 일의 이념구성적/제도구축적 벡터를 활성화할 수 있도록 인간·비인간·장소를 연결–물색物色해 가는 힘. 이는 물색 모르고 물색 지우는 회색 통치비밀의 폭력체 속에서 위계화되고 비가시화되는 민民들의 상태를 들춰낸다. 그 계시력을 따라 광장의 스펙트럼은 합법적 표준국민의 요구만이 아니라 그것에 합치되면서도 차별·미달·배척되는 여성·장애인·유아·어린이·청소년·동성애자·퀴어의 요구, 국적의 정체성 구획 안팎으로 나눠지는 이주민·불법체

류자·난민의 요구, 비국민 외국인의 요구, 나아가 비인간의 요구 등으로 이뤄진 연결망을 표시한다. 이 물색의 네트워크는 예외적 비상계엄이 민주공화국 전체에 내재된 항시적 구멍·모순·위기의 산물이라는 점을 들춰내는 힘으로서, 그 임의적 구멍과 위기의 맞짝으로 '공공의 안전'을 내건 헌법정지 쿠데타를 통해 축적을 꾀하는 n차 계엄세력의 간접권력적 회합에 물의를 빚어내는 힘으로서 발현한다. 그렇게 물민주권은 시민활력·대의권력·내란폭력이라는 3항 관계의 파노라마 속에서 제헌주의적 시민활력이 확장적으로 발현하는 양상을 가리키면서 그 제헌활력을 구성하는 인간·비인간의 네트워크적 물색·물의를 표시하는 이름이다. 그렇게 물민주권[sovereignty of thing-people]은 광장 이후의 주권을 가리켜 보이는 경광등으로, 광장을 시금석으로 삼아 도래할 헌정체의 형질을 묘사하는 이정표로 세워져 있다: "물민주권은 국민을 법률의 수준에서 정치의 수준으로 열고, 국민의 문을 인간·비인간 다중에로 열어야 함을 지시한다. 그것은 우리의 민주주의가 법률적 의미의 국민의 주권에 갇히지 않고 시민의 주권으로, 생태의 주권으로 넓어져야 하며 규범적 주권을 넘어 구성적 주권으로 동태화되어야 한다는 것을 시사한다. 광장 시민들의 물질적 헌법의 실천이, 형식헌법 수준에서, 87헌법을 시민헌법으로, 생태헌법으로 바꾸자고 요구하고 있음을 시사한다."

1-2. 물민주권은 〈무주공산〉이라는 제목의 미술전시회[정확하게는 〈무주O山: 이름(NAME)의「작품 없는 작품」개인전〉] 곁에서 공동향유적인 미감의 세계 전체 혹은 감각적인 것의 공통세계 자체를 창출하는 힘으로 달리 정의된다. 그렇게 물민주권자들 모두가 작품으로서의 세계의 주인이 되는 장소, 각각이 모두 주인임으로써 그 어떤 것들도 주인-하인의 위계 속에 놓이지 않을 수 있게 되는 때와 장소. 이는 "무주공산無主空山"이라는 낱말을 통해 구체적으로 묘사되는바, 그것은 광장에 자리잡고 예감하는(광장에서 "조감鳥瞰"하고 "앙감仰瞰"하는) 광장 너머로서의 아토포스, 광장이 잉태한 광장 너머의 규제이념적 이미지이다. 적대의 구도는 다음과 같이 된다. 물민의 주권, 즉 무-주無-主에 의한 창조적 물의와 물색의 행위들 VS. 물민을 소외시키면서 물색 없애는 간접화된 부재 주인들의 소유권 날인과 봉인. 공생적 삶이 이뤄지는 장소이자 조건으로서의 무주공산은 소외적 위계의 주인들이 투자하는 축적장치들, 즉 "더 많고 더 다양한 무주공산화 기계들(국가, 자본, 교회, AI, 도처에서의 전쟁, 우주전쟁 등등)"에 의해 잉여가치의 채굴지로 점령되는바, 그 지점에서 12·3 비상계엄은 다음과 같이 정의된다: "12.3 내란은 국민주권 약탈, 그러니까 국민을 무주공산으로 만들기 위한 군사폭동이었다. 존엄권과 행복권(헌법 10조), 사회권(34조)만이 아니라 자유권(12, 15조)과 참정권(24~27조)도 광범위하게 약탈함으로써 국민의

주인됨(즉 민-주)을 폭력적으로 부정하는 정치적 시초축적을 21세기 세계에서 다시 시작한 것이었다."

1-3. 광장 위에서 그것의 미래로서 그려지는 무주공산을 인간·비인간의 사이·차이의 연계망적이고 공생체적인 장소로, 안티[無]아르케적이며 안티캐피탈적인 노모스-가이아의 다른 이름으로 새겨보게 된다. 그럴 때 무주공산은 "기후공간"으로, 기후climate와 기울어진klinare 자전축과 어긋내는 "편위klinamen"[에피쿠로스/맑스]의 어원적 이접을 통해 재설정된 기후의 정의로, 즉 "원자론적 차이 자체의 관계행위(동사 common)"로, 그런 기후 정의定義/正義에 근거한 기후 위기의 진단과 처방으로 나아간다. 기후氣候, 즉 삶·생명의 연결적 기운상태와 관계된 증후證候 혹은 척후斥候, 그것을 새로운 체제·레짐의 부산물인 동시에 구축력으로 인식할 때, 무주공산은 생태헌법과 "생태주권"의 형식으로 인간·비인간의 동맹적 활력이 발현되는 조건이자 장소를 표시한다. 이를 위해 필요한 것으로 『빛의 혁명 183』이 제안하는 또 하나의 이정표는 "민주를 통한 무주로의 길"이다. 말하자면 민주주의에서 무주주의無主主義로의 과정, 민주를 통한 무주로의 연결망 확장. 달리 말해 여기 우리들의 민주주의를 살려 우리들만의 주인됨의 상태를 국민-시민-물민으로 확장해 가는 일, 그런 과제·소명으로서의 인간·비인간 차이의 동맹정치. 민주주의에서 무주주의로의 확장

이라는, 광장 이후 소명으로서의 정치는, 예컨대 스피노자 『윤리학』의 신비-실재주의적 테제 "신의 지적인 사랑"[『에티카』] 속에서, 즉 인간·비인간 사이 연결망의 확장을 통해 이뤄져가는 '신 즉 만물색萬物色'에의 알아감이라는 상황 속에서(신에의 더 많은 접선 과정에서 신이 인지하게 되는 신 자신에 대한 사랑의 증대로서), 그런 '제3종 인식'으로의 확장을 통해 여러 개체화상태들의 경로의존적 코나투스가 깨져나가는 과정 속에서 형이상학적인 근거와 신학적인 정당성/정의를 조달받는다.

2. 민주주의에서 무주로의 안티아르케적 확장을 통해 국민·인간은 주인의 자리를 비움으로써 여실해지는 행위자가 되는바, 무주인無主人은 신 즉 만물색이라는 자연체=신체神體를 그 몸속 존재들·역량들의 증강 벡터에 따라 활성화되는 회합의 양상블로 발현되게 한다. "아래로부터의 공통장의 섭정활동", "특이한 것들의 공통장화로서 물민다중의 무주공산無主共山"을 그런 발현의 과정 속에서 새기게 된다. 『빛의 혁명 183』이 가리켜 보이는 인간·비인간 공생적 거주 가능성의 지대, 말하자면 물민-대지의 노모스가 무주공산空山과 무주공산共山 사이의 변증 속에 있다. 이와 직결된 물음은 다음과 같다: "空 없이 共이 가능한가?" 불가능하다. 공空의 상태 혹은 공위空位상태를 기반석으로 삼아, 그 궐위상태를 주권변용의 계기로 삼아 이뤄지는 물민주권, 그 동맹적 힘이 소외·외화·수탈·채굴

되고 있는 것들 일반을 공共적인 것들로 회복하면서 공통장[레스 푸블리카]으로 구축해가는 공화共化의 과정은 아래로부터의 적극적인 궐위·비워냄의 창출 없이는 불가능하다. 물민주권에 의해 가리켜지는 정치적-생태적 이정표는, 그 공위·궐위상태라는 것이 위로부터의 권력 공백이라는 스캔들 속에서 모두를 걸려넘어지게 하는(모두의 정치적·윤리적·미학적 속내를 들춰내보이게 하는) 걸림돌skandalon에 의해 고착되거나 고정되지 않는 역逆-장치적 디딤돌이라는 점을, 축적을 위한 투자·투입·투하의 연결망 사이에 일그러진 채로 얽혀 있는 새로운 사회를 분만중인 산파적 폭(권/위)력의 발현 시공간임을 알게 한다. 공위·궐위에서 무주·공화로 전개되는 물민주권의 발현은 국가 안위의 결정적 극한에서 예외주의 친위쿠데타로 수렴되거나 그런 쿠데타를 합법적으로 활용하는 여기 정상상태적 민주정체[(d')État]의 홈 패인 통치이성에 일격coup을 가하는 다른 쿠데타, 유사공통적 레종데타의 폭력연관을 절단하는 전적으로 다른-신적인 쿠데타이다. 인간·비인간의 자기 구제력의 증강을 위한 인공보철물로서의 국가이성, 그 진정한 핍진실적 레종데타는 신적인 물의·물색의 쿠데타적 성분으로 채워져 있다. 그런 한에서 '인민의 구원이 최고의 법이다'라는 정치체/코먼웰스의 과제격률은 다음과 같이 확장되면서 확전을 치르지 않으면 안 된다(다음과 같이 달리 세속화되지 않으면 안 된다): 물민의 자기 구제 안에 신적인 노모스가 있다.

2-1. 무-아르케, 무지배적 이소노미아(평등/자유)를 가리켜보이는 무-주와 공-산의 정치철학, 연계적 시초축적의 매개기계 비판. 『빛의 혁명 183』은 "물민다중의 공산共山을 위한 두 가지 과제"를 제시한다. "하나는 보이지 않는다는 의미에서 비어 있는空 물민다중의 힘을 움직이는 것이다. 이것은 제도 이전의, 제도에 대항하는, 비제도적 힘의 움직임이다. 또 하나는 대의권력을 비우는 일이다. 대의권력의 유사-자립성을 비우고 그것을 물민다중의 직접적이고 구성적인 활력에 종속시키는 것이다. 직접민주주의 중심으로의 개헌이 이 일에 속할 것이다." 보이지 않게 비어 있으므로 실체화되거나 대상화되지 않는, 주인들에 의해 계측되거나 조절·절합·사목되지 않는 물민주권. 이를 움직이는 것들 중 하나로 모종의 신적인 힘을 예시해 놓게 된다. 저 소크라테스의 행위와 지성에 항시 "반대"를 속삭임으로써 그가 "끝내 잘 되도록" 했던 "신적인 것" 혹은 "영적인 것"이 그것이다. 소크라테스에게 "민회에서의 정치에 참여하지 말라"고, "그런 식의 정치를 하고자 했다면 이미 오래전에 죽었을 것"이라고, "이 나라에서 올바르지 않은 일들과 법에 어긋나는 일들을 막으려고 나설 때 무사할 사람은 아무도 없을 것인바, 올바른 것을 위하여 진정으로 싸우고자 하면서도 살아남으려는 이가 있다면 그는 반드시 사인私人으로 지내야 하지 공인公人으로는 지내서는 안 된다"[플라톤, 『소크라테스의 변론』]고 속삭였던 "다이몬(영적

인 것)", 혹은 "신의 알림(표시)to tou theou sēmeion". 주인의 법권리에서 배제된 것들(노예·여성·외국인)의 모임현장으로 가서 말을 주고받으라고 소크라테스에게 속삭였던 신적인 다이몬의 말, 그 말을 불가항력적인 것으로서 받아들이지 않을 수 없었던 소크라테스의 '사인'이란, 합법적 민회 안에서 (입)법의 경계를 획정하는 '공인'의 폐쇄회로적 법권리와 그들 공인·데모스의 지배(민주정체)를 떠받친 모조직접성의 재생산체제를 어긋내거나 비켜치는 일격의 힘, 소크라테스적 사선斜線―클리나멘으로 발현하는 쿠-데타적인 힘의 회합을 표시한다. "신과 인간의 중간에 존재하면서 그 빈틈을 채워주고 이 우주 전체를 그 자체에 결합시켜주는 능력을 지닌 존재"[플라톤, 『향연』]로, "그 숫자 역시 많으며 그 종류 또한 다양"한 것으로 정의되기도 하는 다이몬은 행복(에우다이몬)과 불행(카코다이몬)을 가르는 운명적 기로에서의 결정적인 인도력, 만물색의 연결적 행복을 위한 신성의 속삭임이다. 엄연히 신적인 로고스·이성인 다이몬의 그 말은 그 속삭임을 자기 안에서 듣지 않을 수 없는 이로 하여금 자기를 거슬러 자기 자신 너머로 지향해 가도록 하는 힘의 형식이다. 12·3 계엄령 직후, 지체 없이 일상을 끊고 달려 나가 국회 앞을 광장이자 난장으로 만들었던 이들, 그 물민의 구성원들·동맹원들은 자기 안에서 들려온 다이몬의 속삭임에 따라, 거부할 수 없는 수동성의 경험 속에서 역설적으로 능동적인 행위자가 되어 흔들림 없이 움직일 수 있었다. 자기 안의 자기 너머로부터 오는 불가항력적인 수동화-능동화의 촉발력, 계측되거나 기획될 수 없는 그 미지적 힘 x의 발현 속에 이른바 국민저항권의 행위가, 계엄국가에 대한 정당방위권적인 일격이, 모종의 신적인 쿠데타가 있었다: "사람들은 술마시다가, 자다가, TV보다가, 귀가하다가 국회의사당 앞으로 움직였다. 그것은 '이 나라의 주인인 여러분이 나서주셔야 합니다'(이재명)라는 대의적 국민주권도 넘어선다. 오히려 그것은, '이건 아니지!'라고 말하는 부정과 비움空의 움직임들의 함께-모임共에 더 가까운 것이었다." 다이몬의 속삭임이라는 문제화의 형식, 달리 말해 행위·행위성의 조건·형식·책임의 표시·지표로서의 신적인 로고스. '이건 아니지!'라는 제도대항적인·대항제도적인 힘을 관통·조형하고 있는 것이 바로 그런 신적인 로고스·이성의 발현 형식이다. 그것은 진정한 쿠데타 속에서 이뤄지는 물민의 자기 구제를 위한 조건, 물민의 자기 자체적인 의지 너머로부터 오는 조건이다(이는 필시 3·1, 4·3, 4·19, 5·18, 4·16 같은 동료 시민들의 역사적 희생의 누적 속에서, 지난 계엄 치하의 희생들에 대한 애도의 체제적 억제력을 거슬러 억압된 것의 필연적-불시적不時的 회귀가 취하는 사건성의 형식이기도 할 것이다. 숨겨진 희생의 색인은 익명적인 것들에 의해 불시에 인용되며 은닉된 대본에서 필연적으로 되살아나는 대사로 활성화되는바, 그런 한에서 12·3 계엄령 직후 신적인 매개의 속삭임과 그에 따른 수동적 행위의 적극 수행은 불가능한 애도가 이뤄지는 역설적인 형식이기도 할 것이다).

2-2. '부정과 비움의 움직임들', 그것들의 '함께-모임'으로 이뤄지는 물민들의 주권적 회합체는 주인들의 축적 대행권력에 대한 아래로부터의 섭정체, 축적 공식들과 연계된 매개적 대의관계를 섭정하는 연결체·동맹체이다. 달리 말해 그 모임은 "물민다중의 상호관계가 외화되어 대의기관들 자신의 권력인 것처럼 행사되는 물신화된 대의권력"을 비움(공위화·궐위화)의 방향으로, 동시에 공통화commoning·공생의 물색을 증강시켜가는 쪽으로, 권력에의 합성 혹은 합치를 거절하면서, 권력교체 프로그램이나 집권의 청사진에서 스스로를 빼고 비움으로써 섭정해가는 제헌적 클리나멘들의 접선체이다. 물신화된 축적권력은 세계의 물화物化를 가속하는, 또는 신 즉 자연을 소외의 일반화 공정으로 침식함으로써 이윤을 채굴하는, 그렇게 세계의 공멸로 향해진 개체화상태의 고착 속에서 스스로를 재생산하는 폭력의 코나투스다. 그런 물신의 권력적 자기보전 안에서 그것을 거슬러 그것 바깥으로의 변용을 지향해가는 힘, 그것은 신 즉 만물색을 회복해가는 폭(권/위)력, 안티물신적인 물색의 회합력·연결력으로 발현해가는 비움·공위화의 게발트인바, 그 과정을 명명하는 것으로 물민주권적 섭정이라는 이름을 새겨 놓고 싶다. 그런 한에서

대의제-물신Fetish에 의한 세계의 물화를 넘어서는 힘은 다음과 같은 형식을 취한다. 물민에 의한 물-신thing-god화, 대의제에 대한 물민주권적 물색 과정으로서의 동맹섭정, 즉 물-민-신thing-people-god의 공통화하는 힘.

2-3. 물-민-신의 네트워크적인·물질대사物質代謝[Stoffwechsel]적인 힘의 발현 과정, 혹은 자연 즉 신의 지적인 사랑 속에서 북돋워지는 공통장commons의 구축에다가 물민주권적 섭정이 "섭리"라는 이름으로 표현되는 맥락을 접선시켜보게 된다: "대항은 늘 새로운 열림, 새로운 시작이다. 절규, 풍자, 항의, 타도는 풍요Reichtum의 대항적 넘쳐흐름의 양상들이고 대항은 새로운 열림의 입구이자 출구이다. 이런 밑거름 위에서 나는 섭정이 다중의 상상적 기획이며 공통적인 것의 긍정적 지시이고 넘쳐흐름의 새로운 방향 제시라는 점을 덧붙이고 싶다. 감히 신학적 용어를 가져와 보면 섭정은 섭리의 실현 과정이다. 이렇게 말하면서 나는 섭리를 뜻하는 providence가 어원적으로 pro(미리)와 videre(보다)의 합성어임을 염두에 두고 있다. 이 말은 신의 지성과 행위를 지칭해 왔지만 나로서는 미리 보는 자가 인간·비인간 다중의 공통된 지성과 정동, 그리고 존재론적 역량과 다르지 않다고 말하고 싶다." 신의 지성과 행위에 연동되고 있는 미리 보는 자들의 연결망으로서의 물민주권적 섭정, 신 즉 만물색에 초점 맞춰진 인식과 예감과

존재역량의 확장. 이는 인간·비인간 동맹체를 이뤄왔던 역사적 사물로서의 "꽹과리"에 대한 인식 속에서 또 하나의 구체성을 얻는다. 김미례 감독의 다큐 〈열개의 우물〉 속 안순애 씨가 투쟁운동의 실천을 일상생활의 저변으로 "하방[下放]"하고자 했던 의지에 근거하여, 그러니까 그녀의 "꽹과리 두드리기가 깨달은 자, 아는 자의 선도[先導] 행위가 아니라 '모름'과 '무서움'을 수반한 몸부림이었다는 점"에 근거하여 꽹과리라는 사물의 행위성이 표시된다: "꽹과리 소리는 둘러보는 돌봄이다. 그것은 주변을 둘러본 후에 나오는 소리이다. 그 둘러봄은 자신이 속한 농민대오를 지키고자 하는 돌봄의 행동으로 이어진다. 돌봄은 둘러봄에 내재하는 것으로서 뒤로 돌아봄과 앞을 내다봄을 매개하는 행동이다. 앞을 내다보면서 뒤를 돌아보는 것, 혹은 뒤를 돌아보면서 앞을 내다보는 것이 돌봄이다." 이는 미리 내다보는 신의 지성과 행동이 꽹과리와 그것의 두들기기, 소리, 전파로 이어지는 돌봄-둘러봄-뒤돌아봄-앞내다봄이라는 윤리적이고 역사적인 사물행위력을 따라 하방/세속화되고 있는 이미지인바, 그 과정에서 꽹과리는 다름 아닌 "적들"과 죽음에의 공포를 마주한 상태에서 창출되는 "상황적 앎"을, 그 위시의 "공감, 연대, 규합의 효과"를 표시한다. 저 남태령에서 달리 부활했던 우금치 동학농민의 꽹과리 소리, 그 사물과 그 연결망의 효력은 전광훈과 헌금자본을 두고 경쟁했던 "세이브코리아"의 예외-국권주의적 거대 기도회를, 그 모임으로 실효화되는 신보다 더 신적인 "섭리"의 환속화를 앞질러 끝냈던 게 될 것이다.

3. 응원봉이 사물의 탈영토화된 연결망 속에서 섭정적 시위력으로 발현되기 전이던 2024년 10월 초, 조정환은 12·3 비상계엄의 구체적 원인 중 하나였던 아래로부터의 "촛불 섭정 운동"이 국가주의적 요소를 포함하고 있다는 점을 경계하면서도 국가와 자본에 포섭되지 않는 "섭정의 편재성"을 포착했다: "『폭풍 다음에 불』에서 전개된 홀러웨이의 생각을 섭정론의 관점에서 읽어보면 케인스주의와 사회국가는 무리의 봉기력에 대한 두려움의 산물이고 신자유주의적 금융화와 신용확장 역시 무리에 대한 두려움의 연속이다. 이것을 무리의 '그림자 섭정'이라고 부른다면 어떨까? 루이 보나파르트를 취약함의 극단으로 몰고 갔던 두더지 섭정이 생각나지 않는가? 맑스는 『루이 보나파르트의 브뤼메르 18일』에서 '너 두더지여, 잘도 팠구나!'라고 말하는데, 홀러웨이는 '너 무리여, 잘도 다스렸구나!'라고 말하는 것 같다. 이 그림자 섭정은 자본관계의 취약화와 해체를 향한 일종의 '부정적 섭정'으로 나타난다. 그것은 자본과 국가가 가장 강한 것으로 보일 때조차 작동하고 있는 편재하는 섭정이다." 비인간 동물 '두더지'의 습속·생명·기술·지하로부터의 비유와 연계를 통해 제기되는 주권적 섭정의 이미지, 섭정적 주권의 발현술. 두더지에 의한 지하 공

동空洞의 구축, 계측불가능한 무리의 '그림자 섭정'은 『빛의 혁명 183』의 머리말에서 반복된다. "권력이 강력하게 버티고 있을 때에도 혁명은 두더지처럼 그 구조물 아래로 파고들어가 권력이 딛고 선 자리를 비게 만든다. 빛의 혁명은 그런 방식으로 윤석열 정권을 텅 빈 기표로 만들어온 힘이었다." 예외적 대권에의 접속을 주관하는 비선권력의 문고리들·포어라움들, 그 집권적 통치비밀체의 숨은 지반들을 텅 비게 함으로써 통치불능에 빠지게 했던 공위화·궐위화의 존재·기술형상으로서의 두더지는 그렇게 비움의 물색과 물의로 구성되고 전개되는 물민주권의 벡터를 집약해 준다. 맑스의 두더지에 의해 광장 전승기념탑 꼭대기 나폴레옹 동상의 나락과 파탄이 미리 고지되었듯, 『빛의 혁명 183』의 섭리적 섭정, 섭정적 섭리를 통해 내다보이는 주권의 이정표는 여기 광장 이후에 필요한 지성과 행위의 필수적 행로들을 가리켜 보일 것이다. "그러하되 혁명은 철저한 것이다. 혁명은 여전히 연옥煉獄을 지나고 있는 중이다."[맑스, 「루이 보나파르트의 브뤼메르 18일」] 아직 천국에 이르진 못하고 있는 '혁명', 작은 배를 저어 지옥의 풍랑을 겨우 헤쳐 나왔으되 아직 아닌 천상에, 그러니까 연옥에 있는 혁명. 여기 '광장 이후' 역시 철저히 또 처절히 연옥을 지나는 중이다. 12·3 비상계엄의 머리를 함께 자르고 비우는 과정에서 천상의 빛을 지향했음에도 6·3 대권의 예정된 머리가 정치체의 꼭대기에 반복적으로 붙지 않을 수 없는 오늘 여기서, 낡은 것(지옥)의 지나감과 새것(천국)의 오지 않음이라는 궐위상태의 지속은 해방적 물색을 위한 인식과 행위의 전장을 여실히 표시해 주고 있기 때문이다.

:: 다른 서론

연옥-궐위 purgatorium-interregnum

1. 여기 12·3 비상계엄과 그것을 선포한 1인 머리의 영구집권을 정권교체로 저지하기까지의 드물고도 어려웠던 과정, 그 소송과 탈구의 경험들, 감지들, 실험적 시도들. 그럼에도 불구하고, 대권 선거 직후 국가적 1인 수뇌로의 환수·환원·수렴收斂/垂簾 앞에서 광장인-광장물의 활력적 요구들은 회복중인 기존 정상상태 속으로 수습되거나 체제 원상복구 속에서 봉합되고 있다. 그런 것 같다. 그런 한에서 다시 인용하게 되는 문장들이 있다.

"혁명은 철저한 것이다. 혁명은 여전히 연옥Fegefeuer[煉獄]을 지나고 있는 중이다. 혁명은 자신의 과업을 일정한 방식에 따라 수행한다. 혁명은 우선 의회권력을 타도할 수 있도록 의회권력을 완성했다. 그런 과제를 완수하였으므로, 이제 혁명은 행정권을 완성시켜 가장 순수한 형태로 환원·고립되게 하며, 그것에 자신의 모든 파괴력을 집중하기 위해 행정권을 자신이 맞서야 할 유일한 대상으로 설정한다."[맑스,

「루이 보나파르트의 브뤼메르 18일」

행정권을 완성시킨다는 것, 혹은 결정적 폭력의 법(폭력결정적인 법)을 완성시켜간다는 것, 마치 지존행정·예외법의 소멸 과정과도 같은 그것들의 완성 과정. 그것들의 그 완전하고도 '철저한gründlich' 몰락Abgrund을 향해 가는 과정으로서의 '연옥'의 길을 따라 찾아보게 되는 것, 여기 탈바꿈되고 조바꿈되면서 교체된 1인 두령頭領[capitalis]과 다중多衆이 맺는 위태로운 대의그물망으로서의 연옥의 그물코에 걸린 채로 살펴보게 되는 것이 있다. 교체된 1인 수령-주권의 완성형식(순수하게 정제된 형식, 그렇기에 최종적인 적대형식)을 가리키는 이름 하나가 그것인데, 그 이름이란 『브뤼메르 18일』 제2판을 통해 맑스가 제거하고자 했던 특정한 낱말-상황, 즉 당대 1869년 비스마르크 프로이센에서 갈망되던 "**카이사르주의**Cäsarismus라는 교과서적인 낱말"이다. 맑스가 말하는 카이사르주의, 그 피와 철에 기초한 결단의 필요성 한복판에 자리한 것은 역사 망각과 더불어 갈채 받는 매력적인 발명품으로서의 계엄령, 즉 통례·일상이 되는 예외·비상상태였던바, 그것의 기본적 범형이자 무제약적인 집행력을 부각시키기 위해 주목하게 되는 것은 군대보다는 경찰, '유령적' 경찰의 폭(권/위)력이다. 이를 다음과 같은 명명법에 따라 짧게 묘출해 보고자 한다: 맑스+벤야민적인 기획으로서의 유령적 경찰력 비판.

1-1. 맑스가 말하는 경찰, "경찰의 올가미" 혹은 "경찰-함정Polizei[-]fallstricke"이라는 연접어로 거듭 제시되고 있을 때의 그 경찰은 (범)죄 혹은 죄/빚에 대한 유도·유발·모의·포획의 기술집적체이다. 그것은 다름 아닌 "'**공공의 안전보장**' 즉 부르주아지의 안전보장"öffentlichen Sicherheit," d. h. der Sicherheit der Bourgeoisie"[marx, *Brumaire*]을 위하여, 공공적인 것에 대한 특정 계급의 특권적 독점을 위하여 그 어떤 장벽과 경계도 투과하며 넘나든다. 그것은 유령적이다. 왜냐하면 경찰-함정의 최고정점으로서의 루이 보나파르트, 합법무법적 경찰-함정을 곳곳에 파놓고 특권의 적을 유도하여 옭아매면서 사면권의 은총 아래 감금했던 보나파르트, 그 친위쿠데타의 황제권에 귀속되는 무제약적이며 자유재량적인 경찰권이 다름 아닌 "구舊 혁명의 유령들Gespenst"과 한 몸이 됨으로써만, "배회하던 낡은 시대의 유령" 나폴레옹과 이위일체가 됨으로써만 정립될 수 있는 것이기 때문이다. 그것은 "전대미문의 수치" 혹은 "치욕" 속에 삶을 반복적으로 침윤시킴으로써 그런 감정 자체의 망각을, 그것에 뒤이어 팽배해지는 완전한 "파렴치" 혹은 "몰염치Unverschämtheit"의 지옥상태를, 수오지심羞惡之心 없(애)는 사회적 관계를 면책한다.

1-2. 치욕과 파렴치의 폭력, 그런 폭력연계망으로서의 경찰에 의한 법설정적 폭력과 법보위적 폭력 간의 통합을

"유령적 혼종교배gespenstischen Vermischung"라는 이름으로 지목하고, "만연된 치욕Schmachvolle"이라는 명명법으로 기소했던 이는 벤야민이다: "경찰은 법적 목적과 아무런 관계가 없이도 시민의 일생을 임의제령[재량적 법령제정]을 통해 규제하고 [재량적 처분집행을 통해] 짐승 같이 닦달하면서 감시할 뿐만 아니라, 삶이 법률적 사태 앞에 놓여있다는 것이 명확치 않은 수많은 경우에도 '[공공의] 안전보장을 위하여der Sicherheit wegen' 삶 내부로 파고들어간다."[W. Benjamin, »Zur Kritik der Gewalt«] 이른바 "경찰게발트Polizeigewalt", 이동시켜 달리 말하자면 경찰하는 국권. 그것의 정당성 근거이자 존재이유, 경찰적 국권이성이자 게발트이유로서의 '공공의 안녕질서[안전보장이라는 명목].' 그 이름, 명명의 법 앞에서, 그 자유재량적 공안집행권 아래에서 임의적으로 불문에 붙여지는 시민의 일생, 생명 가진 모든 것들. (이에 한 가지 덧붙여 놓을 것은, 절대군주정 아래서의 경찰 쪽이 민주정 아래서의 경찰보다 '덜 끔찍'하다고 하는, 시대의 변천 속에서도 변하지 않고 지속되는 경찰들 간의 차이다: "각각의 경찰이 어디서나 비슷하게 보일지라도 끝내 오인되면 안 되는 것은, 절대군주정에서의 경찰이 입법권과 행정권을 통합한 지배자의 완전무결한 절대권적 폭력을 대표하는 것과는 달리, 그런 대표관계 속에서 고양되지 않는 민주정에서의 경찰은 폭력에 대해 생각할 수 있는 최대치의 퇴폐적 변종을 입증한다는 사실이고, 또한 그로써 절대군주정에서의 경찰의 정신 쪽이 민주정에서의 그것보다 오히

려 덜 끔직한 폭력이었음을 보여준다는 사실이다."[»Zur Kritik der Gewalt«])

2. 유령적 경찰-함정에 맞서 여러 혁명들은 낡은 시대의 유령으로서가 아니라 새로운 사회를 위한 정신의 재발견으로서 "죽은 자들을 다시 일어나도록Totenerweckung 했었다." 그렇게 "현 세대는 자기 자신과 만물을 고쳐 다시 조직하고 이제까지 없었던 무언가를 창출해 내는 혁명적 위기의 시기에도, 노심초사 과거의 망령들Geister[환영들]을 주술로 불러내어 이름과 전투구호와 의상을 빌린 다음 세계사의 새로운 장면을 연출하였다." 그러나 관건은, 맑스에게 "모든 죽은 세대들의 전통이란 살아 있는 이들의 머리를 악몽같이 짓누르는 것"이었다는 점에 있다. 그런 맥락에서, **정부들이 지나갈지라도 여전히 살아남는 유령적 경찰-함정**에 걸려들 여기의 광장 앞에, 정권교체를 따라 이미 고색창연해진 것 같은 집회들의 현장 이후에, 저 이집트 노예들의 고기 가마 곁 배부르던 출애굽 이전으로 되돌아가려는 활기찬 흐름에, 코스피 4000 시대의 금융포퓰리즘과 세계 AI허브와 핵추진 잠수함이라는 이른바 '국격'의 내면화 과정 속에, 광장에서의 풍찬노숙과 체제로부터의 탈구라는 위험에 대한 즉물적 회피 앞에, 그렇게 과거를 원상회복시키면서 다시 다르게 채비를 갖추고 있는 계엄령 앞에, 줄여 말해 오늘의 연옥 안에 꽂아놓게 되는 한 대목이 있다.

"새로운 사회혁명은 과거로부터가 아니라 오직 미래에서 영감을 얻는다. 과거와 관련된 모든 미신을 벗어버리고서야 비로소 사회혁명은 시작될 수 있다.[「브뤼메르 18일」] / 바로 그 지점에서 조직상의 출발점을 발견하는 혁명은 호흡이 짧은 혁명이 아니다. 현 세대는 모세가 황야를 누비며 인도했던 유대인들과 같은바, 그들은 새로운 세계를 정복해야 할 뿐만 아니라 새로운 세계를 맞이할 사람들에게 자리를 내주기 위해 소멸해 가야 한다."[맑스, 「프랑스에서의 계급투쟁」]

낡은 시대의 유령들이 배회하고 있는 과거에의 주술적 미신, 그 유령들 각각이 신적인 후광을 뿜으며 대기실을 점하고 있는 만신전萬神殿[Pan-theon]에서의 통치. 그 한 가지 정점이자 극한의 범례로서 과거의 유령과 한 몸이 된 카이사르주의를, 그 유령성에 따라 경계 없이 일체화되는 카이사르주의-메시아주의를, 그 황제교황주의적 구원/절멸의 게발트를 들 수 있을 것이다. 이를 거슬러 맞세워지는 것이 '새로운 사회혁명'이며, 그 맞세워짐에 따라 조직화를 시작하는 혁명은 '호흡이 짧은 혁명'이 아닌바, 긴 호흡의 혁명, 연옥을 지나는 혁명이란 완료되지 않고 줄곧 도래중인 미래로부터 스스로의 창발적인 힘을 얻고 있기 때문이다. 카이사르주의-메시아주의를 따라 장치되는 유령적 경찰, 그 **대문자-날개 돋친 경찰-천사들의 함정**을 무위로 돌릴 메시아적 힘의 한 가지 이념으로서, 그 도래중인 미래의 벡터 한 갈래로서 제시해 놓게 되는 것이 있다. 그리스도의 다음과 같은 말이 그것이다: "카이사르의 것은 카이사르에게, 신의 것은 신에게 돌려라."[『마가복음』 12장 17절]

2-1. 유령적 친위쿠데타에 따른 황제권 혹은 카이사르주의가 저 십자가에서 내려진 피 묻은 성의 숭배를 통해, 환속화된 신성의 외투를 몸을 감쌀 때에만 정초되고 보위될 수 있는 것일 때, 그리스도의 말은 카이사르와 신 사이의 접선을 끊는 일, 카이사르를 둘러싼 권력관계의 신성연관을 무위로 돌리는 일, "모든 국가기계Staatsmaschine로부터 신적인 후광Heiligenschein을 벗겨내어 세속화하는 동시에, 넌덜머리나는 것으로, 가소로운 것으로 만드는 일"[marx, *Brumaire*], 신성을 참칭하고 생명을 참절하는 모조 사회구원자로서의 카이사르를 탄핵하는 일이 된다. 그럴 때 그리스도의 말은 **삶의 실제적 관계들로부터 그에 상응하는 신성화된 관계형식들을 적출하는 일, 그런 한에서 유일하게 유물론적인, 따라서 유일하게 과학적인 방법**을 표시한다. 그것이 경찰-함정의 사냥감, 포획목표가 아니었던 때는 없다. 그리스도의 말은 그를 적대시했던 유대인 대제사장들의 의결기구 산헤드린과 율법학자 바리사이파와 로마 식민지 권력층 헤롯당원 앞에서 발화된 것인데, 그 발화 이전에 그들의 그 권위·앎·권력으로 된 연계망이 다음과 같이 적시되고 있었다: "산헤드린의 대표자들은 예수의 말씀을 트집

잡아 올가미를 씌우려고 바리사이파와 헤롯당원 몇몇 사람을 예수에게 보냈다."[「마가복음」12장 13절] '올가미를 씌우다'의 원어 아그류오^{agreuo}는 함정·덫·올무를 사용한 사냥과 포획을 뜻하는바, 경찰-함정의 그 올가미란 신의 섭리 아래, 환속화된 그 섭리의 대행자로서 그들 유대인이 가진 의결의 권위와 율법의 해석·적용에 대한 지식과 그것에 위배되는 것들에 대한 생사여탈 회부권으로서의 식민지권력으로 조직된 그물망이었다.

2-2. 경찰-함정, 그 환속화된 신성의 폭력체는 자신의 대사작용을 척도로 스스로를 '건축자'로 설정한다. 그리스도는 카이사르와 신 사이를 절단하는 말 바로 직전에 경찰적 건축의 담당자들을 비판하면서 그 건축의 과정과 정초가 깨져나가고 다른 주춧돌이 놓일 것임을 지적했다: "너희들은 '건축자들이 버린 돌이 모퉁이의 머릿돌이 되었던바 우리에게 놀라운 그 일은 다름 아닌 신이 하신 일이다'라는 말[「시편」118편 22절~23절]을 읽어본 적이 없단 말이냐?"[「마가복음」12장 11절~12절] 버려진 돌, 배제되면서 포획되는 생명들이 다른 건축의 활력이자 주춧돌이 되리라는 것, 그 비유를 정확히 간파한 저들 경찰-함정의 배치자들은 그리스도를 잡으려 했지만 그를 둘러싼 회중들이 무서워 그냥 둘 수밖에 없었고, 이후 그리스도를 다시 사냥하기 위한 함정으로서 다음과 같은 교언영색의 질문을 던졌

던 것이다: "'선생님, 선생님은 진실하시며 사람을 겉모양으로 판단하지 않으시기에 아무도 꺼리시지 않고 신의 진리를 참되게 가르치시는 줄 잘 압니다. 그런데 카이사르에게 세금을 바치는 것이 옳습니까? 옳지 않습니까? 바쳐야 합니까? 바치지 말아야 합니까?'"[「마가복음」 12장 14절] 카이사르의 것은 카이사르에게, 신의 것은 신에게 돌려라.

3. 카이사르에게 바치는 '세금^{kenson}'이란 로마 제국의 시민이 아닌 속주의 성인이 매년 로마황제에게 납부하는 1데나리온의 인두세였다. 그 세금 납부가 옳으냐 그르냐라는 물음에 옳다고 답하면 제국의 폭력을 인준하는 게 되며 그르다고 답하면 제국의 질서를 깨는 무법자로 고발될 것이었다. 그 이중구속적 포획의 경찰적 물음을 찢는 그리스도의 말은 인두의 세금을 카이사르에게 납부하는 사람들이 본원적으로 경찰-함정의 질서가 아니라 신의 형상과 질서에 속하는 것이므로 다름 아닌 신을 향해 '되돌려^{apodidomi}'질 것임을 주장한다. 원어 아포디도미는 단순히 주는 게 아니라 원래의 귀속처에 응당應當 반환됨을 가리키는바, 그 되돌려짐의 과정/소송은 카이사르주의적 질서의 위격들을 무위無位/無爲로 돌림이라는 메시아적 힘의 이념을, 카이사르주의-메시아수의 속에서 환속화된 신적인 권위·앎·권력의 그물망이 찢어지는 상황의 구축을 가리킨다: "우리의 영혼이 사냥꾼의 올무에서 벗어난 새 같이 되었나니 올무^{pach}가 끊어지므로 우리가 벗어났도다."[「시

편」124장 1절.] 그렇게 신을 향해 되돌려질 생명들, 즉 활력적 만물색에 따라 카이사르주의-메시아주의가 해제될 때, 그렇게 새로운 사회 혹은 신적인 노모스가 달리 취득될 때, 그 취득과 동시에 그 생명들은 낡은 과거의 전통이자 뇌수를 억누르는 악몽과도 같은 중압이 될 것이기에 그 새로운 신적인 노모스의 목양과 배분(돌봄과 나눔)을 행할 **도래중인 미래의 생명들에게 자리를 내주기 위해 소멸해 가야 한다**. 바로 그 철저한 궐위·공위의 과정 속에 오늘 여기의 연옥이 있다. 이를테면 **연옥-궐위**. 그것을 광장 이후의 로두스로 명명해 보게 된다. 천상의 구원의 별이 내다보이는 연옥의 끝, 그 끝을 향하고 있는 영속적 궐위화의 시공간이야말로 생명들의 외화-물화로 재생산중인 대의매개적 간접권력체의 속성을 변용시킬 힘의 지반이기 때문이다.

:: 표지 이미지에 대해

뒷표지 화폐이미지. 보옥 박힌 의자에 앉은 여신 살루스. 그것은 인민의 구제, 국가의 구원, 공공의 안전 같은 말들의 표시로 읽을 수 있을 것이다. 새겨진 형상과 글자들로 다시 말하자면 다음과 같다: "SALVS", 안전 구원 지복의 그 여신은 보좌寶座·권좌에 앉아 식생을 위한 접시 파테라를 손에 들고 있다. 이 주화 앞면에는 황제 네로의 오른쪽 옆얼굴과 함께 새겨진 글자들 "IMP[ERATOR] NERO CAESAR AVGVSTVS", 곧 '지엄한 카이사르 통령권자 네로'가 주조되어 있는바, 카이사르가 더불어 앉게 될 권좌가 바로 저 구원하는 여신 살루스의 보좌이다. 그 신적인 통령권의 자리는 꽉 들어차 있다. 그 힘의 위격은 비워져 있지 않다.

앞표지 화폐이미지. 그것은 서기[主後] 132년부터 3년간 이어졌던 바르 코흐바Bar Kochva와 유대인 인민의 궐기·봉기, 그 반로마 해방투쟁 기간에 발행됐던 당대 그들의 마지막 주화이다. 신의 영구적인 안정화의 힘을 표상하는 네 개의 기둥(예컨대 그 기둥들의 범형은 '야긴Jachin[ㄱ(야훼)가 세우시리라]'과 '보아스Boaz[그에게 힘이 있으시니]'라는 낱말로 명명된다)으로 지탱되고 있는 성전, 혹은 그렇게 다시 세워질 예루살렘 성전과 그 성전 기둥들 사이의 텅 빈 의자가 새겨져 있다. 성전 기둥들 양옆에는 팔레오-히브리어로 바르 코흐바의 머리이름인 "시몬"이 새겨져 있고, 성전 위의 도드라진 '별'은 바르 코흐바라는 고유명의 뜻 '별의 아들'을 가리킨다. 이 주화의 뒷면에는 앞면의 목표, 즉 "예루살렘의 자유를 위하여"라는 글자들이 새겨져 있다(그 글자들은 제의·축제 때에 사용되는 풍요의 물품들, 곧 종려나무가지를 한데 묶은 꽃다발 롤라브와 레몬 모양의 감귤류 과일 에트로그를 둘러싸고 있다).

두 개의 주화에서 제각기 감지할 수 있는 테오-크라시의 이념과 정신, 그 사이에서 다음과 같은 문답을 생각했던바, 그것이 두 화폐이미지를 이 책의 표지로 삼은 이유이다: 살루스 여신이 앉은 보좌와 카이사르가 앉은 권좌의 오버랩 곁에서 재건될 성전, 그 한복판에 새겨진 기이한 자리의 형상, 성전 기둥들 안쪽 깊숙한 곳에 배치된 저 비어있는 의자란 무엇인가. 그 텅 빈 신적인 통령의 자리, 그 공위의 상태는 어떤 힘의 표시인가. **천상의 구원의 별이 내다보이는 연옥의 끝, 그 끝을 향하고 있는 영속적 궐위화의 힘.**

:: 참고한 것들

「계엄사령부 포고령 제1호」(2024. 12. 3), 알베르 카뮈 『계엄령』(김화영 옮김, 책세상, 2000); Albert Camus, *L'État de Siège*[계엄령], Paris: Gallimard, 1948. 「계엄 당시 군용차 막아선 청년 식상인 김동현 씨 인터뷰」(《오마이뉴스》 2024. 12. 29), 「계엄군 차량 막은 '그 시민'」(JTBC뉴스 《아침&》 2025. 1. 2), 국회 앞 군용트럭 막은 청년의 감사 인사: 2025년 광장이 1980년 광주에게」(《시사인》 2025. 5. 20), 김나희 <내란의 밤>(페이스북, 2025. 4. 5), 안토니오 그람시 『옥중수고』 1권(이상훈 옮김, 거름, 2006), 농민·농민활동가 강광석 「28시간의 남태령」(페이스북, 2024. 12. 24); 「28시간의 남태령」(《시민언론 민들레》 2025. 12. 25); 「남태령 응원봉, 트랙터 상경시위대 강광석의 기록」(《한겨레》 2025. 12. 25), 「놀라 남태령 달려온 시민들」(《오마이뉴스》 2024. 12. 22), 「전봉준투쟁단 긴급호소문」(전국농민총연맹 페이스북, 2024. 12. 21), 최도은 「불나비」; 「임을 위한 행진곡」(유튜브 숏츠[@CheYoarm], 2024. 12. 23), 토리, 「1894년 우금티와 2024년 12월 남태령은 어떻게 연결됐나」(《플램폼 C》, 2025. 1. 10), 「'농민헌법 쟁취' 전봉준트랙터, 서울로」(《한국농정》 2024. 12. 18), 칼 맑스 「루이 보나파르트의 브뤼메르 18일」; 「1848년에서 1850년까지 프랑스에서의 계급투쟁」; 「프랑스 내전」(『프랑스 혁명사 3부작』, 임지현·이종훈 옮김, 소나무, 1991); 「헤겔 법철학 비판 서문」(『헤겔 법철학 비판』, 강유원 옮김, 이론과실천, 2011); 『자본론』 1권(김수행 옮김, 비봉출판사, 2000); 『자본』 I-2(강신준 옮김, 길, 2008), Karl Marx, Das Kapital. *Kritik der politischen Ökonomie*[자본. 정치경제학 비판]. Erster Band. Buch I: Der Produktionsprocess des Kapitals, Hamburg: Otto

Meissner, 1867; *Der achtzehnte Brumaire des Louis Bonaparte*[루이 보나파르트의 브뤼메르 18일]. 2. Aufl. Hamburg: Meißner, 1869. 하인리히 하이네 『로만체로』(김재혁 옮김, 문학과지성사, 2003), 장-자크 루소 『사회계약론』(김영욱 옮김, 후마니타스, 2018), 伊藤博文 『帝国憲法義解』[제국헌법의해]』(国家学会, 1889); Hirobumi Ito, *Commentaries on the Constitution of the Empire of Japan*, Miyoji Ito(trans.), Kenzo Takahashi(notice), Igirisu-Horitsu Gakko, 1889. 일본사상사학자 및 서브컬쳐 연구자 심희찬 페이스북, 한일 기독교관계사학자 홍이표 페이스북, Julie Yoon <Democracy Dies in Darkness[암흑 속 민주주의의 죽음]>, *The Washington Post*(2024. 12. 4), 조르주 디디-위베르만 『민중들의 이미지: 노출된 민중들, 형상화하는 민중들』(여문주 옮김, 현실문화연구, 2023), 미셸 푸코 『안전, 영토, 인구: 콜레주드프랑스 강의 1977~78년』(오트르망 옮김, 난장, 2011); 『담론과 진실』(오트르망 옮김, 동녘, 2017); 「봉기는 무용한가」(서정연 옮김, https://docs.google.com), 윤석열 「대통령 비상계엄 선포 담화」(2024. 12. 3); 「대통령 담화문」(2024. 12. 7); 「신년 메시지」(2025. 1. 1); <체포 직전 녹화 영상>(2025. 1. 15); 「취임식 선서」(2022. 5. 10), 「시민총파업 공고문」(2024. 3. 26), 「대한민국 헌법」(법제처 국가법령정보센터), 「계엄법 제10조」, 「계엄사령부직제」, 「대법원 선고 2010도5986. 대통령긴급조치위반·반공법위반」, 「대법원 선고 96도3376. 반란수괴·반란모의참여·반란중요임무종사·불법진퇴·지휘관계엄지역수소이탈·상관살해·상관살해미수·초병살해·내란수괴·내란모의참여·내란중요임무종사·내란목적살인·특정범죄가중처벌등에관한법률위반(뇌물)」, 「서울고등법원 선고 96노1892」, 「헌법재판소 선고 2003헌마814. 일반사병이라크파병 위헌확인」, 「헌법재판소 선고 2016헌마33 결정. 평균임금정정불승인처분 취소 등」, 「대한민국 형법」, 「대한민국 법관 선서」, 「헌법재판소 재판관의 법복에 관한 규칙」, 「서울중앙지법 사건번호 2025초기619 구속취소사건 설명자료」, 「대검찰청 피의자 석방 지휘 보도자료」, 「대법원 앞에서 판사 3명 총 맞아 2명 사망·1명 부상」(《매일경제》 2025. 1. 18), 가톨릭 사제·수도자 시국선언문 「헌법재판소는 국민에게 승복하라!」(2025. 3. 30), 「갈라디아서」(공동번역판), 「마가복음」, 「마태복음」, 「누가복음」, 「이사야」, 「에스겔」, 「시편」, 김진숙 『소금꽃나무』(후마니타스, 2007); 「한국옵티칼 노동자에게 갑시다, 26일 희망버스를 탑시다」(《한겨레》 2025. 4. 23), 인권활동가 이종란 페이스북, 테크-페미 활동가 조경숙 페이스북, 복도훈 『눈먼 자의 초상』(문학동네, 2010); 「살아 있는 좀비대왕의 귀환: 조지 A. 로메로를 추모하며」(『문학동네』 2017년 가을호), William Butler Yeats, "The Second Coming[재림]", *Michael Robartes and the dancer*[마이클 로바티즈와 무용수], Dublin: The Cuala Press, 1920. 「세이브코리아 취지문」; 「세이브코리아 공식 기도문」; 「세이브코리아 주제가」, 유튜브 <전광훈TV>; <락TV>; <전농TV>, 이원 「극우 세력의 중국(인) 혐오 선동: 광장은 무엇을 할 수 있을까」(《참세상》 인터뷰 '화교·화예 당사자 활동가의 경험과 고민들', 2025. 3. 4), 소영현 「거울 방에서: 저항의 역미러링이 말해주는 것」(『문학과사회 하이픈』 2025년 봄호), 박민주 「내파된 세계를 재창조하는 숙의의 힘: 한 대학 룸펜의 잡설」(『황해문화』 2025년 봄호), 전광훈 '청와대 집회'에서의 발언(2019. 10. 22); '광화문 전국 주일 연합예배'에서의 발언(2025. 1. 19), 변호사 윤갑근 '대통령 탄핵 8차 변론 최종심문'에서의 발언(2025. 2. 13), 국회의원 김기현 '문재인 퇴진 국민대회'에서의 발언(2019. 11. 30), 김문수 총괄선거대책본부장 김재원 페이스북, 반공청년단 대표 김정현 페이스북, 임마누엘 칸트 「계몽이란 무엇인가 하는 문제에 대한 답변」(『계몽이란 무엇인가』, 임홍배 옮김, 길, 2020); 「계몽이란 무엇인가에 대한 답변」(『칸트의 역사철학』, 이한구 편역, 서광사, 1992); 그 외 강유원/정지인의 번역; 김창원의 번역; Immanuel Kant, "Beantwortung der Frage: Was ist Aufklärung?"[질문에 대한 회답: 계몽이란 무엇인가?] In: *Berlinische Monatsschrift*[베를린 월간학보], 1784. 정치철학자 조정환 페이스북; 『빛

의 혁명 183: 12·3 내란의 어둠을 뚫고 물민광장을 밝힌 제헌활력』(갈무리, 2025), 존 홀러웨이 『폭풍 다음에 불: 희망 없는 시대의 희망』(조정환 옮김, 갈무리, 2024), 미류 「압도적 승리를 위하여」(《경향신문》 2025. 5. 12), 막스 베버 『직업으로서의 정치』(김덕영 옮김, 길, 2023); 『이해사회학』(김덕영 옮김, 길, 2023), 구스타프 라드부르흐 『법철학』(최종고 옮김, 삼영사, 1975); 「법률적 불법과 초법률적 법」(『법철학연구』 12권 1호, 이재승 옮김, 한국법철학회, 2009), 엠마누엘 레비나스 「신과 존재-신-론」(『신, 죽음 그리고 시간』, 김도형·문성원·손영창 옮김, 그린비, 2013), Jacques Derrida, *Voyous: Deux essais sur la raison*[불한당들: 이성에 대한 두 편의 에세이], Paris: Galilée, 2003; 자크 데리다 『불량배들: 이성에 관한 두 편의 에세이』(이경신 옮김, 휴머니스트, 2003); 『환대에 대하여』(남수인 옮김, 동문선, 2004); 「자가-면역, 실재적이고 상징적인 자살」(『테러 시대의 철학』, 손철성·김은주·김준성 옮김, 문학과지성사, 2004), 조르조 아감벤, 『언어의 성사: 맹세의 고고학』(정문영 옮김, 새물결, 2012); 『내전』(조형준 옮김, 새물결, 2017), 칼 디트리히 브라허 『바이마르 공화국의 해체: 민주주의에서의 권력 붕괴에 관한 연구』 1권(이병련·이대헌·한운석 옮김, 나남출판, 2011), Carl Schmitt, *Der Leviathan in der Staatslehre des Thomas Hobbes: Sinn und Fehlschlag eines politischen Symbols*[토머스 홉스의 국가학, 그 속의 리바이어던: 정치적 상징의 의미와 실패], Hamburg: Hanseatische Verlagsanstalt, 1938; *Der Nomos der Erde im Völkerrecht des Jus Publicum Europaeum*[대지의 노모스. '유럽공법'의 국제법], Köln: Greven, 1950; *Glossarium. Aufzeichnungen der Jahre 1947-1951*[주해집. 1947-1951년의 기록], Hrsg. von E. F. Medem, Berlin: Duncker & Humblot, 1991; *Gespräche über die Macht und den Zugang zum Machthaber*, Berlin: Akademie Verlag[권력 및 권력자로의 접근에 관한 대화], 1994; *Der Hüter der Verfassung*[헌법의 감시자/수호자], Tübingen: J. C. B. Mohr, 1931; カール・シュミット, 『憲法の番人[헌법의 파수꾼]』, 川

北洋太郎 訳, 第一法規, 1989; 칼 슈미트 『로마 가톨릭교와 정치적 형식』(윤인로 옮김, 두번째테제, 2024); 『대지의 노모스』(최재훈 옮김, 민음사, 1995); 『헌법의 수호자』(김효전 옮김, 법문사, 2000); 『현대 의회주의의 정신사적 상황』(나종석 옮김, 길, 2012); 『정치신학 2: 모든 정치신학이 처리되었다는 전설에 대하여』(조효원 옮김, 그린비, 2019), 토머스 홉스 『리바이어던: 교회국가 및 시민국가의 재료와 형태 및 권력』 1권(진석용 옮김, 나남출판, 2008); 『시민론』(이준호 옮김, 서광사, 2013); Thomas Hobbes, *Elementa Philosophica de Cive*[시민의 철학적 기초](Amsterdam: Apud Ludovicum Elzevirium, 1647[로마 국립도서관 스캔본]), 플라톤 『법률』(천병희 옮김, 숲, 2016), Hannah Arendt, *Über die Revolution*[혁명에 대하여], München: R. Piper & Co. Verlag, 1963; *On Revolution*, New York: Viking Press, 1963; 한나 아렌트 『혁명론』(홍원표 옮김, 한길사, 2004), 조르주 소렐 『폭력에 대한 성찰』(이용재 옮김, 나남출판, 2007), Walter Benjamin, »Zur Kritik der Gewalt[게발트-크리틱을 위하여]«, *W. Benjamin Gesammelte Schriften*[발터 벤야민 전집], Bd. II·1, Hrsg. R. von Tiedemann u. H. Schweppenhäuser, Frankfurt am Main: Suhrkamp, 1991; »Der Destruktive Charakter[해체적 성격]«, *Gesammelte Schriften*, Bd. 4, Hrsg. von T. Rexroth und R. Tiedemann, Frankfurt am Main: Suhrkamp, 1972; 발터 벤야민, 「폭력 비판을 위하여」(『벤야민 선집』 5권, 최성만 옮김, 길, 2008); 「폭력의 비판을 위하여」(데리다, 『법의 힘』 부록, 진태원 옮김, 문학과지성사, 2004); 「신학적-정치적 단편」(『선집 5권』); 『아케이드 프로젝트 I』(조형준 옮김, 새물결, 2005); 「단편」(『F』 13호, 조효원 옮김, 2014); 「카프카: 그의 10주기를 맞아」(『카프카와 현대』, 최성만 옮김, 길, 2020); 「역사철학테제」; 「파괴적 성격」(『발터 벤야민의 문예이론』, 반성완 옮김, 민음사, 1992); 「경험과 빈곤」; 「역사의 개념에 대하여」(『선집』 5권), Paul Joseph Goebbels, »Das nationalsozialistische Deutschland als Faktor des europäischen Friedens[유럽 평화의 요인으로서 국가사회주의

독일]«, *Warmbrunner Nachrichten. Herischdorfer Tageblatt*, Jg. 50, Nr. 136, den 15 juni 1934[바름브루너 뉴스. 헤리슈도르퍼 일일신문, 제50기 136호, 1934년 6월 15일자]. Paul Klee, *Pädagogisches Skizzenbuch*[교육학적인 스케치북], Bauhausbuch 2, München, A. Langen, 1925; 파울 클레, 『현대미술을 찾아서』(박순철 옮김, 열화당, 2014), 광장 깃발 아카이빙 사이트 https://flaaags.com/, 「우리는 우리가 놀랍지 않다③: 광장의 기수가 된 '내향인', 그 깃발에 사람들이 보낸 찬사」(《오마이뉴스》 2025. 4. 8), 프란츠 카프카 「법 앞에서」(『법 앞에서』, 전영애 옮김, 민음사, 2017), 질 들뢰즈·펠릭스 가타리 『천 개의 고원』(김재인 옮김, 새물결, 2001), 김은주 『여성-되기: 들뢰즈의 행동학과 페미니즘』(에디투스, 2019), 정고은 「'휀걸'과 '말벌': 초대장에 응답·연대하는 방식」(『문화/과학』 2025년 봄호), 권김현영 「촛불에서 응원봉으로의 상징 전환: 사물, 장소, 주체의 변화」(『문학들』 2025년 여름호), 기 드보르 『스펙터클의 사회』(이경숙 옮김, 현실문화, 1996), 지그문트 바우만·카를로 보르도니 『위기의 국가: 우리가 목도한 국가 없는 시대를 말하다』(안규남 옮김, 동녘, 2014), 베네딕투스 데 스피노자 『에티카』(황태연 옮김, 비홍, 2014), 플라톤 『소크라테스의 변론』(박종현 옮김, 서광사, 2003); 『향연: 사랑에 관하여』(박희영 옮김, 문학과지성사, 2003), 윤인로 「포어라움Vorraum'의 간접권력에 대해」(『인문논총』 79호, 서울대 인문학연구원, 2022); 『신정-정치』(갈무리, 2017).

:: 추천사

『궐위: 쿠데타의 이성 비판』은 2024년 12월 3일 쿠데타 이후, 사건의 전개를 따라가면서 정치적인 판단을 우회하지 않고 감행하며, 우리들 헌정질서의 구조를 분석하고, 그에 따른 '새로운 노모스'의 구성을 모색하고 있는 작업이다. 이 작업 자체가 현재적인, 또 이론적인 결단의 구성물이다. 윤인로의 해부학적인 시선 아래 불가능한 것을 가능한 것의 조건으로 삼을 수 있게 하는 진정한 비상상태의 형세, 즉 '자연법철학적-유물론적-메시아적 힘'의 연계망이 드러난다. 우리는 이런 작업이 『브뤼메르 18일』에서 맑스가 했던 작업과 그 성격을 같이 하는 것이라는 점에 주목하게 된다. 민주주의는 그와 관련된 개념들을 역사에 적용한 뒤의 단순한 결과가 아니었다. 그리고 저자의 문제의식에 따르면 앞으로도 그런 결과가 아닐 것이다. 민주주의 자체가 '궐위' 속에 있는 특정한 상태개념이기 때문이다. 이 상태개념이 역사 속에서 살아있는 이념이 될 때, '저항권의 아나키-크리틱'이 이념을 현실로 변형하는 소송의 과정에 있을 때, 궐위는 '무-지배적인 노모스 취득의 벡터'를 증강시키는 방향으로 운동하면서 '평등과 자유의 상보적 관계'를 매번 새롭게 구성해 가는 활력적 노모스로 발현될 것이다. 그것은 '마치 법의 소멸 과정과도 같은 법의 완성 과정', 진정한 헌법 수호를 위한 새로운 헌정질서의 구성 과정에 다름 아니다. 정치적 활력은 낡은 헌정관계로부터 분만된다는 점에서 산파의 제헌적 활동력을 필요로 한다. 그런 산파로서 윤인로의 이 책은 죽은 것을 살리는 작업이며 살아 있는 것을 활성화하는 작업이다. 우리는 이 책을 통해 언어와 개념을 새롭게 분리하고 연결해 가면서, 볼 수 없던 것을 볼 수 있게 될 것이다.

— 김건우, 『근대의 관찰들』 번역자

숨 못 쉬는 시대에 숨의 틈을 내는 윤인로의 글은, 때아닌 때 비상계엄으로 촉발된 궐위로 드러난 민주주의의 위기야말로 공동적 계기임을 증언한다. 공동(共同)은 또한 공동(空洞)이기도 한 결정적 예외상태, 비일상적인 것의 (영속적 일상화가 아닌) 간극적/순간적 일상-되기, 이질적인 것의 (지속적 동질화가 아닌) 계기적/계시적 동질성-되기이다. 민주주의라는 정치체의 역설적 일상과 동질성은, 바로 그 비어 있음(궐위/공위)으로 시적이고 신적인 노모스로서의 자기-구원을 재발명하는 물민의 비일상적이고 이질적인 정체성이다. 일격(coup)의 순간성은 어떻게 영원히 도래하는 계기/계시의 섭리로 화하는가, 이것이 '우리' 공동의 민주주의가 바로 그 공동을 통과해 물어야 할 영원한 찰나의 질문이며, 이 책은 바로 그에 대한 대답으로 현현하는 또 하나의 다이몬적 물음이다.

— 람혼 최정우
『세계-사이』,『드물고 남루한, 헤프고 고귀한』,『사유의 악보』 저자

『궐위』는 12·3 내란위기를 비이성적, 비상식적, 음모론적 폭정이라는 관점에서 바라보면서 그것의 극복을 국민주권이라는 국가이성, 사법적 합리성, 체제의 자가면역적 이성에서 찾는 민주진영의 환상을 거슬러, 이 위기적 상황이야말로 국가이성(Raison d'État) 그 자체의 실현(셀프-쿠)임을, 그러나 유령적 실현임을 폭로한다. "오래된 것이 죽어가는데 새로운 것이 아직 탄생하지 못하는" 궐위상태에서 '물민주권'과 '제7공화국의 조건'이라는 유물론적+메시아적 헌정체의 발현을 모색하는 이 책은 법의 공백을 해체하고 새로운 노모스 취득의 궤적을 제시하는 긴급하고도 철저한 정치철학적 증언이다.

— 김상기녕
New Perspectives on Spinoza's Theological-Political Treatise 공동저자